Uschi Korda
Alexander Rieder (Rezepte)
Ingo Eisenhut & Stefan Mayer (Fotos)

**IMPRESSUM**

1. Auflage
© 2013 Servus, Salzburg

**Autorin** Uschi Korda
**Rezeptredaktion & Food-Styling** Alexander Rieder

**Creative Director** Markus Kietreiber
**Stv. Artdirektorin** Verena Bartosch

**Fotochefin & Fotoproduktion** Sabina Dzinic
**Fotos** Eisenhut & Mayer

**Fotoredaktion** Jacklina Fuchs, Martin Kreil
**Illustrationen** Julia Schweikhardt (Cover), Roland Vorlaufer, Almut Becvar

**Mitarbeit Redaktion** Klaus Kamolz, Lisa Müller, Andrea Pascher
**Rezepte** auf den Seiten 98, 118, 158, 188 von Meinrad Neunkirchner
**Fotos** auf Seite 76 von Alexi Pelikanos, auf Seite 312 von Konrad Limbeck

**Lektorat** Hannes Hessenberger
**Herstellung** Michael Bergmeister
**Produktion** Veronika Felder, Michael Menitz, Claudia Müller
**Lithografie** Clemens Ragotzky (Ltg.), Claudia Heis, Josef Mühlbacher

**Druck** www.theiss.at
Das für dieses Buch verwendete FSC-zertifizierte Papier EOS lieferte Salzer, St. Pölten.
Printed in Austria.

ISBN
978-3-7104-0000-1

Alle Rechte vorbehalten. Das Werk einschließlich aller seiner Teile ist urheberrechtlich geschützt und
darf ohne schriftliche Genehmigung nicht verwendet oder reproduziert werden. Dies gilt insbesondere
für Vervielfältigungen und die Einspeicherung und Verarbeitung in elektronischen Systemen.

# Inhalt

## Frühling

Suppen & Kleinigkeiten ............ **10**
Hauptspeisen ............................ **40**
Süßes ......................................... **66**

## Sommer

Suppen & Kleinigkeiten ............ **98**
Hauptspeisen .......................... **124**
Süßes ....................................... **168**

## Herbst

Suppen & Kleinigkeiten .......... **198**
Hauptspeisen .......................... **232**
Süßes ....................................... **264**

## Winter

Suppen & Kleinigkeiten .......... **292**
Hauptspeisen .......................... **318**
Süßes ....................................... **346**

## Register

Rezepte ................................... **384**
Zutaten .................................... **388**
Glossar .................................... **398**

www.servusmagazin.at

# Herzlich willkommen!

Am Anfang war der Appetit. Damals, im sehr späten Herbst des Jahres 2010, als ein kleines, feines Monatsmagazin namens Servus in Stadt & Land gerade begann, das zu werden, was es heute ist, saß eine Handvoll Menschen in der Servus-Küche zusammen und gustierte hin und her: Sollen wir das Schöberl aus der Buckligen Welt probieren, die Pinzgauer Lamm-Haxn oder die Vinschgauer Schneemilch?

Natürlich haben wir am Ende alles verputzt, weil alles unwiderstehlich ausschaute und unwiderstehlich schmeckte.

Die Menschen, die diese traditionellen Rezepte und kulinarischen Schätze aus allen Winkeln Österreichs zusammentrugen, nachkochten oder neu interpretierten und schließlich wunderschön ins Bild rückten, tun dies bis heute mit ungebrochener Liebe und Leidenschaft: Uschi Korda, eine der renommiertesten Kochbuch-Autorinnen im Land. Alexander Rieder, unser Koch und Rezept-Redakteur. Ingo Eisenhut und Stefan Mayer, unsere Fotografen. Und natürlich Creativ Director Markus Kietreiber und Fotochefin Sabina Dzinic, gewissermaßen die obersten ästhetischen Instanzen bei Servus in Stadt & Land.

Dieses Buch ist gleichsam die Essenz der ersten Servus-Jahre – mit den besten Rezepten für Frühling, Sommer, Herbst und Winter. Es ist natürlich eine Anleitung zum guten Gelingen, vor allem ist es aber eine Liebeserklärung: an Österreich und seine reiche kulinarische Tradition.

Und damit sind wir wieder beim Anfang: Wir wünschen guten Appetit.

*Herzlichst,*
*Karl Abentheuer & Andreas Kornhofer*
*Servus in Stadt & Land*

**USCHI KORDA**
ist eine der renommiertesten Kochbuch-Autorinnen Österreichs. Die gebürtige Wienerin lebt ihre kulinarische Kompetenz Monat für Monat in unserem Magazin Servus in Stadt & Land aus.

**ALEXANDER RIEDER**
stammt aus dem Tiroler Außerfern, ging beim legendären Christian Teubner in die Lehre und gehört zu jenen Köchen, die mit ihrem außergewöhnlichen Gespür für Stil jeden Gaumenschmaus zu einem Augenschmaus machen.

**INGO EISENHUT & STEFAN MAYER**
arbeiten seit der Schulzeit zusammen. Der in Klosterneuburg lebende Salzburger und der im Pinzgau sesshafte Oberösterreicher sind Servus-Fotografen der ersten Stunde und prägen mit ihren Bildern den Stil des Monatsmagazins entscheidend mit.

# FRÜHLING

Frische Kräuter, das erste Gemüse:
Unsere Küche blüht wieder auf.

# Tiroler Radieschensuppe

Die roten Knollen zählen zu den ersten Frühlingsboten.
Ihre würzige Schärfe verleiht der Suppe eine besondere Note.

## ZUTATEN FÜR 4 PERSONEN
*Zeitaufwand: 35 Minuten*

**300 g Radieschen**
**1 Zwiebel**
**60 g Schinkenspeckscheiben**
**2 EL Butter**
**1 TL Honig**
**800 ml klare Gemüsesuppe**
**200 ml Buttermilch**
**Salz**
**Radieschenspalten**
**gehackte Radieschenblätter**

## ZUBEREITUNG

1. Radieschen von den grünen Blättern befreien, waschen und in Scheiben schneiden. Zwiebel schälen und hacken, Schinkenspeckscheiben klein würfeln.
2. Zwiebel und Speck in Butter anschwitzen. Honig einrühren, Suppe zugießen und 20 Minuten köcheln lassen.
3. Radieschen und Buttermilch zugeben, erhitzen, aber nicht mehr aufkochen. Mit einem Stabmixer pürieren, abschmecken und in Tellern verteilen. Mit Radieschenspalten und Radieschengrün garnieren.
   Dazu schmeckt kräftiges Bauernbrot.

**SERVUS-TIPP:**
*Eine **gute Basis** für diese Suppe ist eine selbst gemachte **klare Gemüsesuppe** aus Wurzelgemüse, Zwiebeln, Paradeisern, Pfeffer, Lorbeer und Zitronenschale. Zum Dekorieren machen sich **getrocknete Almblumen** sehr hübsch.*

# Kohlrabisuppe mit Saiblingsröllchen

Anfang Mai beginnt für den Kohlrabi die Hauptsaison.
Der richtige Zeitpunkt also, um ein paar Vitamine zu löffeln.

**ZUTATEN FÜR 4 PERSONEN**
*Zeitaufwand: 40 Minuten*

**4 kleine Saiblingsfilets à ca. 60 g**
**Saft von ½ Zitrone**
**4 lange Lauchstreifen**
**700 ml klare Gemüsesuppe**
**500 g Kohlrabi**
**150 ml Obers**
**Salz**
**Pfeffer**
**Muskatnuss**
**4 Dillezweige und Kohlrabiblätter**
**für die Garnitur**

**ZUBEREITUNG**

1. Die Saiblingsfilets mit Zitronensaft beträufeln. Eng einrollen und mit den Lauchstreifen zusammenbinden.
2. Gemüsesuppe erwärmen und die Röllchen darin unter dem Siedepunkt 10 Minuten ziehen lassen. Herausnehmen, mit Folie bedecken und warm stellen.
3. Kohlrabi schälen und in 1 cm große Würfel schneiden. In der Gemüsesuppe weich kochen. Dann Obers einrühren, kurz aufkochen und fein pürieren.
4. Die Suppe abschmecken und in Teller verteilen. Die Saiblingsröllchen hineinsetzen, mit Dillezweigen und Kohlrabiblättern garnieren.

**SERVUS-TIPP:**
*Die Saiblingsfilets können natürlich auch gebraten werden. Beim **schonenden Pochieren** bleibt allerdings ihr feiner Geschmack besser erhalten. Die jungen **zarten Kohlrabiblätter** geben eine würzige Garnitur.*

# Kräutersuppe mit Topfennockerln

Eine einfache, aber stärkende Suppe, die von der traditionellen österlichen Neunkräutersuppe für den kulinarischen Alltag abgeleitet wurde.

**ZUTATEN FÜR 4 PERSONEN**
*Zeitaufwand: 45 Minuten*

**80 g Spinatblätter**
**100 g Kräuter (Schnittlauch, Sauerampfer, junge Löwenzahnblätter, Kerbel, Petersilie, Brennnessel, Dille)**
**1 Zwiebel**
**80 g geschälte Erdäpfel**
**20 g Butter**
**1 l klare Gemüsesuppe**
**125 ml Obers**
**Salz**
**Muskatnuss**

**4 EL Topfen**
**Saft und Schale von ½ Zitrone**
**Pfeffer**

**frische Kräuter für die Garnitur**

**ZUBEREITUNG**

1. Spinatblätter waschen, in kochendem Wasser zusammenfallen lassen und abschrecken. Kräuter waschen, trocken schütteln und mit dem Spinat grob hacken.
2. Zwiebel schälen, fein hacken und mit den gewürfelten Erdäpfeln in Butter hell anschwitzen. Mit Suppe aufgießen, 25 Minuten köcheln lassen.
3. Obers und die gehackten Kräuter einrühren, 30 Sekunden aufkochen und sofort mit einem Stabmixer pürieren. Mit Salz und Muskatnuss abschmecken.
4. Topfen mit Zitronenschale und Zitronensaft glatt rühren und mit Salz und Pfeffer würzen.
5. Die Suppe nochmals aufschäumen und in Teller gießen. In die Mitte je ein Topfennockerl setzen und mit frischen Kräutern garnieren.

**SERVUS-TIPP:**
*Rearlkraut* sagt man zwischen Niederösterreich und Tirol gern zum Löwenzahn, der in Vorarlberg **Krotteblume** und auf Altwienerisch **Stoablume** genannt wird. Er kann in der Küche nur verwendet werden, wenn er im Frühling ganz jung ist. Später im Jahr kann man die Suppe auch nur mit den anderen Kräutern machen. Zum Garnieren haben wir *frische Veilchenblüten* genommen.

# Steirische Gemüsesuppe

Seit dem 19. Jahrhundert wächst die Käferbohne in der Südoststeiermark. Dort gehört sie natürlich auch in die Suppe.

**ZUTATEN FÜR 4 PERSONEN**

*Zeitaufwand: 40 Minuten*

100 g Karotten
100 g Gelbe Rüben
100 g Pastinaken
1 Fenchelknolle
80 g vorgekochte Rote Rüben
800 ml klare Gemüsesuppe
4 große Champignons
1 Zweig Liebstöckel
1 Lorbeerblatt
2 gehackte Jungzwiebeln
2 EL Sonnenblumenöl
60 g eingelegte Käferbohnen
Salz
Pfeffer
Muskatnuss
4 sehr dünne Scheiben Schwarzbrot
1 halbierte Knoblauchzehe
1 EL Butter

**ZUBEREITUNG**

1. Karotten, Gelbe Rüben und Pastinaken schälen, der Länge nach halbieren und in dünne Scheiben schneiden. Fenchelknolle in Streifen, Rote Rüben in Stifterln schneiden.
2. Gemüsesuppe erhitzen, Karotten, Gelbe Rüben, Pastinaken, Fenchel, Champignons, Liebstöckel und Lorbeerblatt zufügen. 15 Minuten kochen.
3. Jungzwiebeln in Öl scharf anbraten, mit den Käferbohnen in die Suppe geben und abschmecken.
4. Schwarzbrotscheiben mit Knoblauch in Butter kräftig anrösten.
5. Liebstöckel und Lorbeerblatt entfernen und die Suppe in vorgewärmte Teller schöpfen. Mit dem Knoblauchbrot servieren.

**SERVUS-TIPP:**
*Frische Käferbohnen* gibt es nur im Herbst, den Rest des Jahres sind sie getrocknet oder eingelegt haltbar. Nimmt man frische für diese Suppe, weicht man sie über Nacht in reichlich lauwarmem, abgekochtem Wasser ein. Dann **im Einweichwasser** mit einer Prise Zucker und etwas Bohnenkraut einmal aufkochen und bei kleiner Hitze 30 Minuten lang weich dünsten.

# Selchsuppe mit Graupen und Gurken

Normalerweise wird sie mit Grieß angereichert,
in Oberösterreich nimmt man Rollgersteln als sättigende Einlage.

**ZUTATEN FÜR 4 PERSONEN**
*Zeitaufwand: 80 Minuten plus 12 Stunden zum Einweichen der Rollgersteln*

- 500 g Selchfleisch
- 2 l Wasser
- 100 g Zwiebeln
- 2 Knoblauchzehen
- 1 EL Butter
- 60 g Graupen (über Nacht eingeweicht)
- 100 g geschälte geviertelte Karotten
- Salz
- Pfeffer
- 200 ml Buttermilch
- 2–3 Stück Senfgurken
- 1 EL Schnittlauch

**ZUBEREITUNG**

1. Das Selchfleisch in Wasser weich kochen. (Das Fleisch kann man für ein Hauptgericht weiterverwenden.)
2. Zwiebeln und Knoblauch schälen und fein hacken. In der Butter hellbraun anschwitzen. Mit Selchsuppe aufgießen, die Graupen und die Karottenstücke einrühren und bei kleiner Hitze weich kochen. Mit Salz und Pfeffer würzen.
3. Die Buttermilch unterrühren und die Selchsuppe in Teller verteilen. Die Senfgurken in Streifen schneiden und mit dem Schnittlauch über die Suppe streuen. Nach Belieben auch einige Selchfleisch-Würferl als Einlage nehmen und unbedingt heiß servieren.

**SERVUS-TIPP:**
*Im Mühlviertel hat man früher anstatt der Buttermilch ein paar Löffeln g'stockte, also **saure Milch** eingerührt.*

# Warmer Paradeiser-Fenchel-Salat mit Blunzen-Salzstangerl

Sonnengereifte Paradeiser und frischer Fenchel – da schmeckt man schon den nahen Sommer. Und wer keine Blunze mag, nimmt einfach Käse.

**ZUTATEN FÜR 4 PERSONEN**
*Zeitaufwand: 40 Minuten*

2 Fenchelknollen
6 Salbeiblätter
6 EL Olivenöl
500 g kleine Paradeiser
3 EL Weißweinessig
Salz
Pfeffer
250 g feste Blunze
2 TL Butter
1 Apfel
4 Salzstangerl
1 EL gehackter Petersilie

**ZUBEREITUNG**

1. Fenchelknolle und Salbeiblätter in Streifen schneiden. Fenchelstreifen in Olivenöl nicht zu heiß etwa 20 Minuten knusprig anrösten. Zum Schluss die Salbeiblätter kurz mitbraten.
2. Paradeiser waschen und in Spalten schneiden. Mit Fenchel- und Salbeistreifen, dem heißen Bratöl, Essig, Salz und Pfeffer vermischen.
3. Die Blunze in dünne Scheiben schneiden und in Butter von beiden Seiten kräftig anbraten. Den Apfel in Spalten schneiden. Salzstangerl der Länge nach halbieren.
4. Salzstangerl mit Blunzenradeln und Apfelspalten füllen und mit dem Paradeisersalat anrichten.

**SERVUS-TIPP:**
*Zum Würzen des Salates kann man noch etwas **frisches Fenchelgrün** probieren.*

# Weisswurstsalat mit Fisolen, Radieschen und Bärlauch

Weißwürste haben im Salzburgerischen genauso Tradition wie im Bayerischen. Hierzulande nennt man sie die „Frischen".

**ZUTATEN FÜR 4 PERSONEN**
*Zeitaufwand: 30 Minuten*

**350 g grüne Fisolen**
**2 Zweige Bohnenkraut**
**6 Weißwürste**
**1 Bund Radieschen**
**1 Bund Bärlauch**

**2 Jungzwiebeln**
**1 EL süßer Senf**
**Salz**
**Pfeffer**
**4 EL Apfelessig**
**6 EL Sonnenblumenöl**

**12 dünne Scheiben Weißbrot**

**ZUBEREITUNG**

1. Fisolen putzen, waschen und mit Bohnenkraut in Salzwasser bissfest kochen. Mit eiskaltem Wasser abschrecken und in einem Sieb abtropfen lassen.
2. Weißwürste in heißem Wasser etwa 7 Minuten ziehen lassen. Herausnehmen, die Haut abziehen und in Scheiben schneiden.
3. Radieschen putzen, waschen und in dünne Scheiben hobeln. Bärlauch waschen, trocken tupfen und in Streifen schneiden.
4. Für die Marinade Jungzwiebeln putzen und fein schneiden. Mit Senf, Salz, Pfeffer, Essig und Öl verrühren. Fisolen, Weißwürste, Radieschen und Bärlauch mit der Marinade vermischen.
5. Die Brotscheiben im Backrohr unter dem Grill kräftig rösten. In Stücke brechen und den Salat damit bestreuen.

**SERVUS-TIPP:**
*Bärlauch verliert sowohl durch Trocknen als auch durch Erhitzen seine Aromen. Daher am besten frisch verwenden.*

# Erdäpfelsalat mit Tafelspitz und Spargel

Die Restln vom gekochten Rindfleisch wurden in der heimischen Küche
schon immer vielseitig weiterverarbeitet. Der Klassiker ist ein Salat.

**ZUTATEN FÜR 4 PERSONEN**

*Zeitaufwand: 1 Stunde*

**600 g speckige Erdäpfel**
**1 TL Kümmel**
**8 Stangen weißer Spargel**
**Salz**
**Zucker**
**1 EL Butter**
**300 g gekochter Tafelspitz mit Rindsuppe**
**1 rote Zwiebel**

*Für das Zitronendressing:*
**2 Eidotter**
**1 TL Estragonsenf**
**Saft von 1 Zitrone**
**1 Msp. abgeriebene Zitronenschale**
**125 ml Traubenkernöl**
**Pfeffer**

**1 Handvoll Kerbel und Dille für die Garnitur**

**ZUBEREITUNG**

1. Erdäpfel mit Kümmel nicht zu weich kochen. Abseihen und 1 Minute lang mit kaltem Wasser abschrecken.
2. Spargel schälen und in kochendem Wasser mit Salz, Zucker und Butter bissfest kochen.
3. Den Tafelspitz in sehr dünne Scheiben schneiden und in der warmen Suppe ziehen lassen. Rote Zwiebel schälen und in feine Streifen schneiden.
4. Für das Dressing Eidotter mit Senf, Zitronensaft und -schale glatt rühren. Traubenkernöl langsam in einem dünnen Strahl zugießen und mit einem Schneebesen unterschlagen. Das Dressing mit Salz, Zucker und Pfeffer abschmecken.
5. Die Erdäpfel schälen, in Scheiben schneiden und mit einem Schöpfer Rindsuppe marinieren. Den Spargel in mundgerechte Stücke schneiden und mit Erdäpfelscheiben, Tafelspitz, Zwiebeln und Zitronendressing behutsam vermischen.
6. Den Salat anrichten, mit Kerbel und Dille bestreuen.

**SERVUS-TIPP:**
*Erdäpfel immer mit der Schale kochen, nur so bleiben die gesunden Inhaltsstoffe erhalten. 3 mittelgroße Erdäpfel decken übrigens den **halben Tagesbedarf** an **Vitamin C**.*

# FRÜHLINGSSALAT MIT DUFTVEILCHEN-DRESSING

Frische essbare Blüten sind auch optisch reizvolle Zutaten in der Küche.
Bei uns sind Veilchen und Primeln besonders beliebt.

**ZUTATEN FÜR 4 PERSONEN**
*Zeitaufwand: 70 Minuten*
*plus 3 Wochen für den Essig*

*Für den Veilchenessig:*
**2 Handvoll Blütenblätter**
**von blauen Duftveilchen**
**½ l weißer Balsamico**

**2 Frühlingszwiebeln**
**1 Tasse Vogerlsalat**
**250 g Ziegenkäse**
**eventuell Thymian und Rosmarin**
**je 1 Handvoll Primel- und Veilchenblüten**

*Für das Dressing:*
**6 EL mildes Olivenöl**
**2 EL Veilchenessig**
**1 TL Staubzucker**
**Salz**
**Pfeffer**

**ZUBEREITUNG**

1. Für den Veilchenessig die Blütenblätter mit Balsamico in ein Glas mit Schraubdeckel einlegen. Verschließen und drei Wochen lang auf einer sonnigen Fensterbank stehen lassen, dabei öfter durchschütteln.
2. Wenn der Essig lichtblau wird, durch ein Sieb abseihen.
3. Für den Salat Frühlingszwiebeln putzen, in dünne, 5 cm lange Streifen schneiden. Eine Stunde in kaltes Wasser legen, damit sie sich zusammenrollen.
4. Vogerlsalat putzen und mit den abgetropften Frühlingszwiebeln auf Tellern anrichten.
5. Den Ziegenkäse portionieren, nach Belieben mit Thymian und Rosmarin bestreuen. Im Backrohr grillen, bis der Käse zu schmelzen beginnt.
6. Herausnehmen, auf dem Salat anrichten und mit Primel- und Veilchenblüten bestreuen.
7. Für das Dressing alle Zutaten gut verrühren und den Salat damit beträufeln.

**SERVUS-TIPP:**
*Veilchen duften nicht nur süß, sie haben auch eine* ***schleimlösende und hautreinigende Wirkung***. *Und sie schmecken auch in Süßspeisen gut.*

# Sterzschnitten

Eine Fastenspeise aus dem steirischen Stift Rein,
dem ältesten noch existierenden Zisterzienserkloster der Welt.

**ZUTATEN FÜR 4 PERSONEN**
*Zeitaufwand: 30 Minuten*

**Knoblauch nach Geschmack**
**1 mittlere Zwiebel**
**¼ l Milch**
**¼ l Gemüsesuppe**
**Salz**
**250 g Polenta**
**50 g geriebener Parmesan**
**300 g Blattspinat**
**100 g Käsestreusel (Pizzakäse)**

**ZUBEREITUNG**

1. Knoblauch und Zwiebel schälen und grob hacken. Milch und Suppe in einem Topf aufkochen. Knoblauch und Zwiebel zugeben, mit Salz abschmecken.
2. Die Polenta bei mäßiger Hitze einrühren und 12 Minuten köcheln lassen. Den geriebenen Parmesan in die Masse einrühren.
3. Ein Backblech befetten und mit der Polenta ca. 1 cm dick ausstreichen. Mit Spinat und Käsestreuseln bestreuen und bei 200 °C ca. 10 Minuten backen (je nach gewünschter Bräunung auch länger). Der Belag kann nach Gusto variiert werden. Mit Blattsalat servieren.

**SERVUS-TIPP:**
*Außerhalb der Fastenzeit belegen auch die Mönche die Sterzschnitten gern mit **Schinken**.*

# Gebackenes Ei mit Rahmgurken

Im Mittelalter bezahlten die Bauern am Gründonnerstag ihre Steuern mit dem Zinsei. Heute genießen wir das Ei lieber im Bröselmantel.

**ZUTATEN FÜR 4 PERSONEN**
*Zeitaufwand: 30 Minuten*

**Für die Rahmgurken:**
- 1 Salatgurke
- Salz
- 150 g Sauerrahm
- etwas Honig
- 1 EL Zitronensaft
- Pfeffer
- 4 EL Kresse

- 4 mittelgroße Eier
- 3 EL Mehl
- 1 verquirltes Ei
- 3 EL Semmelbrösel
- 2 EL gehackte Haselnüsse
- Öl zum Frittieren

**ZUBEREITUNG**

1. Für die Rahmgurken die Gurke schälen und längs halbieren. Mit einem Löffel das Kerngehäuse ausschaben und die Gurkenhälften feinblättrig schneiden. In einer Schüssel mit einer ordentlichen Prise Salz vermengen und 20 Minuten ziehen lassen.
2. Sauerrahm mit Honig, Zitronensaft, Pfeffer und der Hälfte der Kresse verrühren.
3. Die Eier 5 Minuten lang kochen. Anschließend 2 Minuten in kaltem Wasser abschrecken.
4. Die Eier schälen und zuerst in Mehl wälzen, dann durch das Ei ziehen. Brösel mit Haselnüssen vermischen und die Eier darin fertig panieren.
5. In einer Pfanne reichlich Öl auf 170 °C erhitzen. Die Eier darin schwimmend goldbraun backen. Herausnehmen und auf Küchenpapier abtropfen lassen.
6. Die Gurken mit den Händen leicht ausdrücken und mit der Sauerrahm-Marinade mischen.
7. Die Rahmgurken auf Tellern verteilen und mit Kresse garnieren. In die Mitte je ein gebackenes Ei setzen.

**SERVUS-TIPP:**
*Die Eier sollten innen **kernweich**, also der Dotter sollte **zähflüssig** sein. Richtige Könner machen das mit **pochierten** Eiern, wovon wir in diesem Fall abraten, weil sie schwer in Form zu bringen sind. Für pochierte Eier wird in einem breiteren Topf Wasser mit etwas Essig auf ca. 75 °C erhitzt. Das Ei in einer kleinen Schüssel aufschlagen und **vorsichtig in das heiße Wasser gleiten** lassen. Das Wasser darf **nicht kochen**. Mit 2 Esslöffeln das Eiklar um den Dotter schaufeln. Nach ca. 7 Minuten mit einem Schaumlöffel herausheben und kurz in eine Schüssel mit **kaltem Wasser** tauchen.*

# Eier Benedikt

Ein Fastenrezept von Pater Gerfried aus dem
Benediktinerstift St. Paul im kärntnerischen Lavanttal.

**ZUTATEN FÜR 4 PERSONEN**
*Zeitaufwand: 20 Minuten*

**4 Scheiben vom Sandwichwecken**
**200 g junger Spinat**
**40 g Butter**
**Salz**
**Pfeffer**
**Muskatnuss**
**4 Eier**

*Für die Sauce Hollandaise:*
**4 Eidotter**
**2 EL Estragonessig**
**2 EL Weißwein**
**2 fein geschnittene und überkochte Schalotten**
**Cayennepfeffer**
**120 g zimmerwarme Butter**
**Würfel von 2 geschälten Paradeisern**
**2 EL fein gehackter Estragon**

**ZUBEREITUNG**
1. Die Sandwichscheiben in Butter knusprig braten.
2. Den geputzten, gewaschenen Spinat in Butter anschwenken, mit Salz, Pfeffer und Muskatnuss würzen und beiseitestellen.
3. Die Eier in Salzwasser 4 Minuten und 40 Sekunden lang kochen, abschrecken und mit einem Kaffeelöffel vorsichtig schälen.
4. Für die Sauce Hollandaise Eidotter mit Estragonessig, Weißwein und den Schalotten verrühren. Über siedendem Wasserdampf schaumig schlagen, mit Salz und 1 Prise Cayennepfeffer würzen. Zum Schluss Butter einschlagen, Paradeiserwürfel und fein gehackten Estragon einrühren.
5. Zum Anrichten den Spinat auf den Sandwichscheiben verteilen, sodass jeweils in der Mitte ein kleines Loch bleibt. In dieses das wachsweiche Ei setzen und mit Sauce Hollandaise überziehen.

**SERVUS-TIPP:**
*Dazu passen selbst zur Fastenzeit noch einige Scheiben **Räucherlachs**.*

# Schnittlauch-Tascherln

Er schwimmt gern auf jeder Suppe und ist auf dem Butterbrot ein Klassiker.
Auch so mancher Fülle verpasst der Schnittlauch die nötige Würze.

**ZUTATEN FÜR 4 PERSONEN**
*Zeitaufwand: 80 Minuten*

*Für den Teig:*
**250 g Mehl**
**2 Eier**
**½ TL Salz**
**3 EL Wasser**

*Für die Fülle:*
**3 altbackene Semmeln**
**120 g Butter**
**2 Eier**
**1 gestrichener TL Salz**
**Pfeffer**
**2 Bund Schnittlauch**
**80 g klein gewürfelter Bauchspeck**

**1 Eiklar zum Bestreichen**
**40 g Butter**
**100 g in Scheiben geschnittene Zwiebel**

**ZUBEREITUNG**

1. Aus Mehl, Eiern, Salz und bei Bedarf Wasser einen festen Nudelteig zubereiten und 1 Stunde rasten lassen.
2. In der Zwischenzeit von den Semmeln mit einer groben Reibe die Kruste vollständig abreiben und das Innere in kleine Würfel schneiden. Die Würfel mit 40 g Butter in einer Pfanne hellbraun rösten. Abkühlen lassen und mit der restlichen Butter, den Eiern, Salz, Pfeffer, zerkleinertem Schnittlauch und Speck zu einer homogenen Masse vermischen.
3. Nudelteig dünn ausrollen und in Quadrate von 8 cm Kantenlänge schneiden. Jeweils 1 TL von der Fülle in die Mitte setzen. Die Ränder mit Wasser oder Eiklar bestreichen, zu einem Dreieck zusammenfalten und die Ränder fest andrücken.
4. In kochendem Salzwasser ca. 6 Minuten lang garen.
5. In einer Pfanne Butter aufschäumen, Zwiebelscheiben darin hell anrösten und salzen.
6. Schnittlauchtascherln anrichten und mit Zwiebeln übergießen.

**SERVUS-TIPP:**
*Gemüse mit zartem Aroma wie zum Beispiel Zucchini **nicht** mit **Schnittlauch** würzen, da dessen scharfer Geschmack zu dominant ist.*

# SPARGELGOLATSCHEN MIT LEINSAMEN

Bis zum Johannistag am 24. Juni hat der Spargel Saison.
In Ostösterreich packt man ihn auch gerne in Golatschen.

**ZUTATEN FÜR 4 PERSONEN**
*Zeitaufwand: 30 Minuten*

½ Bund weißer Spargel
½ Bund grüner Spargel
3 EL Olivenöl
Salz
Pfeffer
1 Prise Zucker
2 EL Mascarpone
1 KL gehackte Zitronenmelisse
1 Rolle Blätterteig
2 Eidotter
1 EL Leinsamen

**ZUBEREITUNG**

1. Spargel schälen und klein schneiden. In einer Pfanne Olivenöl erhitzen, Spargel darin langsam bissfest braten. Mit Salz, Pfeffer, Zucker würzen, vom Herd nehmen und die Spargelköpfe beiseitestellen.
2. Die Spargelstücke kurz überkühlen lassen, dann in einer Schüssel mit Mascarpone und Zitronenmelisse vermischen.
3. Blätterteig aufrollen und in Quadrate schneiden. Die Ränder mit Eidotter bestreichen, in der Mitte die Fülle platzieren und mit je einem grünen und einem weißen Spargelkopf belegen.
4. Alle vier Teigspitzen zur Mitte hin einschlagen, sodass eine Golatsche entsteht. Mit Eidotter bestreichen und mit Leinsamen bestreuen.
5. Ein Backblech mit Backpapier auslegen und die Golatschen daraufsetzen. Im Backrohr bei 190 °C ca. 12 Minuten backen.

**SERVUS-TIPP:**
*Frischen weißen Spargel* erkennt man an fest geschlossenen Spitzen, einem gleichmäßigen Durchmesser und nicht ausgetrockneten Enden. Zur Probe kann man das *Schnittende leicht zusammendrücken*. Tritt Saft aus, ist der Spargel frisch.

# Hausgemachte Bandnudeln

Für diese Teigware braucht man nicht einmal eine Nudelmaschine.
Man kann sie per Hand in die gewünschte Breite schneiden.

**TEIGMENGE FÜR CA. 8 PORTIONEN**

*Zeitaufwand: 30 Minuten
plus 2 Stunden zum Teigrasten und
1 Tag zum Trocknen*

**350 g glattes Mehl**
**100 g doppelgriffiges Mehl**
**4 Eier**
**1 Eidotter**
**60 g weiche Butter**
**½ TL Salz**

**ZUBEREITUNG**

1. Auf einer Arbeitsfläche die beiden Mehlsorten zu einem Hügel formen und in die Mitte eine Mulde drücken. Eier und Dotter aufschlagen und in die Mulde gießen. Butter und Salz zufügen.
2. Alles zu einem glatten, festen Teig verkneten.
3. Den Teig in Frischhaltefolie wickeln und 2 Stunden im Kühlschrank rasten lassen.
4. Eine große Arbeitsfläche mit doppelgriffigem Mehl bestäuben und den Teig in 4 Etappen darauf mit einem Nudelholz 1 bis 2 mm dick ausrollen.
5. Den ausgewalzten Teig eng einrollen und mit einem scharfen Messer quer in 1 cm breite Bandnudeln schneiden.
6. Je eine Handvoll Bandnudeln locker in ein Kaffeehäferl füllen und auf die Arbeitsplatte stürzen. Die Nudelnester 1 Tag trocknen lassen, dabei einmal wenden und anschließend in luftdurchlässige Behälter füllen. Die Nudeln innerhalb 1 Woche verbrauchen.

**SERVUS-TIPP:**
*Als Beilage kommt ein Nest pro Person ins sprudelnde Salzwasser. Ungefähr 5 Minuten kochen, danach **keinesfalls kalt abschrecken**, da sonst die Nudeln die Sauce nicht gut aufsaugen.*

*Frühling* **SUPPEN & KLEINIGKEITEN**

# Gebratener Spargel mit Linsenvinaigrette

Das Marchfeld ist das Zentrum des heimischen Anbaus. Hier werden seit dem 16. Jahrhundert weiße, grüne und violette Spargel gezogen.

## ZUTATEN FÜR 4 PERSONEN
*Zeitaufwand: 30 Minuten*

**500 g Spargel**
**½ Bund Jungzwiebeln**
**2 Handvoll gekochte rote Linsen gekocht**
**4 EL Apfelessig**
**6 EL Traubenkernöl**
**einige Zitronenzesten**
**Salz, Pfeffer**
**4 EL Olivenöl**
**Salz**
**Pfeffer**
**gezupfter Kerbel zum Garnieren**

## ZUBEREITUNG

1. Spargel in der unteren Hälfte schälen und in einem großen Topf kochen.
2. Jungzwiebeln in kleine Würfel schneiden. Linsen leicht erwärmen und in eine große Schüssel geben. Mit Jungzwiebeln, Apfelessig, Traubenkernöl, Zitronenzesten vermischen, mit Salz und Pfeffer würzen. Beiseitestellen und kurz marinieren lassen.
3. In der Zwischenzeit in einer Pfanne Olivenöl erhitzen, Spargel darin anbraten, salzen und pfeffern.
4. Linsenvinaigrette auf Tellern anrichten, mit gebratenem Spargel belegen und mit Kerbel garnieren.

**SERVUS-TIPP:**
*Angeblich soll etwas **Zucker** im Kochwasser dem Spargel Bitterstoffe entziehen. Wirklich bitter schmeckt er aber nur, wenn er zu dicht am Wurzelstock gestochen wurde. Da hilft lediglich **großzügiges Wegschneiden der Enden**.*

# GEBACKENER SPARGEL MIT KRÄUTERSAUCE

Natürlich passen in die Sauce auch Wildkräuter wie etwa die Pimpinelle.
Besonders gut macht sich aber Kerbel mit seinem feinen Anisaroma.

**ZUTATEN FÜR 4 PERSONEN**
*Zeitaufwand: 30 Minuten*

**2 kg Solospargel**
**Salz**
**1 Prise Zucker**
**10 g Butter**
**150 g Mehl**
**250 ml trockener Weißwein**
**2 EL zerlassene Butter**
**2 Eiklar**
**Öl zum Herausbacken**

*Für die Sauce:*
**3 EL Crème fraîche**
**Saft von ½ Zitrone**
**2 EL fein gehackte Frühlingskräuter**
**(z. B. Kerbel und Petersilie)**
**Pfeffer**
**1 hart gekochtes Ei**

**ZUBEREITUNG**

1. Spargel schälen und in mit Salz, Zucker und Butter versetztem Wasser ca. 8 Minuten lang bissfest kochen. Herausheben und auf Küchenpapier abtropfen lassen.
2. In der Zwischenzeit für den Backteig Mehl mit Wein und zerlassener Butter gut verrühren, salzen. Eiklar zu steifem Schnee schlagen und unterheben.
3. Für die Sauce Crème fraîche mit Zitronensaft und Kräutern verrühren, mit Salz und Pfeffer würzen. Das Ei kleinwürfelig hacken und einmischen.
4. Öl in einer großen Kasserolle stark erhitzen. Spargel im Teig wenden und goldbraun herausbacken. Auf Küchenkrepp abtropfen lassen und sofort mit der Sauce servieren.

*Frühling* **HAUPTSPEISEN**

# Gebackene Rote Rüben mit Krensauce

Im Volksmund nennt man die Rote Rübe auch Rahner, Rande oder Rohne.
Kultiviert wurde sie einst in den Klostergärten, heute gehört sie in jedes Bauerngartl.

## ZUTATEN FÜR 4 PERSONEN
*Zeitaufwand: 1 Stunde 45 Minuten*

**600 g kleine, junge Rote Rüben**
**½ TL Kümmel**
**Salz für das Kochwasser**

*Für den Bierteig:*
**125 g Mehl**
**1 Ei**
**⅛ l helles Bier**
**30 g zerlassene Butter**
**½ TL Salz**

*Für die Krensauce:*
**30 g Zwiebeln**
**6 cl Weißwein**
**2 cl trockener Wermut**
**300 ml Gemüsesuppe**
**100 g Crème fraîche**
**50 g frisch geriebener Kren**
**Salz**
**frisch gemahlener Pfeffer**
**Pflanzenfett zum Frittieren**
**frisch gehobelter Kren für die Garnitur**

## ZUBEREITUNG

1. Rote Rüben von den Wurzeln und Blättern befreien, gründlich waschen. Im mit Kümmel und Salz gewürzten Wasser 1 Stunde lang garen. Mit einem spitzen Messer prüfen, ob sie durch und durch weich sind. Mit eiskaltem Wasser abschrecken und schälen.
2. Für den Teig Mehl, Ei, Bier und flüssige Butter in eine Schüssel geben, mit Salz bestreuen. Mit einem Schneebesen oder Mixer zu einem dickflüssigen Teig rühren.
3. Für die Sauce Zwiebeln schälen und sehr fein hacken. Mit Wein und Wermut aufkochen, auf etwa 2 EL reduzieren. Gemüsesuppe zugießen und auf etwa 100 ml einkochen. Crème fraîche unterrühren, Kren zugeben, salzen und pfeffern. Wenn nötig, noch etwas einkochen und warm stellen.
4. Pflanzenfett in einer Fritteuse auf 180 °C erhitzen. Die Rüben mit einer Gabel durch den Bierteig ziehen. Die Kugeln goldbraun frittieren, herausheben und auf Küchenkrepp abtropfen lassen.
5. Die Roten Rüben auf Tellern verteilen, die Sauce kurz aufmixen und um die Kugeln gießen. Mit frischem Kren und Salat servieren.

**SERVUS-TIPP:**
*Rote Rüben immer erst **nach dem Garen schälen**, damit sie ihre wertvollen Inhaltsstoffe nicht verlieren. Sie enthalten viel Vitamin C und B, Eisen, Kalium, Kalzium, Magnesium und Jod. Rote Rüben wirken **entzündungshemmend**, **antioxidativ** und stärken die Abwehrkräfte.*

# Tiroler Erdäpfelgulasch

Grattler oder Zigeunerbratl nannte man einst dieses Gericht in Tirol.
Erst ab etwa 1820 begann man die Erdäpfel hier zu akzeptieren.

**ZUTATEN FÜR 4 PERSONEN**
*Zeitaufwand: 1 Stunde*

60 g Selchspeck
200 g Zwiebeln
700 g speckige Erdäpfel
1 Paar Kaminwurzen
30 g Butter
1 gepresste Knoblauchzehe
2 TL Tomatenmark
2 TL edelsüßes Paprikapulver
1 kräftige Prise gemahlener Kümmel
1 Lorbeerblatt
1 Stück Schale von 1 Biozitrone
750 ml leichte Gemüsesuppe
1 EL Apfelessig
Salz, Pfeffer
1 EL gehackte Petersilie

**ZUBEREITUNG**

1. Speck und Zwiebeln kleinwürfelig schneiden. Erdäpfel schälen und vierteln. Kaminwurzen in dünne Scheiben schneiden.
2. In einem Schmortopf Butter erhitzen, Speck mit Zwiebeln darin hellbraun anschwitzen. Kaminwurzen, Erdäpfel, Knoblauch, Tomatenmark, Paprikapulver und Kümmel zugeben und kurz durchrösten. Lorbeerblatt und Zitronenschale einlegen und mit Suppe aufgießen. Zudecken und das Erdäpfelgulasch weich kochen.
3. Mit Essig, Salz und Pfeffer kräftig abschmecken und mit Petersilie bestreut anrichten.

**SERVUS-TIPP:**
*Auf keinen Fall **Früherdäpfel** für dieses Gulasch nehmen. Sie haben einen **zu** hohen Wassergehalt.*

# Pannonische Fischsuppe

Genaugenommen ist es mehr ein Eintopf als eine Suppe.
Rund um den Neusiedlersee gehört auf jeden Fall ein Zander hinein.

**ZUTATEN FÜR 4 PERSONEN**
*Zeitaufwand: 40 Minuten*

**400 g Fischfilets
(Karpfen, Zander, Waller)
Salz
Pfeffer
3 kleine Zwiebeln
1 Knoblauchzehe
je ½ roter, gelber und grüner Paprika
3 Paradeiser
1 kleiner Pfefferoni
4 EL Pflanzenöl
3 TL edelsüßes Paprikapulver
⅛ l Weißwein
1 ½ l Gemüsefond
1 EL Kartoffelstärke
1 EL Schnittlauch**

**ZUBEREITUNG**

1. Fischfilets in größere Würfel schneiden und mit Salz und Pfeffer würzen.
2. Zwiebeln und Knoblauch schälen und fein schneiden. Paprika waschen und kleinwürfelig schneiden.
3. Paradeiser kreuzweise einritzen, 3 Sekunden in heißes Wasser tauchen, eiskalt abschrecken und die Haut abziehen. Vierteln, entkernen und in kleine Würfel schneiden.
Pfefferoni waschen und klein hacken.
4. In einem Topf Öl erhitzen, Zwiebeln darin goldbraun anrösten. Paprikapulver einrühren und mit Weißwein ablöschen. Gemüsefond zugießen und 10 Minuten lang kochen lassen. Paprikawürfel und Knoblauch zugeben und 10 Minuten lang köcheln lassen.
5. Kartoffelstärke in etwas Wasser auflösen und die Suppe damit binden. Dann Fischwürfel, Paradeiser und Pfefferoni hineingeben und kurz ziehen lassen.
6. Fischsuppe in Tellern oder Schalen anrichten und mit Schnittlauch bestreuen.

**SERVUS-TIPP:**
*Beim Zander gilt: **je schwerer**, also
ca. 2 Kilo, **umso saftiger** sein Fleisch.*

# Knuspriger Saibling mit Rahm-Gurken-Salat

Das kalte und sauerstoffreiche Wasser heimischer Seen ist sein Terrain.
Daher hat der Saibling einen fixen Platz in der Salzkammergutküche.

**ZUTATEN FÜR 4 PERSONEN**
*Zeitaufwand: 25 Minuten*

2 Salatgurken
Salz
Pfeffer
1 Prise Staubzucker
½ gehackte Knoblauchzehe
3 Schuss Estragonessig
2 Schuss Traubenkernöl
⅛ l Sauerrahm
1 EL gehackter Estragon
4 Saiblingsfilets à 80 g
1 Spritzer Zitronensaft
1 Handvoll griffiges Mehl
Pflanzenöl zum Frittieren
Zitronenspalten und Kerbel
für die Garnierung

**ZUBEREITUNG**

1. Gurken in nicht zu dünne Scheiben schneiden. Salzen und dann 15 Minuten ziehen lassen.
2. Das ausgetretene Wasser abgießen, mit weißem Pfeffer, Zucker und Knoblauch würzen.
3. Mit Essig und Öl marinieren und abschmecken. Zum Schluss mit Sauerrahm und Estragon vermischen.
4. Saiblingsfilets salzen, mit Zitronensaft beträufeln und in Mehl wenden.
5. In einer Pfanne Öl auf 170 °C erhitzen, Saiblingsfilets darin knusprig frittieren.
6. Herausnehmen und auf Küchenpapier abtropfen lassen. Mit dem Rahm-Gurken-Salat anrichten, mit Zitronenspalten und Kerbel garnieren.

**SERVUS-TIPP:**
*Man kann für dieses Rezept auch eine Regenbogenforelle nehmen. Das **zarte, aber bissfeste Fleisch** des Saiblings ist etwas aromatischer.*

# BLÜTENSAIBLING MIT BÄRLAUCHTASCHERLN

Wer Speisen gerne mit Blüten dekoriert, legt sich am besten
einen eigenen Garten an. Weil's frisch von daheim sicher besser schmeckt.

**ZUTATEN FÜR 4 PERSONEN**

*Zeitaufwand: 45 Minuten plus*
*1 Stunde zum Teigrasten*

*Für die Bärlauchtascherln:*
**250 g griffiges Mehl**
**1 Ei**
**¹⁄₁₆ l Wasser**
**2 EL Olivenöl**
**1 TL Salz**
**150 g blanchierter Bärlauch**
**1 EL gehackte Zwiebeln**
**2 EL Butter**
**100 g Bröseltopfen**
**2 EL geriebener Bergkäse**

*Für die Pistaziensauce:*
**1 Handvoll geschälte Pistazien**
**⅛ weiche Butter**
**Pfeffer**
**1 TL Butter**
**2 fein gehackte Schalotten**
**⅛ l Weißwein**
**¼ l Gemüsefond**
**2 EL geschlagenes Obers**

**4 Saiblingsfilets à 150 g**
**etwas Zitronensaft**
**Olivenöl zum Braten**
**Duftpelargonien**
**Salbei- und Basilikumblüten**

**ZUBEREITUNG**

1. Für die Bärlauchtascherln aus Mehl, Ei, Wasser, Olivenöl und Salz einen Teig kneten. Zudecken und im Kühlschrank 1 Stunde rasten lassen.

2. Bärlauch fein hacken. Zwiebeln in Butter glasig andünsten, Bärlauch zugeben und kurz durchschwenken. Mit Salz abschmecken und auskühlen lassen. Dann mit Topfen und Käse vermischen.

3. Den Teig sehr dünn ausrollen und Kreise ausstechen. Die Bärlauchfülle darauf verteilen, zusammenklappen und die Ränder gut andrücken.

4. Die Tascherln in einen Topf mit kochendem Salzwasser legen. Einmal aufkochen, 5 Minuten ziehen lassen und herausheben.

5. In der Zwischenzeit Pistazien mit ein paar Tropfen Wasser mit dem Mörser (oder Mixer) zu einer feinen Paste verarbeiten. Mit weicher Butter vermischen, salzen und pfeffern. Im Kühlschrank kalt stellen.

6. In einem Topf Butter erhitzen, Schalotten darin anschwitzen. Mit Weißwein ablöschen und etwas einreduzieren. Gemüsefond zugießen und 5 Minuten einkochen. Vom Herd nehmen, Schlagobers einmischen und 1 EL von der kalt gestellten Pistazienbutter einmixen. Auf keinen Fall mehr aufkochen.

7. Saiblingsfilets salzen und mit Zitronensaft beträufeln. In Mehl wenden und in Olivenöl knusprig braten.

8. Die Pistaziensauce auf Tellern verteilen, mit den Saiblingsfilets belegen. Mit Duftpelargonien, Salbei- und Basilikumblüten bestreuen und die Bärlauchtascherln dazu anrichten.

**SERVUS-TIPP:**
*Wenn der Bärlauch blüht, darf man seine Blätter nicht mehr ernten. Die Blüten aber schmecken* **zart scharf** *und kaum nach Knoblauch. Sie passen gut zu Gemüsesuppen, Salat, Fisch- und Lammgerichten.*

# Forelle in Papier gegart

Eine Gailtaler Spezialität. Die Forelle kommt aus den kalten Gebirgsbächen, die Garmethode hat man aus der karnischen Küche übernommen.

**ZUTATEN FÜR 4 PERSONEN**
*Zeitaufwand: 40 Minuten*

1 Forelle, ca. 800 g
5 EL Olivenöl
Salz
frisch gemahlener schwarzer Pfeffer
4 EL grob gehackter Thymian
4 EL grob gehackte Petersilie
4 EL grob gehacktes Basilikum
Pergament- oder Butterbrotpapier
1 Bio-Zitrone, in Scheiben geschnitten
4 Frühlingszwiebeln, in Scheiben geschnitten

**ZUBEREITUNG**

1. Backrohr auf 220 °C vorheizen.
2. Forelle innen und außen mit Wasser abwaschen, mit Küchenpapier gut trocken tupfen.
3. Auf ein Brett legen, innen und außen mit Olivenöl einreiben, mit Salz und Pfeffer würzen. Die Hälfte der gehackten Kräuter in den Bauch füllen.
4. Die Forelle auf das Papier legen und die restlichen Kräuter unter und über dem Fisch verteilen. Mit Zitronenscheiben und Jungzwiebeln belegen und mit Olivenöl beträufeln.
Das Papier über dem Fisch zusammenrollen und die Enden mit Küchengarn verschnüren.
5. Auf ein Backblech legen und im Backrohr ca. 25 Minuten lang garen. Mit Petersilkartoffeln und Salat servieren.

**SERVUS-TIPP:**
*Durch die Papierhülle wird der Fisch im eigenen Saft gegart und schmeckt besonders zart. Am besten nimmt man dazu **Küchenpergament**. Das ist hitzebeständig und beidseitig mit lebensmitteltauglichem Silikon beschichtet.*

# HALBTURNER HOCHZEITSHUHN

Die Burgenländer waren die Geflügellieferanten der Monarchie.
Darum trumpfte man hier mit den berühmten Hendln auch bei Hochzeiten auf.

**ZUTATEN FÜR 6 PERSONEN**
*Zeitaufwand: 1½ Stunden*

**2 Hühner**
**Wurzelwerk (zwei Handvoll Karotten,**
**Gelbe Rüben, Petersilienwurzel, Sellerie)**
**150 g gewürfelter Selchspeck**
**4 mittelgroße Zwiebeln**
**2 Knoblauchzehen**
**2 EL Öl**
**Salz**
**Pfeffer**
**Thymian**
**Majoran**
**2 EL Mehl**
**500 ml Welschriesling**
**500 ml Rindsuppe**
**250 ml Obers**
**gehackte Petersilie nach Geschmack**

**ZUBEREITUNG**

1. Hühner enthäuten und jeweils in vier Stücke teilen, dabei die Keulen von der Brust trennen.
2. Wurzelwerk waschen und in mittelgroße Stücke schneiden.
3. Für die Weinsuppe Speck kleinwürfelig schneiden, Zwiebeln fein hacken und Knoblauch pressen.
4. In einem Topf Öl erhitzen, Speck darin anrösten. Zwiebeln zugeben und glasig dünsten. Mit Salz, Pfeffer, Thymian, Majoran und Knoblauch würzen. Mit Mehl stauben, mit Wein ablösen und mit dem Schneebesen gut verschlagen. Kalte Rindsuppe zugießen und aufkochen. Dann Obers einmischen und 5 Minuten lang ziehen lassen, dabei nicht mehr aufkochen. Vom Herd nehmen und im Kühlschrank erkalten lassen.
5. In der Zwischenzeit Wurzelwerk in 2 l Wasser aufkochen. Die Hühner einlegen und im schwach siedenden Wasser ca. 45 Minuten lang garen. Die Hühnerstücke herausheben und mit dem Wurzelwerk warm stellen.
6. Vor dem Servieren mit der gekühlten Weinsuppe überziehen, mit Petersilie bestreuen und als Beilage gekochten Reis reichen.

# Eingemachtes Kalbfleisch

Zwischen Salzburg und dem Waldviertel spielt das Kalbfleisch eine Hauptrolle bei großen Festen, natürlich auch bei Hochzeiten.

**ZUTATEN FÜR 4 PERSONEN**
*Zeitaufwand: 90 Minuten*

1 Suppengrün
1 Zwiebel
2 Gewürznelken
1 Lorbeerblatt
5 Pfefferkörner
Salz
1 EL Weinessig
1 kg Kalbsbrust
2 EL Butter
1 EL Mehl
125 ml Weißwein
125 ml Obers
Pfeffer
Muskatnuss
1 TL Zitronensaft
1 Eidotter

1 Lauchstange und 1 Karotte für die Garnitur

**ZUBEREITUNG**

1. In einem Topf 2 l Wasser aufsetzen. Suppengrün putzen, waschen und grob zerteilen. Zwiebel schälen und die Gewürznelken aufstecken. Mit dem Lorbeerblatt, Pfefferkörnern, 1 TL Salz und Essig in den Topf geben und zum Kochen bringen.
2. Kalbfleisch in große Würfel schneiden. In den kochenden Sud geben und bei milder Hitze ca. 40 Minuten ziehen lassen.
3. Fleisch durch ein Sieb abseihen, den Sud dabei auffangen.
4. In einem Topf Butter zerlassen. Mehl hineinstreuen und anschwitzen, mit Weißwein und ¼ l Kalbssud ablöschen. Kräftig durchrühren. Obers zugießen und die Sauce ca. 10 Minuten lang köcheln lassen. Mit Salz, Pfeffer, Muskatnuss und Zitronensaft würzen.
5. Die Fleischwürfel wieder in die Sauce geben und nochmals erhitzen. Den Topf vom Herd nehmen und das eingemachte Kalbfleisch mit Eidotter binden.
6. Für die Garnitur Lauch und Karotte putzen, in ganz feine Streifen schneiden. Etwas Öl stark erhitzen, die Streifen darin ein paar Sekunden lang frittieren.

**SERVUS-TIPP:**
*Als Beilage passen Bandnudeln.*
*Zum Beispiel die **Nudelnester***
*auf Seite 38.*

# Geschmorte Gurken mit Faschiertem

Es muss nicht immer ein Salat sein, der die Laberln begleitet.
Auch als warmes Gemüse schmeckt die Gurke fein.

**ZUTATEN FÜR 4–6 PERSONEN**
*Zeitaufwand: 1½ Stunden*

1 kg Freilandgurken
60 g Bauchspeck
150 g Zwiebeln
⅛ l Rindsuppe
½ TL Salz
Pfeffer
1 EL junge gehackte Borretschblätter
1 EL gehackte Dille

1 altbackene Semmel
⅛ l Milch
400 g Kalbfleisch
100 g Bauchspeck
80 g gehackte Zwiebeln
1 Ei
1 EL gehackte Petersilie
Butterschmalz
Sauerrahm für die Garnitur

**ZUBEREITUNG**

1. Gurken waschen, der Länge nach halbieren. Kerne entfernen und in 3 cm lange und 2 cm breite Streifen schneiden. Speck klein würfeln, Zwiebeln schälen und in Würfel schneiden.
2. Speck in einem Topf auslassen und Zwiebeln darin hell anschwitzen. Suppe zugießen und Gurken einmischen. Mit Salz, Pfeffer, Borretsch und Dille würzen, dann 15 Minuten bei schwacher Hitze dünsten.
3. In der Zwischenzeit die Semmel in feine Scheiben schneiden und in Milch einweichen. Kalbfleisch und Bauchspeck in der Küchenmaschine faschieren.
4. Die Semmel gut ausdrücken und mit Faschiertem, gehackten Zwiebeln, Ei, Petersilie, Salz und Pfeffer gut verrühren.
5. In einer Pfanne Butterschmalz erhitzen. Einen Löffel vom Faschierten in die Pfanne geben und zu einem dünnen Laberl verstreichen. Das Laberl von beiden Seiten knusprig braten. Auf diese Weise 4 Laberln braten.
6. Die Laberln jeweils auf einen Teller legen und die geschmorten Gurken darauf verteilen. Mit einem Tupfen Sauerrahm garnieren. Petersilerdäpfel oder ein lockeres Kartoffelpüree passt gut dazu.

**SERVUS-TIPP:**
*Zum Schmoren nimmt man besser Freilandgurken. Sie haben ein festeres Fruchtfleisch als Salatgurken und zerfallen beim Garen nicht so leicht.*

# Rosentaler Osterbraten

Dieser Festbraten aus dem Kärntner Rosental wird kalt gegessen und kann praktischerweise schon am Vortag zubereitet werden.

**ZUTATEN FÜR 6 PERSONEN**
*Zeitaufwand: 3 Stunden*
*Der Osterbraten wird am Vortag zubereitet!*

1 kleine rohe Schweinsstelze
1 Bund Suppengrün
500 g Zwiebeln
2 EL Butter
200 g Knödelbrot
2 Eier
125 ml Schweinssuppe
Salz, Pfeffer
je 1 Prise gemahlener Zimt, Ingwer, Piment und gemahlene Muskatnuss
1 gut gewässertes Schweinenetz

**ZUBEREITUNG**

1. Die Schweinsstelze mit Suppengrün in reichlich Wasser ca. 1½ Stunden kochen. Anschließend nicht zu fein faschieren.
2. Zwiebeln schälen, fein hacken und in Butter zugedeckt und nicht zu heiß 10 Minuten anrösten.
3. Das Faschierte mit Zwiebeln, Knödelbrot, Eiern, Suppe und Gewürzen in eine Schüssel geben und sorgfältig vermischen.
4. Das Backrohr auf 200 °C Umluft vorheizen. Das Schweinenetz zu einer Fläche von 20 × 30 cm ausbreiten. Die Fleischmasse zu einem länglichen Braten formen, auf das Schweinenetz setzen und einrollen. Die Enden kürzen und unter den Braten stecken.
5. Den Braten in eine leicht geölte feuerfeste Form setzen und 15 Minuten im Ofen braten. Die Temperatur auf 150 °C senken und eine weitere Stunde braten.
6. Am nächsten Tag den Osterbraten bei Zimmertemperatur in Scheiben schneiden, mit Senf, Kren und Blattsalat anrichten.

**SERVUS-TIPP:**
*Traditionell wird dazu **Laua** serviert, ein Getränk aus getrockneten Früchten, das ebenfalls am Vortag zubereitet wird. Dafür lässt man je 20 g Äpfel, Birnen, Marillen, Zwetschken und 10 g Heidelbeeren mit einigen Bockshornschoten und einer Wacholderwurzel in einem Liter Wasser eine Stunde leicht wallend köcheln. Abseihen und erkalten lassen.*

# LAMMKEULE IN BERGKRÄUTERHEU

Ein traditionelles Osterrezept aus dem Pinzgau.
Am besten schmeckt es mit einer Milchlammkeule.

**ZUTATEN FÜR 4–6 PERSONEN**
*Zeitaufwand: 1 Tag Vorbereitung*
*plus ca. 7 Stunden*

1 Lammkeule (ca. 1½ – 2 kg)
grobes Salz
Pfeffer
4 EL Olivenöl
Bergwiesenheu (entweder direkt vom Bauern
oder aus dem Zoofachhandel)

*Für die Marinade:*
3 Knoblauchzehen
1 TL grobes Salz
1 TL Majoran
1 TL Rosmarin
1 TL Thymian
4 Blätter Salbei
1 EL geriebene Zitronenschale
¼ EL Olivenöl

*Für den Lammfond:*
1 kg Parüren und klein gehackte Knochen
vom Lamm
Öl zum Braten
grob geschnittenes Wurzelwerk
1 mittelgroße Zwiebel
1 TL Paradeismark
¼ l kräftiger Weißwein
5 schwarze Pfefferkörner

**ZUBEREITUNG**

1. Lammkeule parieren, waschen, gut trocken tupfen. Mit Salz und Pfeffer würzen.
2. Für die Marinade Knoblauch im Mörser mit Salz zerstoßen. Kräuter und Zitronenschale zugeben und zu einer Paste mörsern. Olivenöl zugeben, mit Pfeffer würzen und alles gut vermischen. Die vorbereitete Lammkeule gleichmäßig damit einstreichen. Mindestens 12 Stunden zugedeckt im Kühlschrank marinieren lassen.
3. Das Backrohr auf 180 °C vorheizen.
4. Ebenfalls am Vortag für den Fond Parüren und Knochen in sehr hitzebeständigem Öl scharf anbraten und im Rohr ca. 10 Minuten bräunen lassen, dabei gelegentlich wenden. Wurzelwerk und Zwiebel zugeben, weitere 10 Minuten im Rohr lassen.
5. Aus dem Ofen nehmen und am Herd Paradeismark darin kurz anrösten, mit Wein ablöschen. Pfefferkörner zugeben, mit 3 l Wasser aufgießen. Aufkochen lassen, den aufsteigenden Schaum abschöpfen, dann bei sehr geringer Hitze 4 bis 5 Stunden ziehen lassen.
6. Fond durch ein Tuch abseihen, auf die Hälfte einreduzieren und auskühlen lassen.
7. Am nächsten Tag das Fett vom Fond abschöpfen. Olivenöl in einem Bräter erhitzen und die Lammkeule von allen Seiten gut anbraten. Aus dem Bräter nehmen und beiseitestellen. Backrohr auf 90 °C vorheizen.
8. Den Boden des Bratgefäßes mit dem frischen, mit Wasser befeuchteten Heu bedecken. Die Lammkeule daraufsetzen und vollständig im Heu einbetten. Das Fleisch im Backrohr bei Ober- und Unterhitze mit 90 °C je nach Gewicht 5 bis 6 Stunden braten. Während des Bratens immer wieder wenden und mit Lammfond übergießen.
9. Herausnehmen, 10 Minuten rasten lassen und in Scheiben schneiden. Den Saft abseihen, dickflüssig einkochen und die Lammscheiben darin anrichten.

# Smetani Struklj

Der gekochte Strudel ist eine slowenische Spezialität, die auch im benachbarten Kärnten Tradition hat.

**ZUTATEN FÜR 1 STRUDEL**
*Zeitaufwand: 1 Stunde*

*Für den Nudelteig:*
**500 g griffiges Mehl**
**1 Ei**
**200 ml lauwarmes Wasser**
**etwas Salz**

*Für die Fülle:*
**¼ l Sauerrahm**
**3 EL Zucker**
**etwas Zimt**
**3 EL Semmelbröseln**
**80 g braune Butter**

**ZUBEREITUNG**

1. Für den Teig alle Zutaten verkneten und 30 Minuten rasten lassen.
2. Nudelteig dünn ausrollen. Sauerrahm aufstreichen, mit Zucker, Zimt und Semmelbröseln bestreuen. Den Teig einrollen und in ein nasses Küchentuch wickeln.
3. In einem Topf leicht gesalzenes Wasser aufstellen und zum Kochen bringen. Die Nudelteigrolle einlegen und 20 Minuten ziehen lassen.
4. Herausnehmen, aus dem Tuch wickeln und in 1 cm dicke Schnitten schneiden. Mit brauner Butter übergießen, anzuckern und mit etwas Zimt bestreuen. Noch warm servieren.

**SERVUS-TIPP:**
*Das Küchentuch, in das der Teig eingeschlagen wird, muss **gut befeuchtet** sein, damit sich der Strudel nach dem Kochen **vom rauen Stoff löst**. Wer auf Nummer sicher gehen will, **reibt** das nasse Tuch **zusätzlich mit Semmelbröseln** ein.*

# Abtenauer Haubeikrapfen

Bei diesem Oma-Rezept aus dem Tennengau hängt viel von der Hitze des Schmalzes und vom Geschick der Köche ab.

**ZUTATEN FÜR 30 KRAPFEN**
*Zeitaufwand: 1 Stunde*

**1 kg glattes Weizenmehl**
**500 ml lauwarme Milch**
**1 Würfel Germ**
**1 EL Salz**
**etwas Zucker**
**10 EL Öl**
**1 Ei**
**1 Prise Zimt**
**Butterschmalz oder Öl zum Herauszubacken**

**ZUBEREITUNG**

1. Aus etwas vom Mehl mit etwas lauwarmer Milch, der Germ, 1 Prise Salz und etwas Zucker ein Dampfl anrühren. 15 Minuten rasten lassen. Dann mit den restlichen Zutaten zu einem geschmeidigen Teig kneten, in eine Schüssel geben, mit einem feuchten Tuch bedecken und wieder gehen lassen, bis der Teig etwa doppelt so groß ist.
2. Mit einem Löffel den Teig portionieren und in der gewölbten Hand zu Kugeln von etwa 5 cm Durchmesser schleifen. Wieder gehen lassen. (Achtung: Die Oberseite der Teigkugel bleibt jetzt immer die Oberseite.)
3. Nach dem Rasten die Teigkugeln auswalken und erneut gehen lassen. Dann zu Fladen von etwa 30 cm Durchmesser hauchdünn ausziehen. In einem passenden Topf das Butterschmalz auf etwa 200 °C erhitzen. Die Teigfladen einzeln ins heiße Fett legen und die Krapfen goldbraun backen. Auf einem Gitter abtropfen lassen.

**SERVUS-TIPP:**
*In der Originaltechnik werden die Fladen zunächst* **am Rand ins heiße Fett** *getaucht und dann* **darübergestülpt**. *Die heiße Luft treibt den Teig sofort 10 bis 15 cm in die Höhe. Dann vorsichtig mit einem Schöpflöffel etwas heißes Fett* **über die Wölbung** *gießen.*

# ROHRNUDELN

Sie sind fixer Bestandteil der bäuerlichen Küche in Österreich und wurden früher nur sonntags und an Festtagen gebacken.

**ZUTATEN FÜR 20 KLEINE ROHRNUDELN**
*Zeitaufwand: 2 Stunden*

25 g Germ
200 ml lauwarme Milch
3 Eidotter
80 g Feinkristallzucker
2 TL Vanillezucker
je 1 TL abgeriebene Schale von
1 Zitrone und 1 Orange
1 EL Rum
1 Prise Salz
80 g flüssige Butter
470 g glattes Mehl

griffiges Mehl für die Arbeitsfläche
100 g flüssige Butter zum Eintauchen
Staubzucker zum Bestreuen

**ZUBEREITUNG**

1. Germ in die Milch bröckeln und mit den Eidottern glatt rühren. Zucker mit Vanillezucker und geriebenen Zitrusschalen einmischen. Mit Rum, Salz, Butter und Mehl zu einem glatten Teig verkneten. Den Teig in eine Schüssel legen, mit einem feuchten Tuch bedecken und 40 Minuten lang gehen lassen.
2. Eine Auflaufform mit etwas Butter ausstreichen.
3. Den Germteig kurz durchkneten und auf einer bemehlten Fläche zu einer 4 cm dicken Rolle formen. Von der Teigrolle 20 gleich große Stücke abstechen und schnell zu Kugeln formen. Die Germkugeln kurz in die flüssige Butter tauchen und nebeneinander in die Form setzen. Die Rohrnudeln zugedeckt weitere 20 Minuten gehen lassen.
4. In der Zwischenzeit das Backrohr auf 180 °C Ober- und Unterhitze vorheizen.
5. Die Rohrnudeln auf der unteren Schiene 20 bis 25 Minuten lang backen. Noch warm mit Staubzucker bestreuen.

**SERVUS-TIPP:**
*In Ostösterreich kennt man die Rohrnudeln als **Buchteln**. Dazu passen Weichselkompott, Apfelmus, Hollerröster oder Himbeermarmelade.*

# Kärntner Reindling

Er hat eigentlich immer Saison: mit Marmelade oder Honig bestrichen,
zur Sonntagsjause oder zu Ostern mit Schinken und Kren.

**ZUTATEN FÜR 6 PERSONEN**
*Zeitaufwand: 2 Stunden 15 Minuten*

*Für den Teig:*
**250 ml lauwarme Milch**
**50 g Zucker**
**1 Würfel frische Germ**
**500 g Weizenmehl (universal)**
**2 Eidotter**
**50 g flüssige Butter**
**1½ TL Salz**
**flüssige Butter zum Bestreichen**

*Für die Füllung:*
**2 Esslöffel Zimt**
**150 g Zucker**
**150 g grob geriebene Haselnüsse**
**150 g Rosinen**

**ZUBEREITUNG**

1. Für den Teig zuerst das Dampfl zubereiten: Milch, Zucker und Germ mischen und anschließend kurz gehen lassen, bis sich das Volumen etwa verdoppelt hat. Weizenmehl auf die Arbeitsfläche geben und in der Mitte eine Grube bilden.
2. Das Dampfl und die Eidotter hineinschütten. Mit der flüssigen Butter und dem Salz gut durchkneten, bis der Teig geschmeidig und glatt ist.
3. In eine Schüssel geben, zudecken und an einem warmen Ort 45 Minuten rasten lassen.
4. Den Teig ausrollen und mit flüssiger Butter bestreichen. Mit Zimt, Zucker, Nüssen und Rosinen füllen. Danach einrollen und in eine befettete Form füllen.
5. Zudecken und nochmals 15 Minuten gehen lassen.
6. Anschließend im Backrohr bei 200 °C ca. 45 bis 50 Minuten backen.

**SERVUS-TIPP:**
*Zu seinem Namen kam er, weil er früher in einer **Tonrein** herausgebacken wurde. Und weil er aus Weizenmehl – damals das **teuerste aller Mehle** – gemacht wird, bekam er seinen Platz auf den Festtagstischen. Zu Ostern gehört er in Kärnten einfach dazu. Dort schenkt auch der **Godl seinem Patenkind** einen Reindling, in dem eine **Münze** oder ein **Osterei** versteckt ist.*

# Waldviertler Mohnkranzerl

*Dort, wo der heimische Mohn wächst, ist er natürlich fixer Bestandteil der Festtagsküche, vor allem zu Ostern.*

## ZUTATEN FÜR 7 STÜCK
*Zeitaufwand: 1½ Stunden*

*Für den Teig:*
**1 Pkg. Germ**
**500 g glattes Mehl**
**60 g Staubzucker**
**Salz**
**110 g Butter**
**¼ l lauwarme Milch**
**2 Eidotter**

*Für die Füllung:*
**200 g gemahlener Mohn**
**100 g zerlassene Butter**
**80 g Zucker**
**1 EL Vanillezucker**
**⅛ l heiße Milch**
**1 EL Rum**
**etwas Zimt und abgeriebene Zitronenschale**

**1 Eidotter mit 12 EL Milch verquirlt zum Bestreichen**
**etwas Mohn zum Bestreuen**
**gefärbte Ostereier**

## ZUBEREITUNG

1. Germ zerbröseln, mit Mehl, Zucker und Salz vermischen. Butter in lauwarmer Milch zergehen lassen. Alle Zutaten zu einem geschmeidigen Teig verarbeiten. Mit einem Tuch bedecken, an einem warmen Ort 30 Minuten rasten lassen.

2. Für die Fülle alle Zutaten vermischen. Backrohr auf 200 °C Umluft vorheizen.

3. Den Germteig zu einer Rolle formen und in ca. 14 Stücke teilen. Rechtecke (ca. 15 cm lang und 5 cm breit) auswalken, mit Mohnfülle 2 cm breit bestreichen und zusammenschlagen. Den Teig rundherum festdrücken und zu einer Rolle formen.

4. Je 2 fingerdicke Rollen spiralenförmig umeinanderschlingen und zu einem Kranzerl formen. Kurz rasten lassen, mit Dottermilch bestreichen, mit Mohn bestreuen und goldbraun backen. Backrohr auf 180 °C zurückschalten und ca. 20 Minuten weiterbacken.

5. Nach dem Backen ein gekochtes, gefärbtes Osterei in das noch warme Mohnkranzerl drücken.

# Osterlamm

Das Biskuit-Lamperl wird traditionell am Ostersonntag zum Frühstück serviert. Dann geht's nur mehr darum, wer es wo anschneidet.

**ZUTATEN FÜR 1 FORM MIT CA. 14 CM KOPFHÖHE**
*Zeitaufwand: 1 Stunde*

**75 g Butter**
**100 g Zucker**
**1 Packung Vanillezucker**
**2 Eier**
**100 g Mehl**
**½ TL Backpulver**
**Butter für die Form**
**2 Gewürznelken**
**Staubzucker**

**ZUBEREITUNG**

1. Butter in Flocken zerteilen und in einer Schüssel schaumig rühren.
2. Zucker mit Vanillezucker vermischen und mit den Eiern nach und nach in die Butter einarbeiten.
3. Mehl mit Backpulver versieben und schubweise in das Butter-Zucker-Gemisch rühren.
4. Die aufgeklappte Form mit Butter ausstreichen, mit Mehl bestauben und wieder zusammenklappen. Den Teig einfüllen.
5. Im vorgeheizten Backrohr bei 180 °C ca. 35 bis 45 Minuten lang kopfüber backen. Herausnehmen, 5 Minuten auskühlen lassen und aus der Form heben.
6. Für die Augen Gewürznelken einstecken und das Lämmchen bezuckern.

*Frühling* **SÜSSES**

# Burgenländische Ostertorte

Das Besondere an diesem Backwerk sind die Zuckerblüten.
Mit ihnen kann man den Frühling förmlich schmecken.

........................................................................................................................................................

**ZUTATEN FÜR 1 TORTE**
*Zeitaufwand: 1½ Stunden*

*Für das Biskuit:*
**7 Eier**
**200 g Zucker**
**200 g Mehl**
**Butter und Mehl für die Form**

*Für die Creme:*
**⅜ l Milch**
**3 EL Kristallzucker**
**2 EL Mehl**
**1 Eidotter**
**250 g Butter**
**100 g Staubzucker**
**Mark von 1 Vanilleschote**
**abgeriebene Schale von 1 Zitrone**
**Saft von 3 Zitronen**

*Für die Zuckerblüten:*
**1 TL Gummiarabikum**
**1 ½ EL Wasser**
**Stiefmütterchen und Primeln ohne Grünteile**
**extrafeiner Zucker**

**ZUBEREITUNG**

1. Für das Biskuit Eier in Eiklar und Eidotter trennen. Eiklar mit Zucker zu einem festen Schnee schlagen. Nach und nach Eidotter und Mehl unterheben.
2. Eine Tortenform von 25 cm Durchmesser mit Butter bestreichen und mit Mehl bestauben. Die Masse einfüllen und im vorgeheizten Backrohr bei 160 °C ca. 50 Minuten backen. Herausnehmen und abkühlen lassen.
3. Für die Creme in einem Topf Milch mit Zucker aufkochen. Eidotter und Mehl hineinrühren, einmal gut aufkochen. Vom Herd nehmen und diese Vorcreme abkühlen lassen.
4. In einer Schüssel Butter mit Staubzucker, Vanillemark und Zitronenschale schaumig rühren. Die Vorcreme löffelweise hineinmixen. Zitronensaft tropfenweise einmischen. Vorsicht: Die Creme kann leicht gerinnen!
5. Die Biskuittorte zweimal quer durchschneiden und mit der Creme füllen. Wieder zusammensetzen und außen mit der Creme bestreichen.
6. Für die Zuckerblumen Gummiarabikum in Wasser auflösen. Die Blüten damit rundherum bestreichen und mit Zucker bestreuen. An einem warmen Ort trocknen lassen. Die Torte mit den Zuckerblüten verzieren.

**SERVUS-TIPP:**
*Zum Dekorieren wurden Blüten immer schon **durch Eiklar gezogen** und dann angezuckert. Länger (mehrere Monate) halten sie, wenn man sie mit Gummiarabikum – einem **natürlichen Polysaccarid** aus der Apotheke – bestreicht. Damit kann man **sogar Rosen** kandieren.*

# Marmorgugelhupf

In der ländlichen Festtagsküche buk man den Gugelhupf immer schon aus Rührteigen, die mit edlen Zutaten wie Schokolade verfeinert wurden.

## ZUTATEN FÜR 1 MITTLERE FORM
*Zeitaufwand: 1½ Stunden*

80 g geschälte, geriebene Mandeln
220 g glattes Mehl
1 TL Backpulver
200 g weiche Butter
1 TL abgeriebene Bio-Zitronenschale
30 g Vanillezucker
120 g Staubzucker
3 Eidotter
1 EL Rum
3 Eiklar
1 Prise Salz
120 g Feinkristallzucker
1 EL Kakaopulver
70 g fein geriebene dunkle Kuvertüre

Butter und Zucker für die Form
Staubzucker zum Bestreuen

## ZUBEREITUNG

1. Die Gugelhupfform mit Butter ausstreichen und gleichmäßig mit Zucker ausstreuen. Backrohr auf 175 °C vorheizen.
2. In einer Schüssel Mandeln, Mehl und Backpulver vermischen.
3. Butter, Zitronenschale, Vanillezucker und Staubzucker cremig schlagen. Eidotter und Rum nach und nach unterrühren und die Creme schaumig aufschlagen.
4. Eiklar mit Salz zu einem steifen Schnee schlagen und dabei Kristallzucker langsam einrieseln lassen.
5. Mehlmischung und Schnee abwechselnd unter die Buttermasse rühren. Die Hälfte des Teiges in die Gugelhupfform füllen.
6. Kakaopulver und Kuvertüre unter den restlichen Teig mischen und über dem hellen Teig in die Gugelhupfform füllen.
7. Den Gugelhupf auf der zweiten Schiene von unten ca. 1 Stunde lang backen. Herausnehmen und 15 Minuten überkühlen lassen. Dann aus der Form stürzen und mit Staubzucker bestreuen.

**SERVUS-TIPP:**
*Für eine schöne **Marmorierung** zieht man einen Kochlöffelstiel spiralenförmig durch die beiden Teigschichten, nachdem man sie in die Form gefüllt hat.*

# Linzer Torte

Die älteste Anleitung für diesen Klassiker stammt aus dem Jahr 1653 und wurde von Anna Margarita Sagramosa, geborene Gräfin Paradeiser, verfasst.

**ZUTATEN FÜR 1 FORM MIT 26 CM DURCHMESSER**
*Zeitaufwand: 70 Minuten*

- 200 g weiche Butter
- 240 g Staubzucker
- 1 Prise Salz
- 1 EL Vanillezucker
- 1 TL abgeriebene Bio-Orangenschale
- 1 Prise Zimt
- 1 Prise Nelkenpulver
- 5 Eier
- 120 g geriebene Haselnüsse
- 150 g geriebene Biskotten
- 150 g glattes Mehl
- 1 große Oblate
- 250 g Ribiselmarmelade

**Butter und Zucker für die Form**

**ZUBEREITUNG**

1. Eine Springform mit Butter ausstreichen und mit Zucker dünn ausstreuen. Das Backrohr auf 175 °C Ober- und Unterhitze vorheizen.
2. Butter, die Hälfte des Staubzuckers, Salz, Vanillezucker, Orangenschale, Zimt und Nelkenpulver mit dem Handmixer schaumig rühren.
3. Die Eier mit dem restlichen Staubzucker schaumig rühren, dann nach und nach unter die Buttercreme schlagen. Zum Schluss Haselnüsse, Biskotten und Mehl in den Teig rühren.
4. Knapp 2 Drittel des Teiges in die Springform streichen. Die restliche Masse in einen Dressiersack mit einer glatten Tülle Nr. 5–7 füllen.
5. Die Oblate bei Bedarf auf Tortengröße zuschneiden, in die Form setzen und mit Ribiselmarmelade bestreichen. Mit dem Dressiersack ein Teiggitter über der Marmelade formen. Die Linzer Torte etwa 45 Minuten backen und am besten über Nacht in der Form abkühlen lassen, damit sie schön saftig wird.

**SERVUS-TIPP:**
*Die Ribiselmarmelade ist das Um und Auf dieser Torte. Sie kann, wenn überhaupt, nur durch **säuerliche Marmeladen** wie Preiselbeer oder Himbeer ersetzt werden. Zum **Verfeinern** verrührt man sie mit einem **Schuss Rum**. Ihren edlen Geschmack bekommt die Torte erst, wenn sie **gut durchzogen** ist. Daher nach dem Abkühlen mit Alufolie bedecken und am besten **eine Woche** an einem kühlen Ort vor den **Naschkatzen** verstecken.*

# BIENENSTICH

Der Legende nach bekamen zwei Bäckersbuben den Kuchen als Dank,
weil sie Angreifer mit Bienenstöcken beworfen und so vertrieben haben.

**ZUTATEN FÜR 1 BACKBLECH**

*Zeitaufwand: 3 Stunden*

*Für den Teig:*
**180 ml lauwarme Milch**
**20 g Germ**
**400 g glattes Mehl**
**50 g Feinkristallzucker**
**2 TL Vanillezucker**
**abgeriebene Schale von ½ Bio-Zitrone**
**½ TL Salz**
**1 Eidotter**
**1 Ei**
**50 g flüssige Butter**

*Für die Honigmandeln:*
**100 g Butter**
**100 g Zucker**
**50 g Honig**
**60 g Obers**
**250 g Mandelblättchen**

*Für die Vanillecreme:*
**½ l Milch**
**80 g Zucker**
**20 g Vanillezucker**
**1 Prise Salz**
**1 Pkg. Vanillepuddingpulver**
**6 Blätter Gelatine**
**550 g Obers**

**ZUBEREITUNG**

1. Milch und Germ in einer kleinen Schüssel mit 2 EL Mehl glatt rühren und 15 Minuten gehen lassen. Das Dampfl mit den restlichen Zutaten zu einem glatten Teig verkneten. In einer Schüssel mit einem feuchten Tuch bedecken und 45 Minuten gehen lassen.

2. Für die Honigmandeln Butter, Zucker und Honig in einem Topf leicht karamellisieren und mit Obers ablöschen. Mandeln einrühren, kurz aufkochen und abkühlen lassen.

3. Germteig auf die Größe des Backbleches ausrollen. Das Blech mit Backpapier belegen, den Teig darauflegen und in die Ecken drücken. Mit einer Gabel mehrmals einstechen, die Mandelmasse darauf verteilen. Weitere 20 Minuten lang gehen lassen.

4. In der Zwischenzeit das Backrohr auf 180 °C Ober- und Unterhitze vorheizen. Den Teig mit der Mandelmasse auf der untersten Schiene etwa 25 Minuten lang nicht zu dunkel backen.

5. 400 ml Milch mit Zucker, Vanillezucker und Salz aufkochen. Vanillepuddingpulver mit der restlichen Milch verrühren und unter ständigem Rühren in die kochende Milch gießen. Vom Herd nehmen, zudecken und den Pudding lauwarm abkühlen lassen.

6. Gelatine in Wasser einweichen und ausdrücken. In 50 g erhitztem Obers auflösen und zügig in den Pudding rühren. Das restliche Obers steif schlagen und unter den Pudding heben.

7. Den gebackenen Teig in 2 gleich große Rechtecke schneiden. Diese mit einem großen Messer horizontal in zwei Schichten schneiden, sodass man pro Rechteck eine Teigschicht und eine Mandel-Teigschicht erhält. Die beiden Mandel-Teigschichten jeweils in 12 Rechtecke schneiden. Die beiden großen Teigrechtecke mit Vanillecreme bestreichen. Mit Mandel-Teigstücken belegen und wieder zu einem großen Rechteck zusammensetzen. Im Kühlschrank 2 Stunden fest werden lassen. Dann mit einem scharfen Messer entlang der Mandelkanten in kleine Rechtecke schneiden.

*Frühling* **SÜSSES**

# EHENBICHLER FESTTAGSTORTE

Ein einfaches aber herrlich süßes Backwerk aus der kleinen
Tiroler Gemeinde in der Nähe von Reutte.

**ZUTATEN FÜR 1 BACKFORM 30 x 40 CM**

*Zeitaufwand: 3½ Stunden*

350 g Mehl
1 Msp. Backpulver
200 g Butter
100 g Zucker
4 Eidotter
Butter zum Bestreichen
150 g Johannisbeermarmelade

*Für den Belag:*
4 Eiklar
250 g Zucker
etwas Zimt
150 g geriebene Mandeln
3 geriebene Schokoladerippen
geriebene Schokolade und Staubzucker
zum Bestreuen

**ZUBEREITUNG**

1. Mehl mit Backpulver vermischen. Die Butter mit Mehl abbröseln, mit Zucker und Eidottern rasch zu einem Mürbteig verkneten. In Frischhaltefolie wickeln und im Kühlschrank 1 Stunde rasten lassen.
2. Das Backrohr auf 180 °C Ober-/Unterhitze vorheizen.
3. Die Backform mit Butter ausstreichen. Den Mürbteig auf die Größe der Form auswalken und so in die Form legen, dass ein ca. 4 cm hoher Rand entsteht. Den Teigboden mit der Gabel mehrmals einstechen. Im Rohr ca. 15 Minuten lang halbfertig backen und auskühlen lassen.
4. Für den Belag Eiklar mit der Hälfte des Zuckers zu einem sehr steifen Schnee schlagen. Dann restlichen Zucker, Zimt, Mandeln und Schokolade unterheben.
5. Den vorgebackenen Teigboden mit Johannisbeermarmelade bestreichen. Die Eiklarmasse wellenartig aufstreichen und mit Schokolade bestreuen.
6. Im Backrohr bei 160 °C ca. 45 Minuten lang fertig backen. Herausnehmen und 2 Stunden rasten lassen. Dann in Rauten oder Dreiecke schneiden und mit Staubzucker bestreuen.

# RHABARBERKUCHEN

Der Rhabarber ist einer der Ersten, der im Frühlingsgarten geerntet werden kann. Dafür ist ab dem Johannistag Schluss mit dem Genuss.

**ZUTATEN FÜR 1 BACKBLECH**
*Zeitaufwand: 1 Stunde*

*Für den Teig:*
**300 g Mehl**
**1 Msp. Backpulver**
**150 g Butter**
**60 g Zucker**
**2 Eidotter**
**eventuell etwas Rahm**
**oder Milch**

*Für den Belag:*
**1 kg Rhabarber**
**80 g Zucker**
**etwas Zitronensaft**
**etwas Wasser**

*Für die Windmasse:*
**4 Eiklar**
**100 g Zucker**

**ZUBEREITUNG**

1. Für den Teig Mehl mit Backpulver und Zucker vermischen. Dann mit der Butter abbröseln und rasch mit den Eidottern sowie nach Geschmack mit Rahm oder Milch verkneten.
2. Das Backrohr auf 160 °C vorheizen.
3. Ein Backblech mit Butter ausstreichen. Den Teig auswalken und auf das Blech legen. Im Rohr ca. 20 Minuten vorbacken.
4. Rhabarber putzen und klein schneiden. In einem Topf mit Zucker, Zitronensaft und etwas Wasser weich dünsten. Dann auf dem vorgebackenen Teigboden verteilen.
5. Eiklar mit Zucker zu einem festen Schnee schlagen und auf den Rhabarber streichen. Im Backrohr bei 160 °C weitere 20 Minuten fertigbacken, bis die Schneeschicht eine hellbraune Farbe angenommen hat.

**SERVUS-TIPP:**
*Rhabarber darf **niemals roh** gegessen werden. Da seine äußerste Schicht die meiste Säure enthält, sollte man ihn auch immer **schälen**. Der Säuregehalt wird zudem verringert, wenn man ihn **blanchiert** oder **mit Milchprodukten** kombiniert. Im Kühlschrank hält er einige Tage, wenn man ihn in ein **feuchtes Tuch** einschlägt.*

# Pikantes Rhabarberkompott

Obwohl er am liebsten süß vernascht wird, ist der Rhabarber ein waschechtes Gemüse. Und zwar eines mit Stiel, weil nur dieser verputzt wird.

**ZUTATEN FÜR CA. 8 GLÄSER À 250 ML**
*Zeitaufwand: 75 Minuten*

750 g Rhabarber
500 g Äpfel
300 g Kandiszucker
1 TL Salz
¼ l Himbeer- oder Rotweinessig
1 Tasse Wasser
150 g Trockenobst
(Rosinen, klein geschnittene
Dörrzwetschken, Marillen etc.)
Saft und abgeriebene Schale einer Orange
½ TL geriebener Ingwer
1 EL Senfkörner
etwas Neugewürz und Cayennepfeffer

**ZUBEREITUNG**

1. Rhabarber putzen und in kleine Würfel schneiden. Äpfel schälen, vom Kerngehäuse befreien und ebenfalls kleinwürfelig schneiden.
2. Rhabarber mit Äpfeln, Kandiszucker, Salz, Essig und Wasser in einem Topf aufkochen. 30 Minuten köcheln lassen, dann das Trockenobst zugeben. Orangensaft und Orangenschalen, Ingwer, Senfkörner und Neugewürz einmischen. Nochmals ca. 30 Minuten lang dick einkochen, bei Bedarf etwas Wasser nachgießen. Kurz vor Ende der Garzeit mit Cayennepfeffer abschmecken.
3. In der Zwischenzeit Rexgläser vorbereiten und das heiße Kompott darin abfüllen. Sofort verschließen und abkühlen lassen.

**SERVUS-TIPP:**
*Dunkel, **kühl** gelagert und verschlossen hält das pikante Rhabarberkompott etwa ein **halbes Jahr**.*

# Wiener Punschkrapferln

Diese Petitesse aus der hohen Schule der Konditorenkunst soll sich unter dem Einfluss der Türken in Wien entwickelt haben.

## ZUTATEN FÜR 12 STÜCK
*Zeitaufwand: 1½ Stunden*

*Für den Biskuitteig:*
**4 Eier**
**100 g Feinkristallzucker**
**80 g Mehl**
**20 g Maizena**
**30 g flüssige Butter**

*Erste Füllung:*
**40 g Biskuitreste**
**100 g passierte Marillenmarmelade**
**1 Spritzer Zitronensaft**

*Zweite Füllung:*
**40 g Biskuitreste**
**50 g zerlassene Kochschokolade**
**1 TL Vanillezucker**
**2 EL Rum**

**Punschglasur**

**SERVUS-TIPP:**
*Hat man zu wenig Biskuitreste für die Füllung übrig, kann man noch ein paar Biskotten klein schneiden und dazugeben.*

## ZUBEREITUNG

1. Backrohr auf 180 °C vorheizen.
2. Für den Biskuitteig Eier und Zucker über Dampf dickschaumig schlagen. Mehl und Maizena luftig unterheben, die lauwarme flüssige Butter einarbeiten.
3. Fingerdick auf ein mit Backpapier belegtes Blech streichen. Im Backrohr unter Aufsicht 8 Minuten lang hellbraun backen. Dann mitsamt dem Backpapier auf ein Gitter legen und auskühlen lassen.
4. Aus dem Biskuit zwei Rechtecke mit 16 × 12 cm Seitenlänge schneiden. Das restliche Biskuit klein würfeln.
5. Die Hälfte der Biskuitwürfel mit Marillenmarmelade und Zitronensaft vermischen. Die andere Hälfte mit Kochschokolade, Vanillezucker und Rum verrühren.
6. Auf eine Biskuitplatte zuerst die Schokofüllung aufstreichen, dann die Marillenfüllung darüber verteilen und glatt streichen. Die zweite Biskuitplatte daraufsetzen, mit einem Küchenbrett leicht beschweren und 1 Stunde stehen lassen.
7. Die Punschglasur über Wasserdampf schmelzen und glatt rühren.
8. Das Biskuit mit einem Sägemesser in 4 cm große Quadrate schneiden und die Stücke auf ein Gitter setzen. Mit Punschglasur übergießen und an einem kühlen Ort trocknen lassen.

# HOCHZEITSTORTE

Klassisch muss sie mindestens drei Stockwerke haben. Die beiden
unteren werden an die Gäste verteilt, das oberste gehört dem glücklichen Paar.

**ZUTATEN FÜR 32 GÄSTE**
**UND DAS BRAUTPAAR**
**DURCHMESSER: 20, 24, 28 CM**
*Zeitaufwand: 4 Stunden*

*Nusstorte:*
**3 Eier, 130 g Kristallzucker**
**200 g weiche Butter**
**120 g Staubzucker**
**1 Prise Vanillezucker**
**abgeriebene Schale von 1 Zitrone**
**1 Prise Zimt**
**220 g geriebene Walnüsse**
**100 g Semmelbrösel**

*Schokotorte:*
**5 Eier, 120 g Kristallzucker**
**140 g Staubzucker**
**140 g Öl**
**25 g Kakao**
**50 g Mehl, 1 Msp. Backpulver**

*Zitronenbiskuittorte:*
**7 Eier, 100 g Kristallzucker**
**100 g Staubzucker**
**1 Prise Vanillezucker**
**abgeriebene Schale von 1 Zitrone**
**220 g Mehl, 1 Msp. Backpulver**

**Butter für die Formen**
**Zuckerglasur für alle 3 Torten**

**ZUBEREITUNG**

1. Für die Nusstorte Eier in Eiklar und Eidotter trennen. Eiklar mit Kristallzucker zu einem festen Schnee schlagen.
2. Butter mit Staubzucker schaumig rühren. Nach und nach Eidotter einmischen. Dann Vanillezucker, Zitronenschale und Zimt einrühren.
3. Diesen Abtrieb vorsichtig mit dem Eischnee vermischen, Walnüsse und Brösel einrühren. Dabei sehr sanft vorgehen, da sonst der Schnee zusammenfällt und die Torte sitzenbleibt.
4. Den Teig in eine bebutterte runde Springform füllen und im vorgeheizten Backrohr bei 170 °C ca. 45 Minuten lang backen.
5. Für die Schokotorte Eier in Eiklar und Eidotter trennen. Eiklar mit Kristallzucker zu einem festen Schnee schlagen.
6. Die restlichen Zutaten mit den Dottern gut verrühren, dann den Schnee vorsichtig unterheben.
7. Den Teig in eine bebutterte runde Springform füllen. Im vorgeheizten Backrohr bei 170 °C ca. 45 Minuten lang backen.
8. Für die Zitronenbiskuittorte Eier in Eiklar und Dotter trennen. Eiklar mit Kristallzucker zu einem festen Schnee schlagen.
9. Eidotter mit Staubzucker aufschlagen, Vanillezucker und Zitronenschale einmischen.
10. Eischnee vorsichtig unterheben. Mehl mit Backpulver versieben und ebenfalls vorsichtig einrühren.
11. Den Teig in eine bebutterte runde Springform füllen. Im vorgeheizten Backrohr bei 170 °C ca. 45 Minuten lang backen.
12. Zuckerglasur laut Packungsangabe zubereiten und die abgekühlten Torten damit überziehen. Aufeinandersetzen und nach dem Geschmack des Brautpaares dekorieren.

# SOMMER

Luftig-leicht & beerig-frisch:
So gut schmeckt's unter freiem Himmel.

# GUNDELREBEN-ESSENZ MIT POLENTAKNÖDELN

Die würzig-herben Blätter der heimischen Gundelrebe
sind eine aromatische Basis für eine klare Suppe.

**ZUTATEN FÜR 4 PERSONEN**

*Zeitaufwand: 1½ Stunden*

*Für die Essenz:*
**2 Handvoll Gundelrebe**
**1 l Wasser**
**5 weiße Pfefferkörner**
**1 kleines Stück Muskatblüte**
**½ TL Korianderkörner**
**2 Pimentkörner**
**1 Lorbeerblatt**
**Salz**

*Für das Klärfleisch:*
**200 g grob faschiertes Kalbfleisch**
**etwas Gundelrebe**
**4 Eiklar**

*Für die Knödel:*
**¼ l Milch**
**1 Prise Muskatnuss**
**60 g Butter**
**70 g Polenta**
**1 Eidotter**

**ZUBEREITUNG**

1. Für die Essenz Gundelrebe in einem Topf mit kaltem Wasser bedecken. Gewürze zugeben und salzen. Einmal aufkochen und 30 Minuten lang ziehen lassen. Die Suppe abseihen und im Kühlschrank erkalten lassen.

2. Kalbfleisch mit Gundelrebe und Eiklar vermischen. Mit der Suppe in einen Topf geben und gut verrühren. Bei kleiner Hitze langsam einmal aufwallen lassen, dabei öfter umrühren. Wenn sich der Kuchen bildet, also das Klärfleisch stockt, nicht mehr umrühren, sonst wird die Essenz wieder trüb.

3. Bei kleiner Hitze 30 Minuten lang ziehen lassen. Dann die Essenz mithilfe eines Schöpflöffels vorsichtig durch ein feines Tuch abseihen und abschmecken.

4. In der Zwischenzeit für die Knödel in einem kleinen Topf Milch und Butter mit Salz und Muskatnuss würzen. Einmal aufkochen, dann Polenta einmischen. Bei kleiner Hitze unter ständigem Rühren so lange kochen, bis sich die Masse vom Topfboden löst. Vom Herd nehmen und überkühlen lassen, dann den Eidotter einrühren.

5. Kleine Knödel formen und in schwach köchelndem Salzwasser ca. 7 Minuten lang ziehen lassen.

6. Die Essenz mit Polentaknödeln anrichten und mit Gundelrebe garnieren.

**SERVUS-TIPP:**
*Die Gundelrebe (Glechoma hederacea) kann von **Anfang März bis Ende Juli** von eher feuchten Wald- und Wiesenrändern **gepflückt** werden. Ihre Blätter, aber auch die ganze oberirdische Pflanze können **roh, gegart, getrocknet oder kandiert** gegessen werden.
In der **Volksmedizin** wird sie gegen entzündliche Erkrankungen der **Atemwege** eingesetzt.
Sie hilft dem Körper auch beim **Ausleiten von Schwermetallen** wie etwa Blei. Eine Eigenschaft, die bereits die **Alten Meister** wie Rubens, die mit stark bleihältigen Farben arbeiteten, nutzten.*

# Kalte Gurkensuppe

Eine erfrischende Abkühlung für heiße Tage. Am besten schmeckt's natürlich, wenn die Gurken frisch aus dem eigenen Garten sind.

**ZUTATEN FÜR 8 PERSONEN**
*Zeitaufwand: 30 Minuten plus
1 Nacht zum Durchkühlen*

300 g geschälte und entkernte Salatgurken
1½ l Sauermilch
4 EL gehackte Dille (oder Bohnenkraut)
Salz
weißer Pfeffer
gepresster Knoblauch nach Geschmack
8 kleine heurige Erdäpfel

**ZUBEREITUNG**

1. Am Vortag die Gurke in sehr feine, kurze Streifen schneiden oder mit einer groben Reibe raspeln. Mit Sauermilch und Dille vermischen, mit Salz, Pfeffer und Knoblauch nach Geschmack würzen. Im Kühlschrank oder Keller kaltstellen.
2. Eine halbe Stunde vor dem Servieren Erdäpfel weichkochen und schälen.
3. Die Suppe in Schalen, weite Gläser oder tiefe Teller verteilen, je einen Erdapfel pro Teller einlegen, sofort servieren.

**SERVUS-TIPP:**
*Die **Erdäpfel** sollten noch **heiß** in die sehr **kalte Suppe** gelegt werden.*

# Steirische Schwammerlsuppe mit Pastinaken

Eierschwammerln und Steinpilze in Kombination mit Morcheln – das riecht und schmeckt ganz herrlich nach Wald.

## ZUTATEN FÜR 4 PERSONEN
*Zeitaufwand: 45 Minuten*

**400 g gemischte Schwammerln**
**(z. B. Eierschwammerln, Steinpilze,**
**Morcheln, Reizker)**
**1 Zwiebel**
**1 Knoblauchzehe**
**150 g Pastinaken**
**2 EL Butter**
**125 ml guter Riesling**
**1 l Hühner- oder Gemüsesuppe**
**Salz, Pfeffer, Muskatnuss**
**2 EL gehackte Kräuter**
**(Kerbel, Petersilie, Schnittlauch)**
**1 Spritzer Zitronensaft**
**4 dünne Karottenscheiben zum Garnieren**
**150 g halbgeschlagenes Obers**
**4 EL Kernöl**
**4 dünne Scheiben getoastetes Roggenbrot**

## ZUBEREITUNG

1. Schwammerln putzen und in Scheiben schneiden.
2. Zwiebel und Knoblauch fein hacken. Pastinaken schälen und in kleine Würfel schneiden.
3. Zwiebel, Knoblauch und die Hälfte der Schwammerln in 1 EL Butter kräftig anrösten. Mit Riesling ablöschen, mit Suppe aufgießen und 20 Minuten köcheln lassen.
4. Anschließend die Suppe fein pürieren, mit Salz, Pfeffer und Muskatnuss abschmecken und die Kräuter einrühren.
5. In der Zwischenzeit die restlichen Schwammerln in 1 EL Butter scharf anbraten, leicht salzen und mit Zitronensaft würzen.
6. Die Suppe in die Teller verteilen und die gebratenen Schwammerln einlegen. Mit Karottenscheiben und Obers garnieren, mit Kernöl beträufeln. Getoastetes, warmes Roggenbrot dazu servieren.

**SERVUS-TIPP:**
*Morcheln haben nur eine ganz kurze Saison im April und Mai. Sie lassen sich aber gut trocknen und werden wegen ihres feinen Geschmacks gerne als Zutat für Saucen und in Suppen genommen. Wegen ihrer wabenartigen Hutstruktur müssen sie gewaschen werden, um sie von der Erde zu säubern. Man findet sie hauptsächlich in Laubwäldern. In der Steiermark wachsen die Morcheln entlang der Mur und in Ufernähe der Salzkammergutflüsse.*

# STEINPILZE MIT WEINGARTENPFIRSICHEN

Die wunderbaren weißen heimischen Pfirsiche waren beinahe schon verschwunden.
Jetzt werden sie wiederentdeckt – und damit auch dieses traditionelle Rezept.

## ZUTATEN FÜR 4 PERSONEN
*Zeitaufwand: 30 Minuten*

1 große Schalotte
1 Knoblauchzehe
2 EL Butter
300 g Steinpilze
Salz, Pfeffer
2 EL gehackte Petersilie
2 weiße Weingartenpfirsiche
(oder 3 Saturnpfirsiche)
$1/16$ l Hühnerfond
$1/16$ l Obers
1 Spritzer Riesling-Essig
4 Rispen Cocktailparadeiser
etwas Olivenöl
Rohrzucker zum Wälzen

## ZUBEREITUNG

1. Schalotte und Knoblauch fein hacken und in Butter glasig dünsten.
2. Steinpilze putzen und blättrig schneiden. Zur Schalotte geben, die Hitze steigern und hellbraun braten. Salzen, pfeffern und mit Petersilie bestreuen.
3. Pfirsiche kurz blanchieren und die Haut abziehen. In schmale Scheiben schneiden und zugeben.
4. Mit Hühnerfond und Obers ablöschen, ca. 3 Minuten sanft köcheln lassen. Zum Schluss mit Essig abschmecken.
5. In der Zwischenzeit Paradeiser mit einer Stecknadel ein paar Mal einstechen. Mit Olivenöl bestreichen und in Rohrzucker wälzen. Auf ein Backpapier legen und bei 250 °C im Backrohr 5 Minuten lang übergrillen.
6. Steinpilze mit Weingartenpfirsichen und den Paradeisern garnieren und heiß servieren.

**SERVUS-TIPP:**
*Man nennt den Steinpilz auch **Herrenpilz**, weil die Bauern in alten Zeiten die gefundenen Schwammerln bei der Herrschaft abliefern mussten. In Westösterreich kennt man ihn als **Pfunscha, Küefotzn, Gschlachter** oder **Woazerl**, im Osten und in Kärnten als **Dobernigl**. Steinpilze kann man in Symbiose mit Fichten, in Laubwäldern und an Waldrändern von **Juli bis Oktober** finden.*

# Artischocken-Salat mit Eierschwammerln

Ideal für diesen Sommersalat sind kleine, junge Artischocken.
Mit ihren noch weichen Blättern kann man sie als Ganzes verwenden.

## ZUTATEN FÜR 4 PERSONEN
*Zeitaufwand: 70 Minuten*

**600 g kleine Artischocken**
**300 g Eierschwammerln**
**4 EL feines Pflanzenöl**
**3 Knoblauchzehen**
**Salz, Pfeffer**
**2 EL fein gehackte Zwiebeln**
**1 EL Zitronensaft**
**1 EL gehackte Petersilie**

**1 Kopfsalat**
**3 EL Rotweinessig**
**1 TL scharfer Senf**
**4 EL Salatöl**
**40 g alter Bergkäse oder Parmesan**

## ZUBEREITUNG

1. Die Stielansätze abschneiden, die äußeren Blätter entfernen und die restlichen Blattspitzen so abschneiden, dass je etwa zwei Drittel der Artischocken übrigbleiben. Die Artischocken längs halbieren.
2. Die Eierschwammerln unter fließendem Wasser waschen, putzen und abtrocknen.
3. Öl in einer Pfanne erhitzen, Knoblauch einlegen, Artischocken darin auf der Schnittfläche kräftig anbraten. Hitze reduzieren und 5 Minuten weiterbraten. Eierschwammerln zugeben, mit Salz und Pfeffer würzen, mit gehackten Zwiebeln bestreuen. 5 Minuten weiterbraten, dann Petersilie und Zitronensaft einmischen und abkühlen lassen.
4. Vom Kopfsalat die inneren, knackigen Blätter zerpflücken und in eine Schüssel geben. Mit den lauwarmen Artischocken und Eierschwammerln vermischen. Essig, Senf, Salz, Pfeffer und Öl vermischen und den Salat damit marinieren.
5. Auf Teller verteilen und den Käse drüberhobeln.

**SERVUS-TIPP:**
*Wenn gerade keine jungen Artischocken auf dem Markt sind, ersetzt man sie durch die **Böden von großen**. Zum Kochen von Artischockenböden **keine Aluminium- oder Eisentöpfe** nehmen. Sie verursachen eine unschöne **graue** Verfärbung. Die Artischocken müssen beim Kochen immer zur Gänze mit Wasser bedeckt bleiben. Am besten einen **schweren Teller** einlegen, der das **Aufsteigen** verhindert.*

# Eingelegte Artischocken

Im Juli und August werden die Artischocken geerntet. Frisch verlieren sie rasch an Geschmack. In Öl eingelegte Böden halten aber einen Monat lang.

**ZUTATEN FÜR 2 MITTLERE EINWECKGLÄSER**

*Zeitaufwand: 1½ Stunden plus 1 Woche zum Marinieren*

20 mittelgroße Artischocken
Saft von 2 Zitronen mit Wasser zum Einlegen
1 Bio-Zitrone
Salz, Zucker
je 2 Zweige Rosmarin und Thymian
2 Knoblauchzehen, in Scheiben geschnitten
1 TL Pfefferkörner
6 Wacholderbeeren
500 ml Olivenöl

**ZUBEREITUNG**

1. Die Artischockenböden wie unten gezeigt freilegen. Die Stiele auf 6–8 cm kürzen, dünn abschälen. In einer Schüssel mit Zitronensaft und Wasser bedecken.
2. Die Zitrone in Scheiben schneiden und in einem Topf mit Wasser, Salz und Zucker aufkochen. Die Artischocken einlegen und 20 Minuten kochen.
3. Die Artischocken mit einem Siebschöpfer aus dem Sud heben und auf einem Geschirrtuch kurz ausdämpfen lassen.
4. Die noch warmen Artischocken mit Rosmarin, Thymian, Knoblauch, Pfefferkörnern und Wacholderbeeren in saubere Gläser füllen, mit Olivenöl bedecken und fest verschließen.
5. Die Gläser bis knapp unter den Deckelrand in kochendes Wasser stellen und 15 Minuten leicht kochend sterilisieren. Dann eine Woche lang ziehen lassen. Gekühlt und verschlossen gelagert, sind sie etwa einen Monat lang haltbar.

1. *Die Blätter durch Abbrechen entfernen, bis das Heu sichtbar wird.*
2. *Die getrocknete Schnittfläche an den Stielen abschneiden und die pelzige Rinde der Stängel abschälen.*
3. *Die Ränder um den Knospenansatz zurechtschneiden.*
4. *Die überstehenden harten Innenblätter und das Heu parallel zum Knospenboden abschneiden.*
5. *Mit einer Messerspitze das Heu vorsichtig auskratzen, dabei aber den Boden nicht verletzen.*
6. *Die Artischockenböden sofort in kaltes Wasser mit Zitronensaft legen, damit das enthaltene Cynarin die Schnittflächen nicht bräunt.*

# Sommerlicher Salat mit Pilzen und Kräuterschalotten

Frisch gepflückte Eierschwammerln sind das i-Tüpfelchen dieser leichten Sommerkost.
Die Chance, welche zu finden, ist in unseren Breiten recht groß.

**ZUTATEN FÜR 4 PERSONEN**
*Zeitaufwand: 30 Minuten*

**200 g geschälte Schalotten**
**3 EL Olivenöl**
**Zucker, Salz, Pfeffer**
**1 Rosmarinzweig**
**1 Thymianzweig**
**3 EL Balsamico**
**300 g Pilze (z. B. Eierschwammerln, Steinpilze, Kräutersaitlinge)**
**4 Handvoll gemischter Salat**

*Für die Marinade:*
**2 EL Estragonessig**
**2 EL Traubenkernöl**
**1 EL Schnittlauch**

**ZUBEREITUNG**

1. In einer Pfanne Schalotten in 1 EL Olivenöl mit etwas Zucker leicht karamellisieren. Salzen, pfeffern, Rosmarin- und Thymianzweig einlegen. Mit Balsamico ablöschen und glasieren. Etwas Wasser untergießen und die Schalotten langsam bissfest schmoren.
2. In der Zwischenzeit Pilze putzen und in Stücke schneiden.
3. In einer beschichteten Pfanne 2 EL Olivenöl erhitzen, Pilze darin anbraten. Mit Salz und Pfeffer würzen.
4. Salat waschen, trocknen und zerkleinern.
5. Für die Marinade alle Zutaten vermischen, mit Salz, Pfeffer und Zucker abschmecken.
6. Salat marinieren und anrichten. Die gebratenen Pilze darauf verteilen und mit Kräuterschalotten garnieren.

**SERVUS-TIPP:**
*Eierschwammerln findet man im gesamten Alpenraum sowie im Wald- und Weinviertel, im Mittel- und Südburgenland von Juni bis November. Im Volksmund nennt man sie auch Goldschneckerl, Rehling, Recherl, Goldlackerl, Nagerl, Zecherl, Rehgoaßl oder Gallitschel. Zum Putzen wischt man die Kappen und Stiele mit einem feuchten Tuch ab. Sind die Stiele leicht vertrocknet, schabt man die Haut mit einem Messer ab. Stark verschmutzte Eierschwammerln muss man leider abbrausen, wodurch sie dann beim Kochen sehr viel Wasser abgeben.*

# Paradeiser-Terrine mit Radieschensalat

Paradeiser nennt man die Tomate liebevoll in Ostösterreich, in Anlehnung an Paradiesapfel. Und wahrlich himmlisch schmecken sie, wenn sie sonnengereift sind.

## ZUTATEN FÜR 4 PERSONEN
*Zeitaufwand: 30 Minuten plus*
*3 Stunden zum Kühlen*

**20 g Zwiebeln**
**1 Knoblauchzehe**
**40 g Butter**
**400 ml Paradeissaft**
**3 Blatt Gelatine**
**80 ml trockener Wermut**
**400 g geschälte, kleinwürfelig geschnittene Ochsenherzparadeiser**
**Salz, weißer Pfeffer**
**1 Prise Zucker**

*Für den Salat:*
**100 g Blattsalat**
**8 Radieschen**
**120 ml Olivenöl**
**40 ml Apfelessig**
**2 TL Estragonsenf**
**1 Zweig Basilikum**

## ZUBEREITUNG

1. Zwiebeln geschält in grobe Würfel schneiden, Knoblauch geschält halbieren. Beides in Butter goldgelb rösten, dann Paradeissaft zugießen. Auf kleiner Hitze so lange köcheln, bis die Zwiebelwürfel ganz weich sind.
2. Gelatine in Wasser einweichen und ausdrücken. Wermut erwärmen, Gelatine darin auflösen. In den Paradeissaft geben und 5 Minuten lang kochen lassen. Gegen Ende der Kochzeit Paradeiswürfel zugeben, mit Salz, Pfeffer und Zucker würzen. Vom Herd nehmen und mit dem Pürierstab mixen.
3. Eine Terrinenform mit Klarsichtfolie auslegen, die Masse einfüllen und mindestens 3 Stunden lang im Kühlschrank fest werden lassen.
4. Salat waschen und klein zupfen. Radieschen waschen und fein hobeln. Öl, Essig, Senf und klein geschnittene Basilikumblätter vermischen. Mit Salz und Zucker würzen und den Salat damit marinieren.
5. Terrine in Scheiben schneiden und mit dem Salat garnieren.

**SERVUS-TIPP:**
*In vielen Rezepten tauchen kleinwürfelig geschnittene Paradeiser, auch* **Tomaten-Concassé** *genannt, auf. Dafür* **ritzt man zunächst die Haut auf der Unterseite kreuzweise ein***. Die Paradeiser ca. 5 Sekunden* **in kochendes Wasser** *tauchen und sofort* **eiskalt abschrecken***. Von der eingeritzten Stelle weg lassen sie sich jetzt* **ganz leicht schälen***. Dann die geschälten Paradeiser vierteln, die* **Kerne entfernen** *und das Fruchtfleisch in kleine Würfel schneiden.*

# Paradeiser-Gugelhupf mit Mandeln

Ein herzhafter Genuss aus dem Süden Österreichs.
Ideal fürs Picknick oder Sommerfest und zum Einfrieren gut geeignet.

**ZUTATEN FÜR 4 PERSONEN**
*Zeitaufwand: 1 Stunde*

Butter und geriebene Mandelblättchen für die Formen
120 g in Öl eingelegte getrocknete Paradeiser, gut abgetropft
4 Eier
2 EL Staubzucker
½ TL Salz
5 EL Olivenöl
125 ml trockener Weißwein
80 g grob gehackte Mandelkerne
2 EL grob geschnittenes Basilikum
200 g Weizenmehl
10 g Backpulver

**ZUBEREITUNG**

1. 4 kleine Gugelhupfformen (ca. 10 cm Durchmesser) mit Butter ausfetten und mit den Mandelblättchen ausstreuen.
2. Die eingelegten Paradeiser fein hacken.
3. Die Eier mit dem Staubzucker und dem Salz schaumig schlagen, dann nach und nach das Olivenöl und den Weißwein hineinrühren.
4. Paradeiser, gehackte Mandeln und Basilikum in den Teig rühren.
5. Mehl mit Backpulver mischen, in den Teig sieben und zügig unterrühren.
6. Den Teig in die vorbereiteten Gugelhupfformen füllen und die Oberflächen glatt streichen. Die Gugelhupfe im auf 160 °C vorgeheizten Backofen etwa 30 Minuten lang backen.
7. Die fertigen Gugelhupfe leicht abkühlen lassen, aus den Formen auf ein Kuchengitter stürzen und vollständig erkalten lassen, dann mit Paradeissalat servieren.

**SERVUS-TIPP:**
*Um den wunderbaren Geschmack von reifen Paradeisern auch **für die kalten Monaten zu konservieren**, hat man sich schon immer einiges ausgedacht. Marie von Rokitansky, Kochbuch-Autorin aus dem späten 19. Jahrhundert, zum Beispiel empfiehlt, die Paradeiser „**im Dunste unter fleißigem Rühren sehr dick**" einzukochen. Danach in Gläser abfüllen und mit einer Schicht „**gutem Tafelöl**" bedecken.
Diese Masse wurde auch gerne **auf Brettchen gestrichen** und an der Luft getrocknet. Wenn sie fest war, rollte man das Ganze vorsichtig ein, und damit war es **lange haltbar**.*

# SCHARFE FISOLEN

Strankerl oder Strangalan sagen die Kärntner, Bohnscharln die
Ober- und Niederösterreicher. Beliebt sind sie im ganzen Land, die Fisolen.

**ZUTATEN FÜR 4 PERSONEN**
*Zeitaufwand: 20 Minuten*

½ kg Fisolen
1 roter Pfefferoni
Salz
3 EL Walnussöl
Pfeffer
1 Spritzer Tabasco
1 EL gehackte Kräuter
(Petersilie, Kerbel, Estragon)

**ZUBEREITUNG**
1. Fisolen putzen. Pfefferoni waschen und grob hacken.
2. Fisolen in Salzwasser blanchieren und in Eiswasser abschrecken. Herausnehmen und auf Küchenpapier gut abtropfen lassen.
3. In einer Pfanne Walnussöl erhitzen, Fisolen darin kurz sautieren. Pfefferoni zugeben, mit Salz, Pfeffer und Tabasco würzen, zum Schluss die Kräuter einmischen.

**SERVUS-TIPP:**
*Der Name Fisole stammt übrigens aus dem Mittelhochdeutschen und bedeutet so viel wie Prügel.*
*Fisolen darf man nicht roh essen. Sie enthalten den giftigen Eiweißstoff Phasin, der schon in kleinen Mengen Magenbeschwerden auslöst. Beim Kochen verflüchtigt er sich allerdings komplett. Damit sie schön bissfest bleiben, sollte man Fisolen nie länger als 10 Minuten kochen. Um die schöne grüne Farbe zu erhalten, gibt man eine Messerspitze Speisesoda oder Pottasche ins Kochwasser.*

# Spitzwegerich-Gurken

Drei, die nach Sommer schmecken: die saftige Gurke,
der wilde Spitzwegerich und dazu ein Essig aus frischen Holunderblüten.

**ZUTATEN FÜR 4 PERSONEN**

*Zeitaufwand: 30 Minuten plus*
*6 Wochen für den Essig*

*Für 1 l Holunderblütenessig:*
**1 l verdünnter Essig (klare Essigessenz laut Flaschen-Anleitung mit Wasser auf 2 % Säure verdünnen)**
**3 Handvoll Holunderblütendolden (gegen Ende der Blütezeit im Juni geerntet, auf keinen Fall waschen!)**

*Für das Gemüse:*
**1 Salatgurke**
**1 Handvoll junge Spitzwegerichblätter**
**1 EL Butter**
**Salz**
**geschroteter, getrockneter Chili**
**3 EL Holunderblütenessig**
**2 EL gehackte, blanchierte Mandeln**

**ZUBEREITUNG**

1. Für den Essig Holunderblütendolden mit verdünntem Essig vermischen und in ein großes Rexglas füllen. Zugedeckt an einem kühlen, dunklen Ort ca. 6 Wochen lang stehen lassen.
2. Durch ein feines Tuch abseihen und in Flaschen abfüllen. Im Kühlschrank hält der Essig ca. 1 Jahr lang.
3. Für das Gemüse Gurke schälen und der Länge nach halbieren. Mit einem Kaffeelöffel die Kerne herausschaben und in dickere Scheiben schneiden. Spitzwegerich in Stücke zupfen.
4. Gurkenstücke in einem Topf mit Butter kurz anschwitzen. Mit Salz, Chili und Holunderblütenessig würzen. Nach Bedarf ein wenig Wasser untergießen und kurz bissfest dünsten.

**SERVUS-TIPP:**
*Spitzwegerich wächst von **April bis Ende Juli** auf Wiesen und an Wegesrändern. Die jungen Blätter vor der Blüte kann man auch roh essen.*
*Sie schmecken recht **würzig und leicht bitter**.*
*In der **Volksmedizin** wird das Wildkraut zum Schutz der Atemwege, besonders bei chronischer Bronchitis, eingesetzt.*

# Kalter Wildschweinbraten

Wenn es in die Berge geht, kommt im Rucksack eine g'scheite Jause mit.
Mit Speck, Wurst, Brot und einem selbst gemachten Braten.

**ZUTATEN FÜR 4 PERSONEN**
*Zeitaufwand: 1¼ Stunden*

**1 kg Wildschweinrücken vom Frischling**
**Salz, Pfeffer**
**2 Zwiebeln**
**1 Petersilienwurzel**
**100 g Knollensellerie**
**2 EL Öl**
**200 ml Rotwein**
**5 Wacholderbeeren**
**1 TL Pfefferkörner**

**ZUBEREITUNG**

1. Am Tag vorm Ausflug Fleisch mit kaltem Wasser abspülen und trocken tupfen. Mit Salz und gemahlenem Pfeffer einreiben.
2. Geschälte Zwiebeln, Petersilienwurzel und Sellerie kleinwürfelig schneiden.
3. Den Bräter erhitzen, Öl zugeben und heiß werden lassen. Fleisch darin auf allen Seiten kurz und kräftig anbraten. Zwiebeln und Gemüse zugeben, gut anrösten. Mit Rotwein ablöschen und kurz aufwallen lassen. Wacholderbeeren und Pfefferkörner leicht andrücken und in den Bräter geben.
4. Im vorgeheizten Backrohr bei 200 °C etwa 40 Minuten braten. Dabei immer wieder mit dem eigenen Saft übergießen.
5. Die Hälfte des Bratens am Abend mit Erdäpfelknödeln und Rotkraut servieren. Die andere Hälfte in Alufolie wickeln und über Nacht kühl rasten lassen.
6. Am Ausflugstag in dünne Scheiben schneiden und in Folie einpacken.

**SERVUS-TIPP:**
*Fürs **Wandergepäck** empfiehlt sich auch ein **Hausrucker Erdäpfelkas** aus vier gedämpften, geschälten und kalt passierten mehligen Erdäpfeln. Die Masse mit einer gehackten Zwiebel und mit einem Esslöffel weicher Butter vermischen. Mit Salz, Pfeffer und Kümmel würzen. Nach und nach mit vier Esslöffel Sauerrahm zu einer streichfähigen Masse verrühren und **in kleine Einmachgläser** abfüllen.*

# Rosengelee

Die Königin der Blumen betört uns auch in der Küche mit ihrem zarten Aroma.
Bevor es sich verflüchtigt, kann man es zumindest kurz festhalten.

**ZUTATEN FÜR 2 REXGLÄSER À 450 ML**
*Zeitaufwand: 20 Minuten plus Abkühlzeit*

**1 kg säuerliche Äpfel**
**500 g Gelierzucker**
**Saft von ½ Zitrone**
**20 g unbehandelte Rosenblütenblätter**

**ZUBEREITUNG**

1. Für das Gelee Äpfel waschen und vom Kerngehäuse befreien. Mit einem Entsafter Apfelsaft herstellen. Es sollten etwa 500 ml Saft entstehen.
2. Den Saft mit Gelierzucker und Zitronensaft in einem großen Topf aufkochen. Etwa 5 Minuten kochen und dabei den Schaum abschöpfen. Rosenblütenblätter zugeben und 1 Minute lang mitkochen. Noch heiß in die vorbereiteten Rexgläser füllen und sofort verschließen.
3. Abkühlen lassen und dabei öfter schütteln, damit sich die Rosenblütenblätter gleichmäßig im Gelee verteilen.

**SERVUS-TIPP:**
*Das Rosengelee passt als **Beilage** zu einem scharf gewürzten Hendl. Aus duftenden Blütenblättern von unbehandelten Rosen kann man auch ein **Gewürzsalz** machen. Dafür röstet man die Samen aus zwei grünen Kardamomkapseln mit einer abgebrochenen Zimtstange, einem Esslöffel Korianderkörner und einem Teelöffel Pfefferkörner **trocken in einer Pfanne** an, bis die Gewürze zu duften beginnen. Nach dem Abkühlen mit einem **Mörser** fein zerstoßen, erst dann 15 g Rosenblütenblätter und einen Teelöffel getrocknete Minze zugeben und mitreiben. Mit 125 g grobem Salz und 20 g Zucker vermischen und kühl und trocken lagern. Passt gut zum Würzen von **Lamm und Huhn**. Gebratenes Geflügel sollte man aber erst kurz vor Ende der Garzeit damit würzen.*

# Pfefferoni mit Erdäpfelfülle

Die kleinen scharfen Schoten sind die Dauerbrenner der ostösterreichischen Küche.

**ZUTATEN FÜR 4 PERSONEN**
*Zeitaufwand: 1½ Stunden*

20 große rote und grüne Pfefferoni
¼ kg mehlige Erdäpfel
Salz, Pfeffer
100 ml heiße Milch
1 EL Butter
½ fein geschnittene Zwiebel
Butter zum Anschwitzen
75 g geriebener Bergkäse
2 EL gehackte Kräuter
(Petersilie, Liebstöckel,
Thymian, wenig Majoran)
Muskatnuss
1 Bund Schnittlauch
4 EL Olivenöl
1 Becher Joghurt

**ZUBEREITUNG**

1. Pfefferoni waschen, seitlich aufschneiden und die Kerne entfernen.
2. Erdäpfel roh schälen und in Stücke schneiden. In Salzwasser weich kochen und abseihen. Durch die Kartoffelpresse drücken (oder mit einer Gabel zerdrücken), mit heißer Milch und Butter zu einem festen Püree verarbeiten, dabei die Milch nach und nach zugeben.
3. In einer Pfanne Butter aufschäumen, Zwiebel darin anschwitzen.
4. Zwiebel, Bergkäse und Kräuter in das noch warme Püree einarbeiten. Mit Salz, Pfeffer und Muskatnuss abschmecken.
5. Backrohr auf 200 °C vorheizen.
6. Das Püree in die aufgeschnittenen Pfefferoni streichen. Pfefferoni zusammenklappen (sie sollten eher zu voll als luftig gefüllt sein) und mit Schnittlauch an drei Stellen zusammenbinden. Die Pfefferoni nebeneinander in ein Reindl setzen und mit Olivenöl beträufeln. Im Backrohr ca. 20 Minuten braten.
7. Mit Joghurt servieren, falls die Schärfe zu stark wird.

**SERVUS-TIPP:**
*Am besten nimmt man für dieses Gericht die Sorte **Kekova**. Sie reift von grün nach rot und hat einen angenehmen, **mild-scharfen Geschmack**.
Die Schoten kann man anstatt mit Schnittlauch auch mit **Küchenfaden** zusammenbinden und diesen nach dem Anrichten entfernen.*

# ERBSENTASCHERL

Die grünen Kügelchen kennt man zumeist nur als Beilage.
Dabei galten sie einst als feines Gemüse, das nur den Adeligen vorbehalten war.

**ZUTATEN FÜR 4 PERSONEN**
*Zeitaufwand: 45 Minuten*

**800 g frische Erbsenschoten**
**3 Jungzwiebeln**
**1 Knoblauchzehe**
**1 EL Butter**
**100 g Crème fraîche**
**2 EL Kresse und grob gehackte Minze**
**Salz, Pfeffer**
**300 g Blätterteig**
**1 Eiklar**
**1 Eidotter mit 1 EL Wasser verrührt**

**ZUBEREITUNG**

1. Die Erbsenschoten aufbrechen und die Erbsen herauslösen. Die Erbsen in Salzwasser 1 Minute kochen und mit eiskaltem Wasser abschrecken.
2. Zwiebeln und Knoblauch fein hacken, in Butter anschwitzen. Crème fraîche und Erbsen zugeben, alles grob pürieren. Kräuter untermischen und mit Salz und Pfeffer abschmecken.
3. Den Blätterteig in 6 bis 7 cm große Rechtecke, Dreiecke oder Kreise schneiden und das Backrohr auf 220 °C Ober-/Unterhitze vorheizen.
4. Auf die Hälfte der Teigstücke jeweils ein Häufchen Erbsenmasse geben, die Ränder mit Eiklar einpinseln und mit den restlichen Teigflecken bedecken. Die Ränder mit einer Gabel festdrücken und die Tascherl mit verdünntem Eidotter bestreichen.
5. Die Erbsentascherl 8 bis 10 Minuten backen und warm servieren. Dazu passt ein Paradeisersalat mit Kräutern.

**SERVUS-TIPP:**
*In der Küche kommen am häufigsten die **Zuckererbsen** zum Einsatz,
die man jung geerntet, sogar mitsamt ihrer süßen Hülle essen kann.
Etwas größer, allerdings weniger süß sind die **Markerbsen**,
die sich zum Einfrieren eignen.
Noch weniger süß sind die robusten, glatten **Palerbsen**, die sich ebenfalls
gut einfrieren, aber auch gut trocknen lassen.*

# GEMÜSEBLECHKUCHEN MIT RÄSSKÄSE

Frisches Gemüse und Kräuter aus dem Garten sind neben dem würzigen
Käse das Geheimnis dieser Spezialität aus dem Ländle.

**ZUTATEN FÜR 6 PERSONEN**
*Zeitaufwand: 2 Stunden*

*Für den Teig:*
**300 g glattes Mehl**
**1 EL Sesam**
**160 g kalte Butter**
**60 g kaltes Wasser**
**½ TL Salz**

*Für den Belag:*
**800 g gemischtes Gemüse (Zucchini,**
**Zucchiniblüten, Karotten,**
**Fenchel, Lauch)**
**250 ml Obers**
**4 Eier**
**1 gepresste Knoblauchzehe**
**2 EL gehackte Kräuter (Petersilie,**
**Borretsch, Minze, Melisse)**
**Salz, Pfeffer, Muskatnuss**
**150 g geriebener Räßkäse**

**ZUBEREITUNG**

1. Für den Teig Mehl mit den restlichen Zutaten rasch zu einem glatten Teig verkneten und 1 Stunde im Kühlschrank rasten lassen.
2. Gemüse waschen oder schälen und in dünne Scheiben schneiden.
3. Obers, Eier, Knoblauch, Kräuter und Gewürze verquirlen, dann den Käse untermischen.
4. Das Backrohr auf 200 °C Unter-/Oberhitze vorheizen.
5. Den Teig 5 mm dick auf Blechgröße ausrollen. Ins Backblech legen, sodass ein 3 cm hoher Rand entsteht, und das Gemüse darauf verteilen.
6. Die Käsecreme über das Gemüse gießen und den Gemüsekuchen im Backrohr 45 Minuten lang backen.

# Gefüllte Zwiebel mit Erdäpfeln und Speck

Sie sorgen in der Küche meist nur im Hintergrund fürs passende Aroma.
Gut gefüllt sind Zwiebeln aber auch eine geschmackvolle Hülle.

**ZUTATEN FÜR 4 PERSONEN**
*Zeitaufwand: 1½ Stunden*

- 500 g mehlige Erdäpfel
- je nach Größe 4–8 Gemüsezwiebeln
- 150 g geräucherter Bauchspeck
- ⅛ TL Kümmel
- 2 EL Butter
- 1 Spritzer Apfelessig
- 2 Eier
- 2 EL Schnittlauch
- Salz, Pfeffer, Muskatnuss
- 250 ml Rindsuppe
- 1 Lorbeerblatt
- 100 g geriebener Bergkäse
- Schnittlauch für die Garnitur

**ZUBEREITUNG**

1. Erdäpfel schälen, halbieren und in Salzwasser weich kochen. Abseihen und im Sieb ausdämpfen lassen.
2. Zwiebeln schälen, das obere Drittel abschneiden und die Zwiebeln bis auf 3 Schichten aushöhlen. Die Zwiebelkappen und das Ausgehöhlte fein hacken. Speck kleinwürfelig schneiden, mit gehackten Zwiebeln und Kümmel in Butter langsam weich schmoren. Mit 1 Spritzer Essig verfeinern.
3. Das Backrohr auf 160 °C Umluft vorheizen.
4. Die gekochten Erdäpfel durch eine Presse drücken, mit Speck-Zwiebeln, Eiern, und Schnittlauch vermischen. Mit Salz, Pfeffer und Muskatnuss würzen.
5. Die ausgehöhlten Zwiebeln mit der Erdäpfelmasse füllen und in eine Auflaufform setzen. Mit Rindsuppe umgießen und Lorbeerblatt einlegen. Im Ofen etwa 45 Minuten lang braten, dabei öfter mit der Suppe übergießen.
6. 10 Minuten vor Ende der Bratzeit die Zwiebeln mit Bergkäse bestreuen. Mit einem Schöpfer Suppe anrichten und mit Schnittlauch bestreuen.

**SERVUS-TIPP:**
*Vor allem im **nördlichen Niederösterreich** hat sich in den letzten Jahren ein qualitätsvolles Zwiebel-Anbaugebiet etabliert. Mit **der Gelben und der Roten Laaer** sowie der **Schneeweißen Unterstinkenbrunner** setzt man bei Laa an der Thaya eine **Tradition aus dem 19. Jahrhundert** fort. In **Papier oder einer Holzkiste** kühl, dunkel und trocken gelagert, halten sie mindestens 4 Wochen. **Zum Vergessen** sind übrigens alle „wertvollen" **Tipps** gegen das Tränenvergießen beim Schneiden. Das Einzige, was wirklich hilft, ist ein **scharfes Messer**. Mit einem stumpfen drückt man zu sehr auf und quetscht die ätherischen Öle heraus.*

# GEFÜLLTE ZUCCHINI MIT GEMÜSE UND KÄSE

Botanisch gesehen sind sie Beeren, dabei sehen sie aus wie Gurken. Wegen ihres dezenten Geschmacks gelten die Zucchini in der Küche als vielseitig einsetzbar.

**ZUTATEN FÜR 4 PERSONEN**

*Zeitaufwand: 1 Stunde*

je nach Größe 4–8 grüne und gelbe Zucchini
½ Lauchstange
1 milder Pfefferoni
300 g Kirschparadeiser
4 Radieschen
100 g Karfiol
1 Rolle Mostviertler Schafkäse
2 gehackte Knoblauchzehen
2 EL Rapsöl
2 EL gehackte Kräuter
(Petersilie, Majoran, Melisse)
Salz, Pfeffer
150 g Topfen
100 g Sauerrahm

**ZUBEREITUNG**

1. Zucchini waschen, halbieren und das Kerngehäuse ausschaben. Lauch in dünne Scheiben schneiden. Pfefferoni waschen, entkernen und in feine Streifen schneiden. Paradeiser waschen und halbieren. Radieschen und Karfiol putzen, waschen und in sehr dünne Scheibchen schneiden. Schafkäse in kleine Würfel schneiden.

2. Das Backrohr auf 200 °C Ober-/Unterhitze vorheizen.

3. Lauch, Pfefferoni und Knoblauch in Öl hell anschwitzen. Paradeiser zugeben und zu einer dicken Sauce einkochen. Radieschen, Karfiol und Kräuter einmischen, mit Salz und Pfeffer würzen.

4. Topfen und Sauerrahm verrühren, würzen und in die Zucchinihälften füllen. Mit Paradeisergemüse bedecken und Schafkäsewürfeln bestreuen.

5. Die gefüllten Zucchini im Backrohr 20–25 Minuten überbacken und mit cremiger Polenta servieren.

# Gefüllte Spitzpaprika

Ob rund oder spitz, ob rot oder grün – alles reine Geschmackssache.
Hauptsache, die Paprika sind mit Faschiertem gefüllt und liegen in der Paradeissauce.

**ZUTATEN FÜR 4 PERSONEN**
*Zeitaufwand: 1½ Stunden*

8 Spitzpaprika
100 g Zwiebeln
1 Knoblauchzehe
2 EL Sonnenblumenöl
600 g gemischtes Faschiertes
1 Prise Zimt
½ EL Paradeismark
1 Prise Nelkenpulver
1 TL edelsüßes Paprikapulver
250 g bissfest gekochter Langkornreis
1 EL gehackte Petersilie und Majoran
Salz, Pfeffer
1 EL Butter
⅛ l Weißwein

*Für die Paradeissauce:*
1 l passierte Paradeiser
1 EL Butter
2 Zweige Petersilie
1 Lorbeerblatt
Zucker

**ZUBEREITUNG**

1. Paprika waschen und den Stiel wie einen Deckel herausschneiden. Das Kerngehäuse entfernen und die Kerne aus den ausgehöhlten Schoten klopfen.
2. Zwiebeln und Knoblauch fein hacken, in Öl hell anschwitzen. Faschiertes zugeben, kräftig anrösten, bis der Bratensaft verdampft ist. Mit Zimt, Paradeismark, Nelken- und Paprikapulver würzen. Mit Reis und Kräutern vermischen, kräftig abschmecken.
3. Das Backrohr auf 160 °C Umluft vorheizen. In einer Auflaufform Butter schmelzen und Weißwein eingießen. Die Paprikaschoten mit dem Faschierten füllen und mit dem Paprikastiel verschließen. Paprika in die Form legen und im Ofen 50 Minuten schmoren.
4. Für die Paradeissauce die passierten Paradeiser mit Butter, Petersilie, Lorbeerblatt und 1 Prise Zucker 10 Minuten köcheln. Mit Salz und Pfeffer abschmecken.
5. Die gefüllten Paprika mit Paradeissauce anrichten, mit Petersilie und Majoran garnieren.

**SERVUS-TIPP:**
*Gut eignen sich auch kleine hellgrüne Paprika aus heimischer Ernte, weil sie **nicht so dickfleischig** sind.
Zum **Füllen** nimmt man am besten einen **Esslöffel** und drückt die Füllung mit dem Löffelrücken fest an. Wenn man die **Kappe verkehrt**, also mit dem Stiel nach unten, aufsetzt und in die Masse drückt, tritt beim Garen weniger Fülle aus.*

# GEFÜLLTE KOHLRABI MIT SAIBLING UND DILLE

Er ist eindeutig der Beliebteste aus der Familie der Kohlgewächse.
Und weil der Kohlrabi so schön kugelrund ist, lässt er sich auch gut füllen.

## ZUTATEN FÜR 4 PERSONEN
*Zeitaufwand: 45 Minuten*

**4 Kohlrabi**
**1 EL Butter**
**2 gehackte Schalotten**
**1 Schuss Weißwein**
**200 ml Gemüsesuppe (oder Fischfond)**
**150 ml Obers**
**Salz, Pfeffer**
**4 Saiblingfilets**
**abgeriebene Schale von ½ Bio-Zitrone**
**1 EL gehackte Dille**
**Dillzweige und Kohlrabiblätter für die Garnitur**

## ZUBEREITUNG

1. Von den Kohlrabi jeweils einen Deckel abschneiden und die Kohlrabi aushöhlen. Die ausgehöhlten Kohlrabi in Salzwasser weich kochen.

2. Das Innere der Kohlrabi und die Deckelabschnitte grob hacken. In einer Pfanne Butter aufschäumen, gehackte Kohlrabi und Schalotten darin hell anschwitzen. Mit Weißwein ablöschen, Suppe und Obers zugießen und das Gemüse weich kochen. Mit einem Stabmixer fein pürieren und abschmecken.

3. Die Saiblingfilets in 2 cm kleine Stücke schneiden und in der heißen Kohlrabisauce etwa 5 Minuten lang ziehen lassen. Aus der Sauce nehmen und in den warmen, ausgehöhlten Kohlrabis verteilen. Die Sauce erneut aufmixen, Zitronenschale und Dille einrühren und die Fischstücke damit übergießen.

4. Die gefüllten Kohlrabi anrichten, mit Dillzweigen und Kohlrabiblättern garnieren. Als Beilage passt Langkornreis.

*SOMMER* **HAUPTSPEISEN**

**SERVUS-TIPP:**
*Wer einen Kohlrabi **roh** isst, hat damit seinen **Tagesbedarf an Vitamin** C komplett gedeckt. Doppelt so viel ist übrigens in den **Kohlrabiblättern** enthalten. Wenn sie jung und zart sind, kann man sie wie Spinat **dünsten** oder einfach klein hacken und im Salat oder für die Garnitur verwenden. Zum feinen Kohlgeschmack der Knolle harmonieren viele frische Kräuter, allen voran **Dille, Basilikum** und Liebstöckel.*

# SCHWAMMERLRAGOUT MIT SERVIETTENKNÖDEL

Im August findet man neben den allseits bekannten Schwammerln auch Edelreizker, Birken- und Trompetenpilze. Gemeinsam sind sie unschlagbar im Geschmack.

## ZUTATEN FÜR 4 PERSONEN
*Zeitaufwand: 1 Stunde*

*Für die Knödel:*
**300 g altbackene Semmeln vom Vortag**
**200 ml Milch**
**Salz, Muskatnuss**
**4 Eier**
**80 g flüssige Butter**

*Für das Ragout:*
**600 g Schwammerln (Eierschwammerln, Steinpilze, Trompetenpilze, Edelreizker, Birkenpilze)**
**100 g dünne Räucherspeckscheiben**
**1 Zwiebel**
**1 EL Butter**
**1 TL Paradeismark**
**1 Schuss Cognac**
**250 ml klare Hühnersuppe**
**200 ml Obers**
**Maizena zum Binden**
**Pfeffer**
**1 EL Schnittlauch**

## ZUBEREITUNG

1. Für die Knödel Semmeln in Würfel schneiden. Milch mit Salz und Muskatnuss würzen, Semmeln damit übergießen.
2. Eier trennen. Eidotter mit flüssiger Butter unter die Semmelwürfel mischen. Eiklar zu Schnee schlagen und mit einem Holzlöffel luftig unterheben.
3. Aus der Masse eine dicke Rolle formen. Zuerst in Klarsichtfolie, dann in Alufolie wickeln und die Enden zubinden. In Salzwasser unter dem Siedepunkt etwa 40 Minuten köcheln.
4. In der Zwischenzeit Schwammerln putzen und klein schneiden. Speck in feine Streifen schneiden. Zwiebel schälen und hacken.
5. Speckscheiben und Zwiebel in Butter kräftig anrösten. Schwammerln zugeben und kurz anbraten. Paradeismark einrühren und mit Cognac ablöschen. Hühnersuppe und Obers zugießen und 10 Minuten köcheln lassen.
6. Das Ragout mit Maizena binden, mit Salz, Pfeffer und Muskatnuss würzen. In Suppenteller verteilen und mit Schnittlauch bestreuen. Serviettenknödel aus der Folie wickeln, in fingerdicke Scheiben schneiden und mit dem Schwammerlragout servieren.

**SERVUS-TIPP:**
*Den **Edelreizker** kann man in Nadelwäldern, den **Birkenpilz** bei den gleichnamigen Bäumen finden. In den **Buchen-** und **Eichenwäldern** rund um Wien wiederum ist der schmackhafte **Trompetenpilz** daheim. Eine Bitte an alle Schwammerlsucher: Niemals die Auswirkungen auf die Natur außer Acht lassen und nur Pilze pflücken, die man kennt und auch verwenden möchte. Alle anderen stehen lassen, weil sie für das Ökosystem wichtig sind.*

# Waldviertler Einkorn mit Steinpilzen

Mit seinem leicht nussigen Aroma harmoniert Einkorn bestens mit dem König des Waldes, dem Steinpilz.

**ZUTATEN FÜR 4 PERSONEN**
*Zeitaufwand: 50 Minuten*

10 g getrocknete Steinpilze
⅛ l Weißwein
100 g Zwiebeln
1 Knoblauchzehe
2 EL Butter
250 g Einkorn
500 ml Gemüsesuppe
300 g frische Steinpilze
2 EL gehackte Petersilie und Majoran
Salz, Pfeffer
Saft von ½ Zitrone

**ZUBEREITUNG**

1. Die getrockneten Steinpilze in Weißwein einweichen.
2. Zwiebeln und Knoblauch fein hacken und in 1 EL Butter hellbraun anschwitzen. Die eingeweichten Steinpilze leicht ausdrücken, hacken und kurz mitrösten. Einkorn zugeben, mit Weißwein ablöschen und Suppe zugießen. Einkorn bei kleiner Hitze zugedeckt weich garen.
3. Die frischen Steinpilze putzen und in große Stücke schneiden. In 1 EL Butter scharf anbraten, 1 EL Kräuter zugeben und durchschwenken. Mit Salz, Pfeffer, Zitronensaft würzen und unter das Einkorn mischen.
4. Auf Tellern verteilen, mit Pfeffer und den restlichen Kräutern bestreuen.

**SERVUS-TIPP:**
*Einkorn ist eines der ältesten und feinsten Getreide, die in Europa angebaut werden. Reste davon wurden auch bei der Gletschermumie Ötzi gefunden. Diese ursprüngliche Weizenart, deren Ährchen jeweils nur ein Korn tragen, galt beinahe als ausgestorben, bevor sie im 20. Jahrhundert wiederentdeckt wurde.*

# EIERSCHWAMMERL-SCHMARRN

Kein Schmarrn, dieser Schmarrn. Vor allem weil der unschlagbare Geschmack
der Eierschwammerln darin noch besser zur Geltung kommt.

**ZUTATEN FÜR 2 PERSONEN**
*Zeitaufwand: 45 Minuten*

150 g Eierschwammerln
½ Zwiebel
1 Knoblauchzehe
1 EL Butter
Salz, Pfeffer
1 EL gehackte Petersilie
2 Eier
60 g Mehl
⅛ l Milch
Öl zum Braten
Petersilie für die Garnitur

**ZUBEREITUNG**

1. Eierschwammerln putzen und klein schneiden. Zwiebel und Knoblauch fein schneiden.
2. In einer Pfanne etwas Butter aufschäumen, Zwiebel darin andünsten. Knoblauch und Schwammerln zugeben, mit Salz und Pfeffer würzen. Schwammerln weich dünsten, vom Herd nehmen und abkühlen lassen. Dann Petersilie einrühren.
3. Backrohr auf 200 °C vorheizen.
4. Eier in Eiklar und Eidotter trennen. Eidotter mit Mehl und Milch zu einem Teig verrühren. Eiklar zu Schnee schlagen und unterheben. Eierschwammerln ohne Flüssigkeit (am besten vorher abseihen) in den Teig mischen.
5. In einer beschichteten, feuerfesten Pfanne etwas Öl erhitzen. Die Masse eingießen und im Rohr ca. 8 Minuten lang backen.
6. Aus dem Rohr nehmen und wenden. Etwas Butter beigeben und goldgelb fertig backen. Den Schmarrn mit einer Gabel zerreißen und mit Petersilie bestreuen.

**SERVUS-TIPP:**

*Wer das Glück hat, mehr **Eierschwammerln** zu brocken, als er gleich zubereiten kann, der kann den Rest zum Beispiel **sauer einlegen**. Für 4 kleine Schraubgläser (à 250 ml) werden 1 Kilo feste Eierschwammerln geputzt und unter starkem Wasserstrahl rasch abgespült. In einem **großen Topf** 250 ml Weißweinessig mit 125 ml Wasser, 4 Lorbeerblättern, 2 Gewürznelken und einem Esslöffel Pfefferkörner **aufkochen**. Schwammerln zugeben und etwa 10 Minuten köcheln. Die Schwammerln mit einem Lochsieb **aus dem Sud heben** und **kurz ausdampfen** lassen. In sterile Gläser füllen und **vollständig** mit Sud **bedecken**. Sofort verschließen und kühl und dunkel lagern.*

# Rotfedern mit Paradeiserragout

In den Kärntner Seen und Teichen gedeiht die Rotfeder prächtig. Den Weg in die heimischen Küchen findet sie eher selten, weil sie nicht leicht zu fischen ist.

**ZUTATEN FÜR 4 PERSONEN**
*Zeitaufwand: 50 Minuten*

*Für das Ragout:*
- 1 große rote Zwiebel
- 2 Knoblauchzehen
- 3 EL Olivenöl
- 500 g gemischte kleine Paradeiser
- 1 Schuss Orangensaft
- 1 Handvoll Basilikumblätter

*Für den Fisch:*
- 4 Rotfedern à 200 g
- 40 g weiche Butter
- 60 g weiße Brotbrösel
- 2 TL gehackter Thymian
- ½ TL abgeriebene Schale einer Bio-Orange
- bunter Pfeffer

**ZUBEREITUNG**

1. Für das Ragout die Zwiebel in Streifen schneiden und den Knoblauch fein hacken. In einem Schmortopf Olivenöl erhitzen, Zwiebel und Knoblauch anschwitzen und zugedeckt 10 Minuten andünsten. Mit Salz und Pfeffer würzen.
2. Die Paradeiser halbieren, in den Topf geben und 10 Minuten schmoren.
3. Die Grillfunktion des Backrohrs einschalten. Die Fische abwaschen und trocken tupfen. Butter, Brösel, Thymian, Orangenschale und Pfeffer vermengen. Die Rotfedern in eine gebutterte Form legen, dick mit der Masse bedecken und unter dem Grill 6 bis 8 Minuten überbacken.
4. Orangensaft und Basilikumblätter unter das Ragout mischen und anrichten. Die Fische daraufsetzen und servieren.

**SERVUS-TIPP:**
*Warum ist die Rotfeder nicht leicht zu fangen? Weil sie schlammigen Boden mit **starkem Pflanzenwuchs** bevorzugt, wo sich die **Angel** besonders leicht **verfängt**. Die Rotfeder gehört zur Familie der Karpfenfische und hat leider viele Gräten. Da sie nur maximal 50 Zentimeter lang ist, brät man sie am besten **im Ganzen** und löst erst dann die Gräten heraus.*

# Donauhuchen in der Salzkruste

Eine knusprige Haut bekommt man mit dieser Garmethode nicht, dafür aber zartes und saftiges Fischfleisch.

**ZUTATEN FÜR 4 PERSONEN**
*Zeitaufwand: 40 Minuten*

**1 Huchen mit ca. 1 kg**
**2½ kg grobes Meersalz**
**2 Eiweiß**
**80 ml Wasser**
**2 Handvoll Kräuter**
**(Petersilie, Melisse, Estragon, Minze, Dille)**

**ZUBEREITUNG**

1. Den Huchen waschen und sorgfältig trocken tupfen. Das Meersalz in eine große Schüssel geben. Das Eiweiß leicht schlagen und mit Wasser langsam unter das Salz mischen.
2. Das Backrohr auf 210 °C Umluft vorheizen. Aus etwa einem Drittel des Salzes einen länglichen Sockel in der Größe des Fisches auf ein Backblech formen. Den Sockel mit einer Handvoll Kräutern bestreuen und den Huchen darauflegen. Restliche Kräuter in den Bauchraum und über den Fisch verteilen. Den Fisch mit Salzmasse vollständig und gleichmäßig bedecken.
3. Den Huchen im Backrohr 25 Minuten garen. Anschließend die Salzkruste aufklopfen und behutsam entfernen, den Fisch filetieren und mit Salat und hellem Brot servieren.

**SERVUS-TIPP:**
*Diese Zubereitungsart, die in den mediterranen Ländern mit Meeresfischen gang und gäbe ist, hat **zwei unschlagbare Vorteile:** Der Fisch gart **im eigenen Saft** und nimmt dabei das Aroma der Kräuter an. Und man muss während der Garzeit **nicht auf ihn aufpassen**. **Donaulachs** wird der Huchen auch genannt, weil er der größte aller heimischen lachsartigen Fische ist. In der Küche nimmt man nur **kleine Exemplare**, die großen werden immerhin mehr als einen Meter lang.*

# Schleie in Veltliner gegart mit Gemüse

Mit ihrem festen, fettarmen Fleisch und dem feinen, nussigen Aroma ist die nahe Verwandte des Karpfens äußerst beliebt.

**ZUTATEN FÜR 4 PERSONEN**
*Zeitaufwand: 50 Minuten*

4 kleine filetierte Schleien
1 kleine Zwiebel
1 TL Pfefferkörner
1 Zweig Petersilie
1 Zweig Dille
300 ml Grüner Veltliner
Salz, Pfeffer
1 EL Butter
1 EL Mehl
125 ml Obers
1 Spritzer Zitronensaft
Kräuter für die Garnitur

*Für das Gemüse:*
1 Bund junge Karotten
2 Gelbe Rüben
1 Kohlrabi
8 grüne Spargelstangen
1 EL Butter
1 Prise Zucker
1 Msp. abgeriebene Zitronenschale
1 EL gehackte Dille

**ZUBEREITUNG**

1. Die Schleienfilets sauber waschen. Die Zwiebel halbieren und mit Pfefferkörnern und Kräutern in einen großen, flachen Topf geben. Den Weißwein angießen und zum Kochen bringen. Den Sud 5 Minuten köcheln lassen. Die Filets einlegen, den Topf vom Herd ziehen und den Fisch 5 bis 6 Minuten ziehen lassen.
2. Das Gemüse putzen, schälen und in Salzwasser bissfest kochen. Abseihen und in Butter und Zucker mit Zitronenschale kurz andünsten. Mit Dille verfeinern.
3. Vom Fischsud 250 ml abschöpfen. Die Fische zugedeckt warm stellen. Butter und Mehl hell anschwitzen und mit Fischsud ablöschen. Die Sauce aufkochen und mit einem Schneebesen glatt rühren. Obers zufügen, 2 Minuten kochen, mit Salz und Pfeffer würzen. Die Schleienfilets mit Sauce und Gemüse anrichten, mit frischen Kräutern garnieren.

**SERVUS-TIPP:**
*Die Schleie grundelt gerne in stehenden oder langsam fließenden Gewässern herum, vorzugsweise im nördlichen Niederösterreich. Wie ihrem großen Bruder, dem Karpfen, tun ihr ein paar Tage in frischem Wasser vor der Zubereitung recht gut. Was sie angenehm vom Weihnachtsfisch unterscheidet: Sie hat ein sehr grätenarmes, festes Fleisch. Sie eignet sich zum Grillen, zum Braten oder wird in hellen Saucen gegart.*

# Steckerlfisch mit Kräutersauce

Traditionell werden Steckerlfische aus dem Papierl und mit Brot gegessen.
Wenn man aber das Grillfeuer entfacht hat, dürfen's auch Erdäpfel und eine Sauce dazu sein.

**ZUTATEN FÜR 4 PERSONEN**
*Zeitaufwand: 40 Minuten*

*Für die Sauce:*
**2 Eiotter**
**1 kleine gepresste Knoblauchzehe**
**Saft von ½ Bio-Zitrone**
**125 ml gutes Sonnenblumenöl**
**2 EL Olivenöl**
**150 g Sauerrahm**
**Salz, Pfeffer**
**2–3 EL gehackte Petersilie, Melisse und Salbei**

*Für die Bachforellen:*
**4 frische Bachforellen à 300 g**
**4 lange Holzspieße oder selbst geschnitzte dünne Steckerln**
**Saft von ½ Zitrone**
**50 g flüssige Butter**
**4 kleine Bündel Kräuter (Petersilie, Melisse, Salbei)**
**Salz, Pfeffer**

**8 mittelgroße speckige Erdäpfel**
**Alufolie**

**ZUBEREITUNG**

1. Für die Sauce Eidotter, Knoblauch und Zitrone verrühren. Das Sonnenblumenöl in einem dünnen Strahl zugießen und einschlagen. Olivenöl und Sauerrahm einrühren, abschmecken und die Kräuter zufügen. Die Sauce kalt stellen.
2. Die Erdäpfel in Alufolie wickeln und in die Glut des Lagerfeuers oder des Grills legen. Alternativ im Backrohr bei 200 °C Umluft garen.
3. Die Bachforellen der Länge nach auf die Steckerln spießen. Zitronensaft und Butter verrühren und die Fische damit einstreichen. Die Kräuterbündel in die Bauchöffnungen stecken und die Fische salzen und pfeffern.
4. Die Bachforellen über der Glut beidseitig kurz, aber kräftig grillen und mit Kräutersauce und Folienerdäpfeln anrichten.

**SERVUS-TIPP:**
*In **Tirol** werden am liebsten **Bachforellen** über dem offenen Feuer gebraten.
Rund um den **Traunsee** sagt man **Stangerlfisch** dazu und nimmt dafür
entweder die seltenen **Riedlinge** oder üblicherweise **Reinanken**.
Die geschröpften und kurz eingesalzenen Fische werden dann
über **Buchenholzkohle** gegrillt.*

# Lachsforelle mit Mangold

Ob am Griller oder in der Gartenhütte zubereitet – ein Gericht, das man am liebsten im Freien isst.

## ZUTATEN FÜR 8 PERSONEN
*Zeitaufwand: 45 Minuten*

**1,5 kg Mangold**
**1 kleine Zwiebel**
**Olivenöl zum Braten**
**⅛ l Gemüsesuppe**
**2 Lachsforellen à 1 kg**
**Salz**
**4 Zweige Petersilie**
**Pfeffer**
**Kräuter-Knoblauch-Öl**

**SERVUS-TIPP:**
*Für das **Kräuter-Knoblauch-Öl** werden in einem Topf 2 Esslöffel **gehackte Kräuter** wie Thymian, Petersilie und Basilikum mit 2 gehackten **Knoblauchzehen** und 1/4 Liter kalt gepresstem **Olivenöl** vermischt. Dann **erhitzen**, aber nicht zum Kochen bringen und mit Salz und Pfeffer abschmecken.*

## ZUBEREITUNG

1. Mangold vom Strunk befreien und die Blätter waschen. Die unteren, weißen Stängelteile spitz aus den Blättern und dann in etwa 2 cm lange Rauten schneiden.
2. Zwiebel fein hacken und in Olivenöl hellgelb rösten. Die weißen Mangoldstängel zugeben, mit Gemüsesuppe aufgießen und bei mittlerer Hitze kurz durchkochen. Vom Herd nehmen und ziehen lassen.
3. Lachsforellen innen und außen salzen, mit je zwei Petersilienzweigen füllen. In einer Pfanne Olivenöl erhitzen, Lachsforelle darin beidseitig je 5 Minuten bei mittlerer Hitze braten. Herausnehmen und warm stellen.
Bei Zubereitung am Grill vorher mit Olivenöl bestreichen oder in Alufolie wickeln und vorsichtig am Rand des Grills garen.
4. Mangoldblätter in größere Stücke schneiden. Die Stängel wieder aufkochen, das Grün zugeben und bei sehr großer Hitze zwei Minuten lang garen, sodass die Flüssigkeit zur Gänze verkocht. Zum Schluss mit Salz und Pfeffer abschmecken.
5. Die Fische filetieren und die Filets halbieren. Mit Kräuter-Knoblauch-Öl beträufeln und mit Mangold anrichten.

# Eingemachtes Hendl mit Gartengemüse

Dafür nimmt man am besten ein Altsteirer oder ein Sulmtaler Huhn.
Deren festes Fleisch hat auch nach dem Einkochen noch Biss.

**ZUTATEN FÜR 4 PERSONEN**

*Zeitaufwand: 2 Stunden*

**1 großes Huhn**
**1 Bund Wurzelgemüse**
**1 große Zwiebel**
**1 TL Pfefferkörner**
**2 Lorbeerblätter**
**½ Zitrone**
**100 g Karotten**
**100 g Gelbe Rüben**
**300 g Brokkoli**
**30 g Butter**
**1 TL Staubzucker**
**200 g kleine Champignons**
**30 g glattes Mehl**
**125 ml Sekt**
**200 ml Obers**
**Salz, Pfeffer**
**2 EL gehackte Petersilie**

**ZUBEREITUNG**

1. Huhn innen und außen waschen und trocken tupfen. Wurzelgemüse in grobe Stücke schneiden. Zwiebel halbieren und auf den Schnittflächen in einer Pfanne ohne Fett dunkelbraun rösten.

2. Huhn in einem Topf mit Wasser bedecken und aufkochen. Den Schaum abschöpfen, Wurzelgemüse, Zwiebel, Pfefferkörner, Lorbeerblätter und Zitrone zugeben. Das Huhn bei mittlerer Hitze weich kochen. Aus der Suppe nehmen, abkühlen lassen, enthäuten und in mundgerechte Stücke zupfen. Den Sud durch ein feines Sieb passieren und das Fett von der Oberfläche abschöpfen.

3. Karotten, Gelbe Rüben und Brokkolistiele schälen, in 1 cm große Stücke schneiden. Restlichen Brokkoli in Röschen teilen. Alles in 500 ml Hendlsuppe weich kochen, dann kalt abschrecken. Den Sud für die Sauce aufbewahren.

4. In einem Topf Butter und Staubzucker erhitzen, Champignons darin anschwitzen. Das Mehl einstreuen, kurz anrösten und mit Sekt ablöschen. Den Hühner-Gemüse-Sud zugießen, aufkochen und glatt rühren. Obers einrühren und 10 Minuten köcheln lassen. Mit Salz und Pfeffer abschmecken.

5. Hendlfleisch, Gemüse samt Brokkoli untermischen, kurz ziehen lassen und mit Petersilie bestreuen. Mit Brot servieren.

# Stubenküken mit Beeren

Das zarte Fleisch des kleinen Geflügels ist geschmacklich und optisch reizvoll in Kombination mit heimischen Beeren.

## ZUTATEN FÜR 4 PERSONEN
*Zeitaufwand: 45 Minuten*

4 Stubenküken à ca. 400 g
je 50 g Brombeeren und Stachelbeeren
4 Zweige Rosmarin
4 kleine Stücke Zitronenschale
4 EL Knödelbrot
Salz, Pfeffer
1 TL edelsüßes Paprikapulver
2 EL weiche Butter

*Für die Sauce:*
3 Schalotten
2 Knoblauchzehen
3 EL Olivenöl
2 TL Honig
1 Zweig Rosmarin
125 ml fruchtiger Weißwein
250 ml Hühnerfond
je 150 g Brombeeren und Stachelbeeren
1 Spritzer Zitronensaft
1 EL gehackte Zitronenmelisse
eventuell Maizena zum Binden

## ZUBEREITUNG

1. Die Stubenküken waschen und trocken tupfen.
2. Das Backrohr auf 180 °C Umluft vorheizen.
3. Brombeeren und Stachelbeeren halbieren und mit Rosmarin, Zitronenschale und Knödelbrot locker vermengen. Mit Salz und Pfeffer würzen. Die Stubenküken mit dieser Masse füllen und mit Zahnstochern verschließen.
4. Stubenküken mit Paprikapulver, Butter, Salz und Pfeffer einreiben. In eine feuerfeste Form setzen und im Rohr 30 Minuten lang braten.
5. Für die Sauce Schalotten und Knoblauch sehr fein hacken und bei kleiner Hitze in Olivenöl weich schmoren. Honig und Rosmarin zugeben und mit Wein ablöschen. Hühnerfond zugießen und 10 Minuten köcheln lassen.
6. Beeren einmischen und nochmals 5 Minuten kochen. Mit Zitronensaft, Salz und Pfeffer abschmecken und Zitronenmelisse unterrühren. Eventuell mit Maizena binden.
7. Stubenküken von den Zahnstochern befreien und mit der Beerensauce anrichten.

**SERVUS-TIPP:**
*Stubenküken wiegen maximal 500 Gramm und werden **nur im Ganzen** zubereitet. Als Beilage passt dazu **Reis**, der mit einer mit Nelken und Lorbeer **gespickten Zwiebel** gekocht wurde.*

# Kaninchenkeule mit Hirtentäschel

Zu Kaisers Zeiten waren Wildkaninchen in Niederösterreich stark verbreitet.
Heute gibt es nur mehr „Stallhasen".

## ZUTATEN FÜR 4 PERSONEN
*Zeitaufwand: 40 Minuten*

**4 ausgelöste Kaninchenkeulen**
**Salz**
**geschroteter Pfeffer**
**2 EL gehacktes Hirtentäschel**
**1 EL Butter**
**2 EL Olivenöl**

*Für das Gemüse:*
**1 Feldgurke**
**1 Prise Staubzucker**
**1 Spritzer Limettensaft**
**200 g Kirschparadeiser**
**100 g Stachelbeeren**
**2 Handvoll junges Hirtentäschel**
**3 EL gutes Olivenöl**

## ZUBEREITUNG

1. Kaninchenkeulen mit Salz, geschrotetem Pfeffer und Hirtentäschel einreiben. In Butter und Olivenöl rundherum leicht anbraten.
2. Im vorgeheizten Backrohr bei 190 °C ca. 20 Minuten lang braten. Dabei öfter mit dem Bratfett übergießen.
3. Für das Gemüse die Gurke schälen, halbieren und von den großen Kernen befreien. Dann in mundgerechte Stücke schneiden. Kirschparadeiser und Stachelbeeren waschen und halbieren.
4. Gurkenstücke in einem Topf mit wenig Wasser untergießen und kurz dünsten. Mit Salz, Staubzucker und Limettensaft würzen. Paradeiser und Stachelbeeren einmischen und kurz mitdünsten. Hirtentäschel zugeben, durchschwenken und mit Olivenöl abschmecken.
5. Kaninchenkeule mit Gemüse in tiefen Tellern anrichten.

**SERVUS-TIPP:**
*Kaninchenkeulen vertragen eine längere Bratzeit als der Rücken, der schnell trocken wird. Zum geschmacklich eher **dezenten Fleisch** macht sich Hirtentäschel mit seinem leichten **Kresse-Aroma** gut. Das Wildkraut findet man von **April bis Ende August** an Wiesenrändern und auf Feldwegen. Am besten nur **junge Pflanzen** pflücken. Finger weg von weiß gefärbten Blättern, da sie vom Pilz befallen sind.*

# FISOLENFLEISCH

In der bäuerlichen Küche haben Fisolen ihren festen Platz.
Weil sie so nährstoffreich sind, widmete man ihnen viel Zeit und Geduld.

**ZUTATEN FÜR 4 PERSONEN**
*Zeitaufwand: 75 Minuten*

**1 Zwiebel**
**2 EL Öl**
**350 g Schweinsschulter**
**Salz, Pfeffer**
**2 TL edelsüßes Paprikapulver**
**⅛ l Weißwein**
**350 g Fisolen**
**Kümmel**

**ZUBEREITUNG**

1. Zwiebel schälen, würfelig schneiden und in Öl anschwitzen.
2. Fleisch in dünne Scheiben schneiden, salzen, pfeffern und zugeben. Nach 5 Minuten mit Paprikapulver vermischen und mit Weißwein ablöschen. So viel Wasser zugießen, dass das Fleisch fast bedeckt ist. Dann 30 Minuten lang köcheln lassen.
3. Fisolen putzen und in ca. 5 cm lange Stücke brechen. Unter das Fleisch mischen, mit Salz, Pfeffer und Kümmel würzen. Nochmals 10 Minuten köcheln lassen und anrichten.

**SERVUS-TIPP:**
*In der Kunstgeschichte gilt die Fisole als **Symbol der Bescheidenheit**.
Tatsache ist, dass man ihr viel Aufmerksamkeit schenken muss. Vor dem
Pflanzen legt man sie **eine Nacht lang** in lauwarmes Wasser, um ihnen später
beim Austreiben zu helfen. Dann **stupft** man je 3 Bohnen in die Erde und baut
ihnen eine Holzkonstruktion **zum Klettern**. Sie werden **händisch geerntet**
und müssen vor der Zubereitung an beiden Enden **angeschnitten**
und von den Fäden befreit werden.*

# REISFLEISCH

Ob ursprünglich serbisch oder ungarisch ist keine Frage mehr.
Hauptsache, der Klassiker der Wiener Küche ist scharf gewürzt und saftig.

## ZUTATEN FÜR 4 PERSONEN
*Zeitaufwand: 1 Stunde*

**400 g Schweinsschulter oder Schweinsschopf**
**je 1 gelber und roter Paprika**
**150 g Champignons**
**2 Knoblauchzehen**
**1 Zwiebel**
**1 EL Butterschmalz**
**Salz**
**Öl zum Anbraten**
**1 EL edelsüßes Paprikapulver**
**1 l Rindsuppe**

**1 fein gehackte Chilischote, je nach gewünschtem Schärfegrad: Habanero (sehr scharf), Manzano Rojo oder Kekova**
**Kümmel**
**Majoran**
**etwas Zitronenzeste**
**300 g Rundkornreis**
**50 g geriebener Parmesan**

## ZUBEREITUNG

1. Fleisch in kleine Würfel schneiden. Paprika waschen, vom Kerngehäuse befreien und in etwa 1 cm große Würfel schneiden. Champignons putzen und vierteln, Knoblauch schälen. Zwiebel schälen und fein schneiden.
2. In einem Topf Butterschmalz erhitzen, Zwiebel darin glasig anschwitzen. Paprikawürfel, Champignons, Knoblauch zugeben und kurz mitschwitzen.
3. Fleisch salzen und in einer Pfanne mit wenig Öl kurz anbraten. Dann zum Paprika-Champignon-Gemüse geben.
4. Den Bratensatz mit etwas Wasser ablöschen und ebenfalls in den Topf leeren. Paprikapulver einrühren und Rindsuppe zugießen. Mit der fein gehackten Chilischote, Salz, Kümmel, Majoran und etwas Zitronenzeste würzen.
5. Reis zugeben und zugedeckt bei kleiner Hitze ca. 40 Minuten kochen. Auf Tellern anrichten und mit Parmesan bestreuen.

**SERVUS-TIPP:**
*Bei der botanischen Unterscheidung von **Paprika**, **Chili** und **Pfefferoni** geraten selbst Experten ins Schwitzen, da es eine unüberschaubare Anzahl von Sorten gibt. Unter dem Begriff **Chili** versammeln sich jedenfalls die **schärfsten Vertreter der Pfefferoni**. Die meisten sind recht schmal und spitz.
Beim **Ernten** empfiehlt sich das Tragen von **Handschuhen** und in der Küche darf man sich **niemals die Augen reiben**, nachdem man die Schoten klein gehackt hat. Sollte das dennoch passieren, die Augen mit kaltem Wasser **sanft ausspülen**. Es helfen auch ein paar Eiswürfel in ein Geschirrtuch gewickelt und ein paar Minuten auf die Augen gedrückt.*

# GSIBERGER LEBERKÄS

Wer einmal selbst gemachten Leberkäs probiert hat,
wird vermutlich den fertigen links liegen lassen.

**ZUTATEN FÜR 1 KLEINEN LEBERKÄSE**
*Zeitaufwand: 1 Stunde plus Abkühlzeit*

**650 g geputzte Kalbsleber**
**250 g Frühstücksspeck ohne Schwarte**
**2 kleine altbackene Semmeln**
**Milch zum Einweichen**
**1 mittlere Zwiebel**
**1 EL Butterschmalz**
**2 kleine Eier**
**Salz, Pfeffer**
**150 g hauchdünn geschnittener Selchspeck**

**ZUBEREITUNG**

1. Leber und Speck in grobe Würfel schneiden. Semmeln in Milch einweichen und gut ausdrücken.
2. Zwiebel grob hacken und in Butterschmalz hellgelb anlaufen lassen.
3. Alles mit den Eiern vermischen, mit Salz und Pfeffer würzen. Mehrmals durch den Fleischwolf drehen bzw. in der Küchenmaschine fein faschieren.
4. Eine feuerfeste Auflaufform mit den dünnen Speckscheiben auslegen. Die Masse einfüllen und oben mit Speckscheiben bedecken.
5. Im Ofen bei 180 °C ungefähr 50 Minuten lang backen. Dann abkühlen lassen.

**SERVUS-TIPP:**
*In Westösterreich sagt man auch Fleischkäse dazu. In der herkömmlichen Variante wird er aus einem Brät von gehacktem Rind- und/oder Schweinefleisch hergestellt. Erfunden wurde er im 18. Jahrhundert vermutlich in Bayern, als Inspiration dienten französische Pasteten.*

# REHRÜCKEN MIT HEIDELBEERSAUCE

Ein Rezept aus dem Ländle, bei dem der leicht herbe Geschmack
der kleinen Waldbeeren gekonnt zum Wild kombiniert wird.

**ZUTATEN FÜR 4 PERSONEN**
*Zeitaufwand: 1 Stunde*

*Für das Püree:*
**800 g mehlige Erdäpfel**
**Salz**
**200 ml Milch**
**Muskatnuss**
**60 g Butter**
**2 TL gehackter Rosmarin**

*Für die Sauce:*
**500 ml Wildfond**
**2 fein gehackte Schalotten**
**2 TL Butter**
**150 g Heidelbeeren**
**1 EL Apfelessig**

*Für den Rehrücken:*
**500 g Rehrücken ohne Knochen**
**½ TL gestoßene Koriandersamen**
**2 gehackte Wacholderbeeren**
**1 Prise Nelkenpulver**
**Pfeffer**
**2 kleine reife Birnen**
**1 EL Rapsöl**
**1 EL Butter**
**1 EL geröstete, gehackte Haselnüsse**

**ZUBEREITUNG**

1. Für das Püree Erdäpfel schälen und in grobe Stücke schneiden. In leicht gesalzenem Wasser weich kochen, abseihen und etwas ausdampfen lassen.

2. Milch in einem Topf mit Salz und Muskatnuss erhitzen. Butter und Rosmarin in einem anderen Topf nicht zu heiß aufschäumen. Die Erdäpfel durch eine Presse drücken (oder zerstampfen), mit Milch und Rosmarinbutter glatt rühren.

3. In der Zwischenzeit für die Sauce Wildfond in einem kleinen Topf auf etwa zwei Drittel reduzieren.

4. Schalotten in Butter weich schmoren, 100 g Heidelbeeren und Apfelessig zugeben und alles fein pürieren. Mit dem reduzierten Wildfond vermischen und 2 Minuten köcheln lassen.

5. Den Rehrücken mit Koriandersamen und Wacholderbeeren bestreuen, mit Nelkenpulver, Salz, Pfeffer und Muskatnuss würzen. Die Birnen halbieren und vom Kerngehäuse befreien. Rehrücken und Birnenhälften in Öl und Butter etwa 7 Minuten nicht zu heiß anbraten. Herausnehmen und restliche Heidelbeeren im Bratensatz leicht anschmoren.

6. Den Rehrücken in den Haselnüssen wälzen, in Scheiben schneiden und auf der Heidelbeersauce anrichten. Die Birnenhälften und Erdäpfelpüree dazu anrichten und alles mit Heidelbeeren im Bratensaft beträufeln.

# Marillenknödel

Manche schwören auf Erdäpfel-, andere auf Brandteig. Für den Großteil der Österreicher ist aber der Topfenteig das einzig Wahre, um die köstliche Frucht zu umhüllen.

**ZUTATEN FÜR 4 PERSONEN**
*Zeitaufwand: 45 Minuten*

**Für den Teig:**
100 g Mehl
250 g Topfen
30 g flüssige Butter
etwas abgeriebene Zitronenschale
1 Ei
1 Prise Salz

8 Marillen
ev. 8 Stück Würfelzucker oder Marzipan
etwas Butter zum Anrösten
2 Handvoll Brösel
Kristallzucker

**ZUBEREITUNG**

1. Topfen und Mehl mit den Fingern abbröseln, Butter, Zitronenschale und Salz zugeben. Das versprudelte Ei unterrühren und zu einem weichen Teig verkneten.
2. Eine Rolle formen und in Scheiben schneiden.
3. Marillen waschen, entkernen und nach Geschmack den Kern durch ein Stück Würfelzucker oder Marzipan ersetzen.
4. Den Teig damit füllen und zu Knödeln drehen.
5. In einem großen Topf Salzwasser aufkochen, Knödel einlegen und mehr ziehen als kochen lassen. Fertig sind die Knödel, wenn sie an der Oberfläche zu tanzen beginnen.
6. In einer Pfanne etwas Butter heiß werden lassen, Semmelbrösel mit Zucker kurz goldbraun durchrösten. Die abgetropften Knödel darin wälzen und nach Belieben mit Staubzucker bestreuen. Nach Geschmack kann dazu noch extra zerlassene Butter serviert werden.

**SERVUS-TIPP:**
*Die **Wachauer Spitzenköchin Lisl Wagner-Bachner** aus Mautern empfiehlt, im Salzwasser eine Zimtstange, einen Schuss Rum und eine ausgekratzte Vanilleschote mitzukochen. Generell gilt: immer einen **Probeknödel** vorkochen. Ist der Teig **zu fest**, etwas **Butter** einarbeiten. Ist er **zu weich**, muss man noch etwas **Mehl** einmischen. Das Um und Auf ist aber der Geschmack der Marillen. Sie müssen **vollreif** sein, dürfen mit Würfelzucker oder Marzipan gefüllt, aber niemals geschält werden. Die **Schale** sorgt nämlich für das herrliche Zusammenspiel von **Säure und Süße**.*

# DAMPFNUDELN

Ein Sonn- und Feiertagsgericht aus Salzburg,
das man in Tirol als Sticknudeln kennt.

## ZUTATEN FÜR 7 PERSONEN
*Zeitaufwand: 1½ Stunden*

*Für die Vanillesauce:*
**1 Vanilleschote**
**200 ml Milch**
**100 ml Obers**
**3 Eidotter**
**2 EL Zucker**

*Für 14 Dampfnudeln:*
**½ kg Universalmehl**
**50 g Zucker**
**40 g Germ (1 Würfel)**
**¼ l Milch**
**50 g zerlassene Butter**
**2 Eier**
**etwas abgeriebene Zitronenschale**
**1 Prise Salz**

*Zum Dämpfen:*
**Wasser**
**30 g Butter**
**1 Prise Zucker**

## ZUBEREITUNG

1. Die Vanilleschote längs aufschneiden und das Mark mit einem Messer herauskratzen. Milch, Obers und Vanillemark langsam zum Kochen bringen und vom Herd nehmen.

2. Eidotter mit Zucker schaumig schlagen und in die Vanillemilch mischen. Vorsichtig unter Rühren einmal aufkochen.

3. Vanillesauce kalt stellen, falls sie kalt serviert werden soll. Andernfalls kurz vor dem Servieren nochmals erwärmen.

4. Für die Dampfnudeln Mehl in eine Schüssel sieben und in die Mitte eine Vertiefung drücken. Am Rand der Vertiefung den Zucker verteilen. Germ in einem Häferl zerbröseln, mit einem Schuss lauwarmer Milch anrühren und in die Vertiefung gießen. Mit einem Mixer mit Knethaken von der Mitte aus so durcharbeiten, dass die Flüssigkeit ins Mehl eingearbeitet wird. Nach und nach restliche Milch, Butter und Eier zugeben. Zum Schluss mit Salz und Zitronenschale würzen. So lange kneten, bis der Teig Blasen wirft. Die Schüssel mit einem Geschirrtuch abdecken, den Teig 20 Minuten lang rasten lassen.

5. Den Teig zu einer Rolle formen und in 14 Teile schneiden. Die Teigteile zu Bällchen drehen, auf eine bemehlte Fläche legen und nochmals 20 Minuten lang rasten lassen.

6. In einen großen Bräter etwa 1 cm hoch Wasser einfüllen, 30 g Butter und 1 Prise Zucker zugeben.

7. Sieben Bällchen hineinsetzen, zudecken und 20 Minuten lang bei schwacher Hitze auf der Herdplatte dämpfen. Man hört am Ton (es brutzelt), wenn die Flüssigkeit verdampft ist. Dann vorsichtig den Deckel hochheben. Die Dampfnudeln im Ofen warm stellen und die zweite Partie dämpfen.

**SERVUS-TIPP:**
*Achtung: Während des Dämpfens **auf keinen Fall den Deckel öffnen**! Wenn man ein **Brutzeln** aus dem Topf hört, sind die Dampfnudeln **fertig**. Den Deckel ganz **vorsichtig heben**, es darf **kein Wassertropfen** auf die Dampfnudeln fallen.*

# Oberösterreichische Kindstauf-Pofesen

Pofesen gibt es in vielen Varianten, mancherorts werden sie auch Arme Ritter genannt.
Zu feierlichen Anlässen wie bei Taufen werden sie im Hausruck in Most getunkt.

**ZUTATEN FÜR 4 PERSONEN**
*Zeitaufwand: 20 Minuten*

*Für den Backteig:*
**150 g Mehl**
**2 Eier**
**1 Prise Salz**
**2 TL Zucker**
**¼ l Milch**

**pro Person 2 fingerdicke**
**Weißbrotscheiben ohne Rinde**
**Marmelade**
**Most**
**Zimt**
**Zucker**
**Öl zum Backen**

**ZUBEREITUNG**
1. Für den Teig alle Zutaten zu einer flüssigen Masse verrühren.
2. Die Brotschnitten mit Marmelade bestreichen und jeweils zwei zusammensetzen. Den Most mit Zimt und Zucker würzen.
3. Die Pofesen zunächst in den Most, dann in den Backteig tauchen. In einer Pfanne reichlich Öl erhitzen und die Pofesen darin schwimmend herausbacken.

**SERVUS-TIPP:**
*Ein Grundprinzip haben alle Pofesen gemein: Gesüßtes oder würziges **Brot** wird in Scheiben geschnitten, mit einer geschmackgebenden Masse bestrichen und zusammengelegt. Diese Schnitten **saugen sich dann mit einer Flüssigkeit voll** und werden in Fett **herausgebacken**. Damit sie nicht auseinanderfallen, müssen sie vor dem Backen in **Backteig getaucht oder paniert** werden. Die Wiener Küche kennt vor allem **pikante Varianten** mit einer Fülle aus Spinat, Pilzen, gehacktem Wildfleisch, Kalbsnieren oder Kalbshirn.*

# Schwarzbeer-Boggerl

Boggerl kommt von Backerl und wird in der Weststeiermark
für alles verwendet, was beim Ausbacken aufgeht.

**ZUTATEN FÜR 4 PERSONEN**
*Zeitaufwand: 15 Minuten*

¼ l Milch
3 Eier
6 EL Mehl
1 Prise Salz
1 EL Schmalz
Schwarzbeeren (Heidelbeeren) nach Belieben, Zimt und Zucker zum Bestreuen

**ZUBEREITUNG**

1. Milch, Eier, Mehl und Salz versprudeln.
2. In einer Rein das Schmalz zerlassen und den Teig fingerdick einfüllen. Schwarzbeeren darauf verteilen, mit Zucker und Zimt bestreuen.
3. Im Rohr bei 220 °C etwa 10 Minuten, am besten aber auf Sicht goldbraun backen.

**SERVUS-TIPP:**
*In anderen Teilen der Steiermark heißt das Boggerl auch **Tommerl oder Nigl**. Etwas ganz Besonderes ist übrigens der **Neunhäutige Nigl**, für den neun Schichten aus dem Boggerlteig nacheinander herausgebacken und **übereinandergestapelt** werden. Zwischen die Schichten gibt man zerlassene Butter.*

# Schwarze Kiachln

Moosbeeren sagt der Tiroler zu den Heidelbeeren, mit denen die Kiachln an besonderen Festtagen im Sommer zubereitet werden.

**ZUTATEN FÜR 4 PERSONEN**
*Zeitaufwand: 20 Minuten*

150 g Mehl
3 EL Buttermilch
30 g Kristallzucker
10 g Vanillezucker
etwas abgeriebene Zitronenschale
1 Prise Salz
1 Msp. Zimt
2 Eier
700 g Moosbeeren (Heidelbeeren)
Butter zum Braten
Staubzucker
4 Kugeln Vanilleeis

**ZUBEREITUNG**

1. Die Hälfte des Mehls mit Buttermilch, Zucker, Vanillezucker, Zitronenschale, Salz, Zimt und Eiern glatt rühren. Die Moosbeeren und das restliche Mehl mit einem Kochlöffel vorsichtig unterheben.
2. In einer großen Pfanne 1 EL Butter erhitzen und die Masse als kleine Häufchen in die Pfanne geben. Die Kiachln leicht flach drücken und auf beiden Seiten goldbraun braten.
3. Die Kiachln sofort mit Staubzucker bestreuen und warm anrichten. Mit einer Kugel Vanilleeis servieren.

**SERVUS-TIPP:**
*Echte Moosbeeren wachsen auf Moorböden im Alpenraum bis 1.500 Meter Höhe. Sie sind **rot**, sehen der Preiselbeere ähnlich und sind **sehr selten** zu finden. **Heidelbeeren** kann man hingegen in den österreichischen Wäldern bis in den Oktober hinein zuhauf finden.
Früher ist man oft mit einer Raffel, einem **Heidelbeerkamm**, zum Sammeln losgezogen. Dieser ist jedoch **heute verpönt**, da man die Sträucher damit beschädigt. Besser wieder die **Finger blau machen** und ein gutes altes Muchkandl mitnehmen.*

176     SOMMER SÜSSES

# Gratinierte Walderdbeeren

Ein ganz besonderes Kleinod ist die Walderdbeere.
Ihre Heilkraft kannte schon Hildegard von Bingen, das Aroma ist unübertroffen.

**ZUTATEN FÜR 4 PERSONEN**
*Zeitaufwand: 20 Minuten*

250 g Topfen (20 %)
2 Eidotter
½ TL Vanillezucker
1 Prise Salz
30 g Feinkristallzucker
etwas abgeriebene Orangenschale
2 Eiklar
1 EL Maizena
500 g Walderdbeeren
1 Spritzer Orangenlikör
Staubzucker
Waldmeister oder Minze für die Garnitur

**ZUBEREITUNG**

1. Topfen in einem feinen Sieb abtropfen lassen.
2. Eidotter mit Vanillezucker, Salz, 10 g Zucker und Orangenschale schaumig rühren. Dann locker mit dem Topfen vermischen.
3. Eiklar mit dem restlichen Zucker zu einem festen Schnee schlagen und mit Maizena möglichst luftig unter die Topfenmasse heben.
4. Die Grillfunktion des Backofens einschalten.
5. Walderdbeeren waschen und trocken tupfen. Mit Likör und etwas Staubzucker marinieren und in kleinen tiefen Tellern verteilen. Die Topfencreme über die Beeren löffeln und auf der mittleren Schiene unter dem Grill 5 Minuten goldgelb überbacken.
6. Mit Staubzucker bestreuen und mit Waldmeister oder Minze garnieren.

**SERVUS-TIPP:**
*Im Mittelalter wurde die Walderdbeere großflächig angebaut, im 18. Jahrhundert allerdings von der größeren Gartenerdbeere verdrängt. Erst in letzter Zeit wird sie wieder vermehrt kultiviert. In der freien Natur wächst sie auf Lichtungen und an Waldrändern. In der Volksmedizin wird die frische Beere bei Gallen- und Leberleiden, bei Herzbeschwerden, Blutarmut und als Stärkungsmittel bei Bronchitis eingesetzt.
Obwohl sie geschmacklich jede Süßspeise bereichert, ist nur von einem eher abzuraten: Eine Marmelade ausschließlich aus Walderdbeeren kann bitter schmecken.*

# BEERENBROT

Riwesl, Hoarbeer und Imbee machen dieses Brot zum beerigen Genuss.
Oberösterreicher und Salzburger wissen, wovon hier die Rede ist.

**ZUTATEN FÜR 4 PERSONEN**
*Zeitaufwand: 10 Minuten*

4 Scheiben würziges Brot (z. B. Vinschgerl)
2 EL Butter
150 g Ziegenfrischkäse
1 Prise Salz
250 g gemischte Beeren
(Ribiseln, Heidelbeeren, Himbeeren)
2 EL Olivenöl
1 Spritzer Zitronensaft
2 TL Holundersirup
1 EL gehackte Minze
frisch gemahlener Pfeffer

**ZUBEREITUNG**

1. Die Brotscheiben kräftig in Butter rösten, mit Ziegenkäse dick bestreichen und leicht salzen.
2. Die geputzten Beeren mit Olivenöl, Zitronensaft und Holundersirup marinieren und auf den Broten verteilen. Zum Schluss mit Minze und Pfeffer bestreuen.

# Brombeertorte

Einmal gebrockt, heißt es schnell sein mit der Brombeere.
Sie ist überhaupt nicht lagerfähig und muss sofort verarbeitet werden.

## ZUTATEN FÜR 1 FORM VON CA. 26 CM DURCHMESSER
*Zeitaufwand: 1½ Stunden*

**Für den Teig:**
- 160 g weiche Butter
- 60 g Staubzucker
- 1 Msp. Salz
- 1 Ei
- 1 EL Milch
- 250 g Mehl

**Für den Belag:**
- ⅛ l trockener Weißwein
- 80 g Zucker
- abgeriebene Schale von 1 Bio-Zitrone
- 1 TL Speisestärke
- 600 g Brombeeren

**Für die Garnitur:**
- ¼ l Schlagobers
- 50 g Zucker
- 1 gehäufter EL Kakaopulver

## ZUBEREITUNG

1. Für den Teig Butter mit Zucker, Salz, Ei und Milch verrühren. Mehl zugeben und möglichst schnell einarbeiten. Den Teig zu einer Kugel formen, in Frischhaltefolie wickeln und im Kühlschrank etwas rasten lassen.
2. In einer Tortenform den Tortenboden blindbacken. Dafür den Teig rund mit etwa 33 cm Durchmesser ausrollen. Auf das Rollholz wickeln und über der Tortenform abrollen. Mit den Handflächen den Teig in die Form drücken und der Rand andrücken. Überstehende Teigreste abschneiden und den Teigboden mit einer Gabel einstechen. Die Form mit Pergamentpapier auslegen und mit einer Pseudofüllung (Linsen oder Erbsen) bei 190 °C hellbraun backen. Die Hülsenfrüchte mit dem Pergamentpapier herausnehmen und den Tortenboden abkühlen lassen.
3. Weißwein mit Zucker und Zitronenschale kurz aufkochen. Speisestärke mit 1 EL Wasser auflösen und die Weinsauce damit binden.
4. Brombeeren waschen und gut abtropfen lassen. Mit der Sauce vermischen und in die Form füllen. Vollständig abkühlen lassen.
5. Schlagobers mit Zucker steif schlagen und gleichmäßig über die Brombeerfüllung streichen. Die Oberfläche mit Kakaopulver besieben.

**SERVUS-TIPP:**
*Brombeeren müssen **vollreif** geerntet werden, da sie nicht nachreifen. Als Marmelade kann man sie zum Beispiel **mit einer Schicht Klarapfelmus** obendrauf einrexen. Der süß-säuerliche Geschmack der alten Apfelsorte harmoniert ausgezeichnet mit den Brombeeren.*

# ERDBEER-ROULADE

*Fragaria* ist ihr botanischer Name und das sagt eigentlich alles über die beliebte heimische Frucht. Das kommt nämlich vom lateinischen Wort *fragare* für duften.

**ZUTATEN FÜR 1 GROSSE ROULADE**

*Zeitaufwand: 1 Stunde*

**4 Eier**
**3 Dotter**
**60 g Feinkristallzucker**
**60 g glattes Mehl**
**Feinkristallzucker zum Bestreuen**

*Für die Füllung:*
**250 g Erdbeeren**
**1 EL Staubzucker**
**1 Spritzer Orangenlikör**
**250 ml Obers**

**ZUBEREITUNG**

1. Das Backrohr auf 200 °C Ober-/Unterhitze vorheizen. Ein Backblech mit Backpapier belegen.
2. Eier, Dotter und Zucker in eine Metallschüssel geben und auf einen Topf mit köchelndem Wasser stellen. Mit dem Mixer schaumig-cremig aufschlagen, bis sich die Creme deutlich erwärmt hat. Die Schüssel vom Topf nehmen und so lange weitermixen, bis die Creme eine sehr schaumige, stabile Konsistenz hat.
3. Das Mehl nach und nach über die Eiermasse sieben und möglichst luftig unterheben.
4. Die Biskuitmasse gleichmäßig auf das Backpapier streichen und im Ofen 12–14 Minuten backen.
5. Den Biskuit mit Feinkristallzucker besieben und auf einen Bogen Backpapier stürzen. Nach 2–3 Minuten das Papier abziehen und sofort locker einrollen. Den Biskuit abkühlen lassen.
6. Von den Erdbeeren 50 g mit Staubzucker und Likör pürieren. Die restlichen Erdbeeren in kleine Würfel schneiden.
7. Das Obers steif schlagen und die Erdbeerwürfel sowie das Erdbeerpüree locker untermengen.
8. Den Biskuitteig aufrollen, mit der Erdbeerfüllung bestreichen und wieder einrollen. Anschließend die Roulade 2 Stunden im Kühlschrank fest werden lassen. Vor dem Servieren in breite Stücke schneiden.

# BEEREN-TERRINE

Die Osttiroler bereiten die erfrischende Terrine mit wildwachsenden Waldbeeren zu.
Sie schmeckt aber auch mit Früchten aus dem Garten ausgezeichnet.

**ZUTATEN FÜR 4 PERSONEN**

*Zeitaufwand: 40 Minuten plus*
*4 Stunden Kühlzeit*

2 Packungen Agar-Agar
400 g Mascarpone
3 Eidotter
abgeriebene Schale von ½ Bio-Zitrone
60 g Feinkristallzucker
1 EL Vanillezucker
2 Eiklar
ca. 40 Biskotten
1 EL Heidelbeersirup mit ⅛ l Wasser verdünnt
300 g gemischte Beeren (Erdbeeren,
Himbeeren, Heidelbeeren, Brombeeren)

**ZUBEREITUNG**

1. Agar-Agar in 4 EL Wasser aufkochen und mit der Mascarpone glatt rühren. Eidotter, Zitronenschale, 30 g Zucker und Vanillezucker mit dem Handmixer schaumig rühren. Eiklar mit dem restlichen Zucker zu Schnee schlagen und mit der Dottermasse luftig unter die Mascarpone heben.

2. Etwa 13 Biskotten in eine Kastenform legen und mit Heidelbeersaft beträufeln. Die Hälfte der Beeren darüber verteilen und mit der Hälfte der Mascarponecreme bestreichen. Nochmals etwa 13 Biskotten auf der Creme verteilen und mit Saft beträufeln. Mit den restlichen Beeren belegen und mit Mascarponecreme bedecken. Als Abschluss mit den übrigen Biskotten belegen und mit Frischhaltefolie bedecken.

3. Die Beeren-Terrine mindestens 4 Stunden im Eiskasten durchkühlen. Aus der Form stürzen, in Scheiben schneiden und mit Himbeersirup beträufeln.

# Marillen mit Kerbelfülle

Bis ins 16. Jahrhundert zählte man die Marille botanisch zu den Pfirsichen.
Erst dann erkannte man ihre Einzigartigkeit.

## ZUTATEN FÜR 4 PERSONEN
*Zeitaufwand: 35 Minuten plus
3 Stunden zum Kühlen*

*Für die Himbeersauce:*
**250 g Himbeeren**
**1 EL Staubzucker**
**2 cl Cointreau**

*Für die Fülle:*
**125 g weiße Kuvertüre**
**1 Ei**
**1½ Blatt Gelatine**
**1 Schuss weißer Rum**
**2 EL gehackter Kerbel**
**¼ l geschlagenes Obers**
**8 Marillen**
**4 EL Himbeersauce**

## ZUBEREITUNG

1. Für die Himbeersauce alle Zutaten in einem Topf erwärmen. Mit dem Pürierstab mixen und durch ein Sieb streichen.
2. Für die Fülle Kuvertüre lippenwarm schmelzen. Ei mit einem Schneebesen über Dampf dickcremig aufschlagen, Kuvertüre einmischen.
3. Gelatine in Wasser einweichen und ausdrücken. Mit Rum leicht erwärmen und auflösen. In die Masse einrühren und Kerbel zugeben. Zum Schluss Obers vorsichtig unterheben. In eine Schüssel füllen, zudecken und im Kühlschrank 3 Stunden ziehen lassen.
4. Marillen auf der Unterseite kreuzweise einritzen. Ein paar Sekunden in kochendes Wasser tauchen und mit Eiswasser abschrecken. Die Haut abziehen und die Marillen auf Küchenpapier abtropfen lassen. Auf einer Seite aufschneiden und den Kern entfernen. Die Creme mithilfe eines Dressiersacks in die Marillen füllen. Marillen auf der Himbeersauce anrichten, anzuckern und mit Kerbel garnieren.

**SERVUS-TIPP:**
*Für dieses Rezept eignet sich auch* **Echter Kerbel***, der bis Ende Juli* **wild an Waldes- und Gebüschrändern** *wächst. Er ist recht würzig,* **riecht nach Anis** *und seine Spitzen inklusive der weißen Blüten können roh, getrocknet oder gegart verwendet werden.*
**Achtung:** *nicht verwechseln mit dem giftigen Gefleckten Schierling (unangenehmer Geruch, rötliche Flecken), dem schwach giftigen Taumel-Kälberkopf (rot gefleckte Stängel) oder der giftigen Hundspetersilie (knoblauchartiger Geruch der Blätter).*
*Die* **Beerensauce***, die man auch mit Erdbeeren oder Brombeeren zubereiten kann, hält* **eine Woche im Kühlschrank***.*

# Gefüllte Pfirsiche mit Heidelbeermus

Pfirsiche wachsen am besten dort, wo auch der Wein gedeiht.
Und das Klima der Steiermark mögen sie besonders gern.

**ZUTATEN FÜR 4 PERSONEN**
*Zeitaufwand: 30 Minuten plus*
*3 Stunden Kühlzeit*

**2 Blatt Gelatine**
**250 g Heidelbeeren**
**1 EL Honig**
**150 g Obers**
**4 große Pfirsiche**
**1 EL Zucker**
**1 Prise Vanillezucker**
**1 Spritzer Zitronensaft**
**50 ml Weißwein**

*Zum Garnieren:*
**2 EL gehackte, geröstete Haselnüsse**
**Zitronenzesten**
**Minzeblätter**

**ZUBEREITUNG**

1. Gelatine in kaltem Wasser einweichen. Heidelbeeren mit dem Honig pürieren. Gelatine ausdrücken, in 2 EL warmem Wasser auflösen und zügig in das Heidelbeerpüree rühren.
2. Obers steif schlagen und luftig unter das Heidelbeerpüree heben. Das Mus in eine Schüssel füllen und mindestens 3 Stunden kalt stellen.
3. Pfirsiche halbieren und Kerne entfernen. In einer Pfanne 4 cm hoch Wasser einfüllen und aufkochen. Die Pfirsichhälften mit der Rundung nach unten einlegen und etwa 30 Sekunden kochen. Sofort kalt abschrecken und die Haut abziehen.
4. In einer Pfanne Zucker, Vanillezucker, Zitronensaft und Weißwein erhitzen. Die Pfirsichhälften auf der Schnittfläche in die Pfanne setzen und 2 Minuten bei starker Hitze anschmoren. Aus der Pfanne nehmen und abkühlen lassen. Den Schmorsaft beiseitestellen.
5. Die Pfirsiche mit Heidelbeermus füllen. Mit Schmorsaft beträufeln, mit Haselnüssen, Zitronenzesten und Minzeblättern bestreuen.

**SERVUS-TIPP:**
*Pfirsiche sind sehr **stoß- und druckempfindlich**, darum eignen sie sich schlecht zum Lagern. **Auf keinen Fall** mögen sie es, wenn sie direkt dem **Sonnenlicht** ausgesetzt sind. Im Kühlschrank halten sie maximal 3 Tage.*

# Kräutersorbet auf Erdbeermus

Für diese sommerliche Erfrischung braucht man keine Eismaschine,
nur Geduld und frische Kräuter aus dem Garten.

## ZUTATEN FÜR 8 PERSONEN

*Zeitaufwand: mindestens 3 Stunden Gefrieren plus 20 Minuten Vorbereitung am Vortag*

*Für das Sorbet:*
- je 50 bis 100 g Minze- und Zitronenmelissenzweige
- je 50 g Basilikum-, Petersilien- und Thymianzweige
- 1½ l Wasser
- 600 g Zucker
- 1 Zimtstange
- 5 Gewürznelken
- 70 g sehr fein gehackte Kräuter (z. B. Minze, Petersilie, Basilikum, Zitronenmelisse)
- 400 ml trockener Sekt

*Für das Erdbeermus:*
- 1 kg reife Erdbeeren
- 10 g gemörserte grüne Pfefferkörner
- 20 g Honig
- je 20 g Minze und Zitronenmelisse
- 100 ml prickelndes Mineralwasser
- 200 ml Blue Gin
- 200 ml Sekt
- Erdbeeren und Minzeblätter für die Garnitur

## ZUBEREITUNG

1. Am Vortag Kräuter waschen und trocknen. In einem Topf Wasser mit Zucker aufkochen. Zimtstange und Nelken zugeben, 5 Minuten ziehen lassen. Nochmals erhitzen und vom Herd nehmen. Die Kräuterzweige zugeben und 10 Minuten ziehen lassen. Dann die Flüssigkeit abseihen und auskühlen lassen.
2. Am nächsten Tag mit gehackten Kräutern und Sekt verrühren, im Tiefkühler mindestens drei Stunden anfrieren lassen. Dabei halbstündlich einmal durchrühren, sodass die Masse nie zu festem Eis gefriert.
3. Für das Mus Erdbeeren, Pfeffer, Honig, Minze und Zitronenmelisse mixen, dabei nach und nach Mineralwasser zugießen. Gin und Sekt einrühren, dann kalt stellen.
4. Vor dem Servieren aus der Sorbetmasse mit einem Esslöffel Nocken ausstechen und auf dem Erdbeermus anrichten. Mit Erdbeerstücken und Minzeblättern garnieren.

**SERVUS-TIPP:**
*Für den Ansatz dieses Sorbets kann man praktisch alle Gartenkräuter nehmen. Aber Vorsicht: Dille und Estragon sind sehr dominant, zu viel Rosmarin verdirbt den Geschmack.*

# Erdbeer-Eislutscher

Sommer, Sonne und ein selbst gemachtes Erdbeereis. Das weckt Erinnerungen an die Kindheit, die wir uns genüsslich auf der Zunge zergehen lassen.

**ZUTATEN FÜR 8 EISLUTSCHER**
*Zeitaufwand: 1 Stunde plus*
*1 Nacht zum Durchfrieren*

**120 g Zucker**
**50 ml Wasser**
**500 g Erdbeeren**
**2 Blatt Gelatine**
**Saft von ½ Zitrone**
**Saft von ½ Orange**
**200 g Naturjoghurt**
**50 g Staubzucker**
**½ TL Vanillezucker**

**ZUBEREITUNG**

1. Für die Eislutscher 120 g Zucker und Wasser langsam kochen, bis sich der Zucker aufgelöst hat. Gelatine in kaltem Wasser einweichen. Die Erdbeeren mit dem Zuckersirup und Zitronensaft pürieren und in eine Schüssel geben. Gelatine ausdrücken und im Erdbeerpüree auflösen.
2. Die Hälfte des Erdbeerpürees in Lutscherformen, Papierstanitzel oder kleine Joghurtbecher füllen und ins Tiefkühlfach stellen.
3. 1 EL Orangensaft erwärmen, 2 Blatt Gelatine darin auflösen und mit dem restlichen Orangensaft, Joghurt, Staubzucker und Vanillezucker verrühren. Die Joghurtcreme in die Lutscherformen gießen und 15 Minuten lang tiefkühlen.
4. Kleine Holzstaberln oder Holzlöffelchen in die Formen stecken und mit dem restlichen Erdbeerpüree auffüllen. Die Eislutscher am besten über Nacht durchfrieren lassen.
5. Die Lutscherformen kurz in heißes Wasser tauchen und das Eis an den Staberln herausziehen.

**SERVUS-TIPP:**
*Das Glück ist vollkommen, wenn man dazu noch ein **Erdbeerkracherl** in die Badetasche packt. Für **2 Flaschen** à 750 ml lässt man zunächst 400 g **Zucker** mit 250 ml **Wasser** in einem Topf köcheln. Dann 600 g geputzte **Erdbeeren** zugeben und weitere 10 Minuten köcheln lassen. Den Saft einer halben **Zitrone** einrühren und alles grob pürieren. Durch ein sehr feines Sieb gießen und **den Sirup** in einem Topf auffangen. Nochmals aufkochen und in sterile, verschließbare Flaschen füllen. Abkühlen lassen und zum Trinken **mit Mineralwasser aufspritzen**.*

# HERBST

Die Natur hat uns reich beschenkt:
Zeit der Ernte, Zeit des Genießens.

# Tiroler Brennsuppe

Sogar ganze Lieder wurden dem alpinen Klassiker gewidmet.
Das erste verfasste Johanna Schmidt aus dem Oberinntal in den 1880er-Jahren.

**ZUTATEN FÜR 6–8 PERSONEN**
*Zeitaufwand: 15 Minuten*

**50 g Butterschmalz**
**3 EL glattes Mehl**
**1½ l Rindsuppe**
**1 Lorbeerblatt**
**etwas Kümmel**
**1 Prise Muskatnuss**
**Salz**
**Pfeffer**
**Kräuter nach Saison**

**ZUBEREITUNG**
1. Butterschmalz in einem Topf erhitzen. Das Mehl darin dunkel anrösten.
2. Unter ständigem Rühren mit der Suppe ablöschen und das Lorbeerblatt einlegen. Mit Kümmel und Muskatnuss würzen.
3. Einmal aufkochen, dann mit Salz und Pfeffer abschmecken.
4. In vorgewärmten Suppentellern (oder in kleinen ausgehöhlten Brotlaiben) anrichten und mit Kräutern bestreuen.

**SERVUS-TIPP:**
*Das auch Mehl- oder Einbrennsuppe genannte Gericht gab es im gesamten Alpenraum früher* **zum Frühstück**. *Da die Suppe so nahrhaft ist, wurden Kranke damit wieder aufgepäppelt. Und in der Volksmedizin gilt sie als probates* **Mittel gegen Magenverstimmungen**.

# Steirische Klachelsuppe

Nach den Hausschlachtungen wurden die nicht ganz so edlen Teile als Suppe verkocht. Heute nimmt man nur noch die Haxln dafür.

**ZUTATEN FÜR 8 PERSONEN**
*Zeitaufwand: ca. 2 Stunden*

**1 kg Schweinshaxen, in 3 cm dicke Scheiben geschnitten (ohne Zehen)**
**4 cl Apfelessig**
**6 zerdrückte Wacholderbeeren**
**6 Pfefferkörner**
**2 Lorbeerblätter**
**5 geröstete, zerdrückte Korianderkörner**
**2 kleine Zwiebeln, in Ringe geschnitten**
**4 zerdrückte Knoblauchzehen**
**1 zerkleinerte Karotte**
**1 zerkleinerte Gelbe Rübe**
**100 g Sellerie, mit der Krenreibe gerieben**
**150 ml Sauerrahm**
**1 EL Mehl**
**1 Zweig Liebstöckel**
**1 kleiner Bund Majoran**
**Pfeffer**
**Essig nach Geschmack**
**Salz**

**ZUBEREITUNG**

1. Schweinshaxen unter fließendem Wasser waschen und in ausreichend kaltem Wasser aufstellen. Einmal aufkochen, abgießen und kalt abschrecken.
2. Wieder in einen Topf geben, mit ca. 2 l Wasser und Apfelessig zustellen. Wacholderbeeren, Pfefferkörner, Lorbeerblätter, Korianderkörner, Zwiebeln und Knoblauch zugeben. So lange kochen, bis sich das Fleisch leicht vom Knochen löst, dabei immer wieder Schaum abschöpfen.
3. Haxen herausheben, Fleisch loslösen und in mundgerechte Bissen schneiden – oder im Ganzen lassen, das ist der „steirische Brauch".
4. Die Suppe abseihen, Karotte, Gelbe Rübe und Sellerie zugeben und aufkochen. Sauerrahm mit etwas heißer Suppe glatt rühren und einmischen. Mehl mit etwas Wasser glatt rühren und mit dem Schneebesen kräftig in die Suppe rühren. Mit Liebstöckel, Majoran und Pfeffer würzen. Suppe auf gewünschte Konsistenz einkochen, mit Essig und Salz abschmecken. Fleisch in die Suppe geben, kurz erwärmen und anrichten.

**SERVUS-TIPP:**
*Isst man die Suppe als **Hauptgericht**, reicht unser Rezept für 6 Personen. Dazu wird klassisch ein **Heidensterz als Beilage** serviert. Dafür hat man früher einfach so viel Buchweizenmehl in einen Topf mit reichlich Wasser gestreut, bis unter ständigem Rühren ein kugelförmiger Klumpen entstand. Diese Kugel wurde **in Butterschmalz geröstet**, und jeder bekam ein ordentliches Stück davon in die Suppe.*

# MARONISUPPE MIT STANGENSELLERIE

Wo es Wein gibt und warm ist, wächst auch die Edelkastanie.
Ihre Früchte dominieren ab Oktober die Küche der Südsteiermark.

**ZUTATEN FÜR 4 PERSONEN**
*Zeitaufwand: 2 Stunden*

**500 g Maroni in der Schale**
**3 Schalotten**
**1 Selleriestange mit Grün**
**30 g Butter**
**750 ml Hühnersuppe**
**1 Spritzer Zitronensaft**
**Salz**
**weißer Pfeffer**
**125 ml geschlagenes Obers**

**ZUBEREITUNG**

1. Die Maroni einschneiden und im Ofen kräftig rösten, bis sie sich leicht schälen lassen.
2. Schalotten und Sellerie schälen bzw. waschen und fein hacken. In einem Topf Butter aufschäumen, Schalotten und Sellerie darin hell anschwitzen. Mit Hühnersuppe aufgießen und die geschälten Maroni zugeben. Die Maroni so lange in der Suppe kochen, bis sie weich sind.
3. Für die Einlage 12 Maroni aus der Suppe nehmen und beiseitestellen. Die Suppe mitsamt den restlichen Maroni fein pürieren und durch ein Sieb streichen. Mit Zitronensaft, Salz und Pfeffer abschmecken. Noch einmal aufkochen, kräftig mixen und in Suppenteller verteilen.
4. Die beiseitegestellten Maroni quer halbieren und als Einlage in die Suppe geben. Mit geschlagenem Obers und gehacktem Selleriegrün garnieren.

**SERVUS-TIPP:**
*In der Volksmedizin schätzt man Maroni wegen ihrer **nervenberuhigenden Wirkung**. Da sie **glutenfrei** sind, werden sie von Allergikern als Getreideersatz gerne genommen.*

# Käserahmsuppe mit Brennnesseln

Jede Alm hat ihr eigenes Geheimrezept. Im Gailtal wird die stärkende Suppe in jedem Fall mit dem dort beheimateten Almkäse zubereitet.

## ZUTATEN FÜR 4 PERSONEN
*Zeitaufwand: 40 Minuten*

- 100 g Zwiebeln
- 1 Knoblauchzehe
- 40 g Butter
- 1 EL Mehl
- 125 ml Weißwein
- 750 ml Hühnersuppe
- 200 g Obers
- 10 g Petersilienblätter
- 15 g blanchierte Brennnesselblätter
- 250 g Gailtaler Almkäse
- Salz
- Pfeffer

## ZUBEREITUNG

1. Zwiebeln und Knoblauch schälen, fein hacken. In einem Topf Butter zerlassen, Zwiebeln und Knoblauch darin hell anschwitzen. Mehl kurz mitrösten und mit Weißwein ablöschen. 700 ml Hühnersuppe und das Obers zugießen, 15 Minuten lang köcheln lassen.
2. Petersilie und Brennnesseln mit der restlichen Suppe fein pürieren und beiseitestellen.
3. Almkäse reiben und löffelweise in die heiße Suppe rühren. Die Käserahmsuppe kurz aufkochen und abschmecken. Eventuell aufmixen, in Teller verteilen und Kräuterpüree einmischen.

**SERVUS-TIPP:**
*Der **Brennnessel** wird in der Volksmedizin mindestens so viel **Heilkraft** zugesagt wie der Kamille. Man nimmt sie zum Entgiften, Entschlacken, und sie macht Erschöpfte wieder munter. Mit ihrem **hohen Eiweißgehalt** zählte sie in Notzeiten sogar zu den Grundnahrungsmitteln. Beim Ernten empfiehlt sich das Tragen von Handschuhen, beim Verarbeiten verflüchtigt sich allerdings die Wirkung der Brennhaare auf den Blättern. Will man sie mit ihrem **feinsäuerlichen Geschmack** roh in einen Salat geben, sollte man sie vorher in ein Tuch wickeln und ein paar Mal mit dem **Nudelwalker** drüberrollen.*

# Salzburger Apfel-Kren-Suppe

Ein delikates Zusammenspiel von süß und scharf. Dafür braucht man saftige, würzige Äpfel, zum Beispiel die alte Sorte Muskatrenette.

**ZUTATEN FÜR 4 PERSONEN**
*Zeitaufwand: 40 Minuten*

500 g Äpfel
Saft von 1 Zitrone
150 g Zwiebeln
100 g Erdäpfel
1 EL Butter
2 TL Zucker
125 ml Weißwein
1 l Rindsuppe
2 EL frisch geriebener Kren
Salz
Pfeffer

*Für die Einlage:*
4 dünne Scheiben gekochtes Rindfleisch
Petersilie oder Selleriegrün
4 dünne Apfelspalten

**ZUBEREITUNG**

1. Äpfel schälen und entkernen. In grobe Stücke schneiden und mit Zitronensaft marinieren.
2. Zwiebeln und Erdäpfel schälen und fein würfeln.
3. Zwiebeln mit den Apfelstücken in Butter und Zucker 5 Minuten anschmoren. Erdäpfel zugeben, kurz mitschmoren und mit Weißwein ablöschen. Rindsuppe zugießen und 20 Minuten köcheln lassen. Zum Schluss Kren einmischen und die Suppe abschmecken.
4. Rindfleisch, Kräuter und Apfelspalten in Suppenteller verteilen, mit Suppe umgießen und heiß servieren.

**SERVUS-TIPP:**
*Für diese Suppe eignet sich auch der* **Elstar**. *Im Gegensatz zum Muskatrenette, der bereits seit 1750 angebaut wird, ist der Elstar erst in den 1950er-Jahren durch* **eine Kreuzung** *aus dem* **Golden Delicious** *und der* **Ingrid-Marie** *entstanden.*

# Steirische Rollgerstelsuppe

Hier steht die geschliffene Gerste im Vordergrund. Und statt einer deftigen Selchsuppe verkocht man ein bissl Weißwein mit Gemüsebouillon.

**ZUTATEN FÜR 4 PERSONEN**

*Zeitaufwand: 1 Stunde*
*plus 5 Stunden zum Einweichen*

**150 g Rollgerste**
**10 g getrocknete Steinpilze**
**2 Zwiebeln**
**200 g Wurzelgemüse**
**2 Knoblauchzehen**
**60 g Räucherspeck**
**1 EL Butter**
**125 ml Weißwein**
**1 l Gemüsesuppe**
**2 Lorbeerblätter**
**200 g Erdäpfel**
**Salz, Pfeffer**
**gehackte Petersilie und Liebstöckel**
**für die Garnitur**

**ZUBEREITUNG**

1. Rollgerste 5 Stunden in reichlich Wasser einweichen. Abseihen, in Salzwasser weich kochen und in einem Sieb abtropfen lassen.
2. Steinpilze 20 Minuten lang in lauwarmem Wasser einweichen. Leicht ausdrücken und fein hacken.
3. Zwiebeln, Wurzelgemüse und Knoblauch schälen und mit Speck in kleine Würfel schneiden.
4. In einem Topf Butter mit Speckwürfeln aufschäumen. Das gesamte Gemüse und die gehackten Steinpilze zugeben, etwa 3 Minuten anschwitzen. Mit Weißwein ablöschen, Suppe zugießen und die Lorbeerblätter zugeben.
5. Erdäpfel schälen und in grobe Stücke schneiden. Mit der Rollgerste in die Suppe geben und 20 Minuten köcheln. Zum Schluss mit Salz und Pfeffer abschmecken.
6. Rollgerstelsuppe anrichten, mit Petersilie und Liebstöckel garnieren.

# Klassische Milzschnitten

Sie haben ihren Ursprung in der Wiener Küche der Monarchie.
Was nicht heißt, dass es nicht auch regionale Abwandlungen gibt.

**ZUTATEN FÜR 4 PERSONEN**
*Zeitaufwand: 15 Minuten*

**150 g fein geschabte Kalbsmilz**
**1 Ei**
**1 gehackte Knoblauchzehe**
**gehackte Petersilie**
**Majoran**
**Salz**
**Pfeffer**
**4 Scheiben Toast- oder Weißbrot**
**Öl zum Herausbacken**
**Schnittlauch zum Bestreuen**

**ZUBEREITUNG**

1. Milz mit Ei und Gewürzen gut vermischen und die Masse auf die Brotscheiben streichen.
2. In einer Pfanne fingerhoch Öl erhitzen. Brotscheiben mit der bestrichenen Seite nach unten einlegen und auf beiden Seiten langsam knusprig braun herausbacken. Aus dem Fett heben und auf Küchenpapier gut abtropfen lassen.
3. Nach Belieben in Dreiecke schneiden, in heißer, mit viel Schnittlauch bestreuter Rindsuppe servieren.

**SERVUS-TIPP:**
*In **Tirol** macht man die Schnitten mit **Rindermilz**, die kräftiger im Aroma ist und eine leichte Bitternote hat. Dort kennt man das Rezept auch mit **Gamsmilz** und einer **Wildconsommé**.
Falls die Milz nicht vom Fleischhauer vorbereitet wird gibt es zwei Möglichkeiten. Man kann sie **selbst häuten** (was wegen der Gewebsschichten im Inneren, die ebenfalls entfernt werden müssen, nicht einfach ist) und das Milzfleisch dann **faschieren**. Schulgemäß und einfacher ist es aber, die Milzhaut an einer Seite zu öffnen, sie zurückzuziehen und den Inhalt mit einem scharfen Messer fein herauszuschaben.*

# Selbst gemachte Handsemmerln

Nichts für Ungeduldige, weil allein schon der Teig eine lange Vorbereitungszeit braucht. Dafür schmeckt das Frühstück umso besser.

**ZUTATEN FÜR CA. 12 STÜCK**
*Zeitaufwand: 3 Stunden
plus Vorbereitung am Vorabend*

*1. Ansatz für den Vorabend:*
**120 g glattes Mehl**
**150 ml kaltes Leitungswasser**
**5 g Germ**

*2. Ansatz am Morgen danach:*
**150 ml Wasser**
**5 g Germ**
**360 g glattes Mehl**
**1 TL Salz**

**SERVUS-TIPP:**
*Charakteristisch für eine Kaisersemmel ist die sternförmige Oberseite. Dafür wird der Teigfladen in fünf Teilen zur Mitte hin gefaltet. Bis auf den letzten Teil darf man dabei den Daumen nicht vom Teigstück nehmen. Das ist Übungssache und gelingt nicht beim ersten Mal.*

**ZUBEREITUNG**

1. Am Abend für den Ansatz Mehl, Wasser und Germ gut vermischen und in eine Schüssel geben. Mit einem feuchten Tuch bedecken und über Nacht bei Zimmertemperatur gehen lassen.
   Am nächsten Morgen Wasser und Germ für den 2. Ansatz verrühren. Mit Mehl und Salz unter den 1. Ansatz mischen und 10 Minuten durchkneten. Den Teig in einer Schüssel mit einem feuchten Tuch bedeckt 2 Stunden bei Zimmertemperatur gehen lassen.
2. Aus dem Teig 80 g schwere Kugeln formen.
3. Eine Teigkugel mit der Handfläche flach drücken und den linken Daumen flach auf die Mitte des Fladens legen. Mit dem Zeigefinger der linken Hand unter den Teig fahren und ein Drittel des Fladens über den Daumen klappen.
4. Die überlappende Stelle mit der Handkante wie im Bild festdrücken.
5. Die dem Daumen gegenüberliegende Teigfläche in die Mitte falten und mit dem Zeigefinger festdrücken.
6. & 7. Erneut mit der Handkante festdrücken.
8. & 9. Die Schritte 5 bis 7 noch zweimal wiederholen und dabei die Position des Daumens auf keinen Fall verändern.
10. Den letzten und 5. Teigteil zu einer Spitze drücken und in die Öffnung, die davor durch den Daumen entstanden ist, schieben.
11. Die erste und fünfte Falte am Semmelrand mit Daumen und Zeigefinger zusammenzwicken – ein typisches Merkmal für eine Handsemmel.
    Die Handsemmeln im Ofen bei 240 °C etwa 12 bis 14 Minuten knusprig braun backen und auf einem Gitter auskühlen lassen.

# RÄUCHERAAL-APFEL-SULZ

Als Apfel empfiehlt sich ein James Grieve. Die alte Sorte mit ihrem säuerlich-süßen, milden Aroma wird in Österreich gerade wiederentdeckt.

## ZUTATEN FÜR 4 PERSONEN
*Zeitaufwand: 1 Stunde plus 1 Nacht zum Stocken*

**200 g klein geschnittener Räucheraal mit Haut**
**1 klein geschnittene Selleriestange**
**1 geviertelter Apfel**
**1 TL Pfefferkörner**
**800 ml klarer Fischfond**
**8 Blatt Gelatine**
**Salz**

*Für die Einlage:*
**200 g Räucheraal, ohne Haut und Gräten**
**2 Äpfel (z. B. James Grieve)**
**Saft von 1 Zitrone**
**einige Sellerieblätter**

*Für den Salat:*
**1 EL fein gehackte Schalotten**
**2 EL Apfelessig**
**4 EL gutes Sonnenblumenöl**
**Pfeffer**
**2 Handvoll Blattsalate, gezupft und gewaschen**
**8 halbierte Cocktailparadeiser**

**Schnittlauch zum Bestreuen**

## ZUBEREITUNG

1. Klein geschnittenen Aal mit Sellerie, Apfelstücken und Pfefferkörnern im Fischfond kurz aufkochen und bei kleiner Hitze 20 Minuten ziehen lassen.
2. Ein Sieb mit Küchenpapier auslegen, den Fischfond behutsam einfüllen und ohne Zutun in einen Topf sickern lassen. In der Zwischenzeit Gelatine in kaltem Wasser einweichen und ausdrücken.
3. Den klaren Fond nochmals erhitzen, mit Salz abschmecken und die ausgedrückte Gelatine darin auflösen.
4. Für die Einlage Aal in fingerbreite Stücke schneiden. Äpfel entkernen, in dünne Scheiben schneiden und mit Zitronensaft beträufeln.
5. Eine Terrinenform mit Klarsichtfolie auslegen. Aalstücke, Apfelscheiben und Sellerieblätter hineinschichten und mit heißem Fond bedecken. Die Sulz am besten über Nacht im Kühlschrank fest werden lassen.
6. Für den Salat Schalotten, Essig und Öl zu einer Vinaigrette verrühren, mit Salz und Pfeffer abschmecken. Dann Blattsalate und Paradeiser damit marinieren, dabei etwas Vinaigrette für die Garnitur zurück behalten.
7. Das Räucheraal-Apfel-Sulz aus der Form stürzen, die Folie abziehen und in breite Scheiben schneiden. Mit Salat anrichten, mit Schnittlauch und der restlichen Vinaigrette beträufeln.

# Steirischer Kalbszungensalat

Einschiebspeisen nannte man in alten Kochbüchern Gerichte
mit Innereien, zu denen auch die Zunge zählte.

**ZUTATEN FÜR 4 PERSONEN**

*Zeitaufwand: 2½ Stunden*

*Für die Kalbszunge:*

**1 Kalbszunge**
**8 g Pökelsalz**
**½ Zwiebel in der Schale**
**1 Lorbeerblatt**
**1 Nelke**
**1 Knoblauchzehe**
**10 Pfefferkörner**

*Für den Salat:*

**150 g speckige Erdäpfel**
**100 g Karotten**
**1 Handvoll Vogerlsalat**
**1 Zwiebel**
**40 g Räucherspeck**
**4 EL Weißweinessig**
**6 EL Suppe von der Kalbszunge**
**2 TL scharfer Senf**
**8 EL Traubenkernöl**
**Salz**
**Pfeffer**
**80 g gekochte Käferbohnen**
**1 EL Schnittlauch**
**2 EL gerissener Kren**

**ZUBEREITUNG**

1. Die Kalbszunge waschen. Mit Pökelsalz in einen Topf geben und mit kaltem Wasser bedecken. Die Zwiebel mit Lorbeerblatt und Nelke spicken. Knoblauchzehe halbieren, mit den Pfefferkörnern und der Zwiebel in den Topf geben. Die Kalbszunge bei mäßiger Hitze 2 Stunden kochen. Herausnehmen, die Haut abziehen und in der Suppe abkühlen lassen.

2. Erdäpfel in der Schale weich kochen, schälen, in Scheiben schneiden. Karotten schälen, in feine Streifen schneiden. In leicht gesalzenem Wasser bissfest kochen, kalt abschrecken. Vogerlsalat putzen und waschen. Zwiebel und Speck fein würfeln, in einer Pfanne hellbraun anschwitzen.

3. Essig, Suppe, Senf und Öl cremig verrühren, salzen und pfeffern. Die Marinade mit Zwiebel und Speck mischen.

4. Die Kalbszunge in dünne Scheiben schneiden, mit Erdäpfeln, Karotten, Käferbohnen und Vogerlsalat anrichten. Mit Marinade übergießen, mit Schnittlauch und Kren bestreuen.

# Roggenbrotsalat mit Pinzgauer Bierkäse

Die Käsespezialität kennt man von Kasnocken und Kaspressknödeln.
Gebacken sind sie ein deftiges Almgericht.

**ZUTATEN FÜR 4 PERSONEN**
*Zeitaufwand: 50 Minuten*

*Für den Salat:*
**120 g halbtrockenes Roggenbrot**
**2 Handvoll gemischte Blattsalate**
**1 Selleriestange**
**1 Bund Radieschen**
**1 kleine Gartengurke**
**4 EL Apfelessig**
**Salz**
**scharfer Senf**
**1 TL Honig**
**6 EL Sonnenblumenöl**

*Für den gebackenen Käse:*
**200 g Pinzgauer Bierkäse**
**3 EL Mehl**
**2 Eier**
**100 g Semmelbrösel**
**Kokosfett zum Frittieren**

**ZUBEREITUNG**

1. Roggenbrot in hauchdünne Scheiben schneiden und im Backrohr knusprig toasten.
2. Blattsalate waschen und trocken schütteln. Selleriestange, Radieschen und Gurken putzen bzw. waschen und in feine Scheiben schneiden.
3. Apfelessig mit Salz, Senf, Honig und Öl zu einer cremigen Marinade verrühren.
4. Bierkäse in dicke Stifte schneiden. In Mehl, versprudelten Eiern und Semmelbröseln doppelt panieren.
5. In einer Pfanne reichlich Fett erhitzen, Bierkäse darin goldbraun backen. Herausheben und auf Küchenpapier abtropfen lassen.
6. Salat und Brotscheiben mit der Marinade vermischen, anrichten und mit gebackenen Käsestücken belegen.

**SERVUS-TIPP:**
*Sein einzigartiges Aroma bekommt der Pinzgauer Bierkäse nicht nur durch die* **saftigen Kräuter und Gräser***, von denen sich die Kühe auf den Bergweiden satt fressen. Ausschlaggebend ist auch die* **Naturrinde** *mit feinsten Rotschmierkulturen. Schmeckt auch ganz einfach* **mit Butter und Bauernbrot***.*

# Schöberl aus der Buckligen Welt

Ein Klassiker aus der niederösterreichischen Bauernküche, der mit Salat gegessen wird.
Es gibt ihn auch in der Nachspeisen-Version mit Sirup versüßt.

**ZUTATEN FÜR 4 PERSONEN**
*Zeitaufwand: 15 Minuten*

**5 Eier**
**¼ l Milch**
**320 g glattes Mehl**
**1 TL Salz**
**¼ kg Schweineschmalz**

**ZUBEREITUNG**

1. Die Eier trennen. Eidotter, Milch und Mehl zu einem glatten Teig rühren. Eiklar zu Schnee schlagen und unterheben.
2. Etwas Schmalz in einem Schöberlgeschirr erhitzen. Die Teigmasse portionsweise kreisförmig einlaufen lassen und beidseitig goldgelb backen.

**SERVUS-TIPP:**
*Wer kein **Schöberlgeschirr** hat, kann eine **größere Pfanne** nehmen und gleich die gesamte Teigmenge backen.*
*Da dieses Gericht in seiner Schlichtheit perfekt ist, sollte man auch beim Salat geradlinig agieren. **Blattsalate** mit Hesperidenessig, Öl, Salz, Pfeffer und Zucker mariniert – mehr braucht es hier nicht.*

# Saure Rüben

„Ruab'n für die Buab'n" hieß es einst, um der männlichen Jugend
zumindest mit einem Reim ein paar Vitamine schmackhaft zu machen.

**ZUTATEN FÜR 4 PERSONEN**
*Zeitaufwand: 35 Minuten*

**500 g saure Rüben**
**½ TL Kümmel**
**etwas Salz**
**1 Apfel**
**80 g Selchspeck**
**100 g Zwiebeln**
**30 g Mehl**
**zerdrückter Knoblauch nach Geschmack**

**ZUBEREITUNG**

1. Rüben mit Kümmel und Salz würzen. Apfel waschen, blättrig schneiden und untermischen.
2. Rüben und Apfel in einen Topf geben. Mit Wasser bedecken und 15 Minuten stark kochen. Dann das Wasser abgießen und auffangen.
3. Speck und Zwiebeln kleinwürfelig schneiden und in einem Topf langsam hellbraun anschwitzen. Mehl kurz mitrösten, mit Rübenwasser aufgießen und mit einem Schneebesen glatt rühren. Knoblauch einmischen und zu einer sämigen Sauce verkochen. Die Rüben zugeben, einmal aufkochen und servieren.

**SERVUS-TIPP:**
*Durch Gärung wurde einst Gemüse, also Kraut und Rüben, **gesäuert** und haltbar gemacht. Dafür schichtet man die zerhackten Rüben in **Steinguttöpfe**, beschwert den Deckel mit Steinen und lagert sie bei Zimmertemperatur. Wenn man die Rübenschichten mit **saurer Milch** bespritzt oder **Brotscheiben** dazwischenlegt, wird der Gärvorgang beschleunigt.*

# RIESLINGKRAUT MIT TRAUBEN

Eine kleine köstliche Speise, die man in der Steiermark auch als Beilage zum Schweinsbraten oder zu einem gebratenen Sulmtaler Huhn serviert.

## ZUTATEN FÜR 4 PERSONEN

*Zeitaufwand: 1 Stunde*

100 g Zwiebeln
40 g Schweineschmalz
400 g Sauerkraut
250 ml Riesling
500 ml klare Gemüsesuppe
1 Lorbeerblatt
5 angedrückte Wacholderbeeren
½ TL Anissamen
250 g grüne Weintrauben
1 EL Zucker
Salz, Pfeffer

## ZUBEREITUNG

1. Zwiebeln schälen und in feine Streifen schneiden. In einem Topf Schmalz zerlassen, Zwiebeln darin hell anschwitzen. Sauerkraut zugeben und kurz durchrösten.
   Mit 200 ml Riesling ablöschen und Suppe zugießen. Lorbeerblatt, Wacholderbeeren und Anissamen einrühren und zudecken. Etwa 30 Minuten schmoren lassen.
2. Weintrauben waschen, halbieren und entkernen. In einem Topf mit Zucker leicht karamellisieren. Mit dem restlichen Riesling ablöschen und die Trauben unter das Sauerkraut mischen.
3. Das Rieslingkraut mit Salz und Pfeffer abschmecken und weitere 10 Minuten bei kleiner Hitze ziehen lassen.

# Spinat-Topfen-Nockerln mit Bergkräuterbutter

Ein Hüttengericht aus den Tiroler Bergen. Mit Butter und Topfen frisch von der Alm schmeckt's natürlich am besten.

**ZUTATEN FÜR 4 PERSONEN**
*Zeitaufwand: 1 Stunde*

**100 g Erdäpfel**
**300 g Blattspinat**
**250 g Ziegentopfen**
**3 Eidotter**
**2 EL griffiges Mehl**
**Salz, Pfeffer, Muskatnuss**
**120 g Butter**
**1 EL getrocknete Bergkräuter**

**ZUBEREITUNG**

1. Erdäpfel kochen, schälen und durch eine Erdäpfelpresse drücken.
2. In der Zwischenzeit Spinat von den Stängeln zupfen, waschen und kurz in kochendes Wasser tauchen. In einer Schüssel mit kaltem Wasser abschrecken und mit den Händen leicht ausdrücken. Den Spinat fein hacken.
3. Ziegentopfen mit Eidottern glatt rühren, mit Mehl, Erdäpfel und Spinat vermischen. Mit Salz, Pfeffer und Muskatnuss kräftig würzen.
4. In einem Topf leicht gesalzenes Wasser aufkochen. Aus der Masse mit einem Esslöffel Nockerln formen und im Salzwasser unter dem Siedepunkt 8 Minuten lang gar ziehen lassen. Herausheben und auf Tellern verteilen.
5. Butter in einem kleinen Topf hellbraun aufschäumen und die Kräuter einmischen. Sofort die Nockerln damit übergießen und mit Pfeffer bestreuen.

**SERVUS-TIPP:**
*Wenn man keine getrockneten Bergkräuter daheim hat, nimmt man am besten eine **Teemischung**, die es in Reformhäusern zu kaufen gibt. Der **Ziegentopfen** macht die Nockerln zwar besonders **würzig**, kann aber durch normalen Topfen ersetzt werden.*

# Seewinkler Entenleber mit Apfel-Erdäpfel-Püree

Äpfel und Geflügelleber – das sind zwei, die gut zusammenpassen.
Im Burgenland hat dieses Gericht eine lange Tradition.

**ZUTATEN FÜR 4 PERSONEN**
*Zeitaufwand: 30 Minuten*

*Für das Püree:*
**600 g mehlige Erdäpfel**
**3 Äpfel**
**1 EL Zucker**
**Saft von ½ Zitrone**
**50 g Butter**
**1 Prise Vanillezucker**
**125 ml geschlagenes Obers**
**Salz**

**600 g geputzte Entenleber (vorbestellen)**
**2 EL Butter**
**2 Äpfel**
**125 ml Traubensaft**
**Pfeffer**
**Apfelscheiben für die Garnitur**

**ZUBEREITUNG**

1. Für das Püree Erdäpfel schälen, vierteln und in Salzwasser weich kochen.
2. Äpfel schälen und in Spalten schneiden. In einem Topf mit Zucker und Zitronensaft leicht karamellisieren. Butter und Vanillezucker zugeben und kurz aufschäumen, dann fein pürieren.
3. Gekochte Erdäpfel abgießen und durch eine Kartoffelpresse drücken. Vorsichtig mit Apfelpüree und Schlagobers vermischen, mit Salz abschmecken.
4. In der Zwischenzeit Entenleber sorgfältig putzen.
5. In einer Pfanne Butter aufschäumen, Entenleber darin etwa 5 Minuten nicht zu heiß anbraten. Herausnehmen, in einen tiefen Teller legen, zudecken und warm stellen.
6. Äpfel waschen und vom Kerngehäuse befreien. In dünne Scheiben schneiden und im Bratensatz kurz anschwitzen. Mit Traubensaft ablöschen, etwas einkochen lassen und abschmecken.
7. Entenleber mit Salz und Pfeffer würzen und mit Püree anrichten. Mit Apfelscheiben garnieren und mit Bratensaft übergießen.

**SERVUS-TIPP:**
*Für das Püree haben wir **Klaräpfel** genommen. Es passen dafür aber alle **leicht säuerlichen** Sorten. Zur feinen Entenleber selbst harmoniert am besten der **Gravensteiner**. Der Apfel mit dem **kräftig-würzigen Aroma** wird seit dem 17. Jahrhundert in Europa kultiviert.*

# WIENER SALONBEUSCHEL

Nur wenn ein Wirtshaus ein gutes Beuschel hat, wird man hier Stammgast,
heißt es in Ostösterreich. Im Westen nennt man es übrigens Lüngerl.

## ZUTATEN FÜR 6 PERSONEN
*Zeitaufwand: 3 Stunden*

**800 g Kalbslunge**
**1 Kalbsherz**
**100 g Karotten und Gelbe Rüben**
**40 g Petersilienwurzel**
**40 g Knollensellerie**
**2 Stangen Sellerie**
**50 g Lauch**
**½ Zwiebel**
**1 Lorbeerblatt**
**3 Gewürznelken**

*Für die Sauce:*
**50 g Zwiebeln**
**60 g Essiggurkerln**
**20 g Kapern**
**4 EL Öl**
**30 g Mehl**
**1 Spritzer Apfelessig**
**1 TL Paradeisermark**
**10 g Sardellenpaste**
**1 TL scharfer Senf**
**2 EL Sauerrahm**
**1 TL getrockneter Majoran**
**Saft und abgeriebene Schale von ½ Bio-Zitrone**
**Salz, Pfeffer**
**1 große Essiggurke, in feine Streifen geschnitten**
**etwas Gulaschsaft**

## ZUBEREITUNG

1. Lunge und Herz ordentlich wässern. Das Wurzelwerk schälen und in grobe Stücke schneiden. Zwiebel mit Lorbeerblatt und Nelken spicken.
2. Die Lunge mit der Messerspitze mehrmals einstechen, mit Herz und Gemüse in einen großen Topf geben. Mit etwa 2 Liter kaltem Wasser bedecken und mit einem Teller oder Deckel so beschweren, dass das Fleisch während des Kochens mit Flüssigkeit bedeckt bleibt. Die Lunge knapp 90 Minuten kochen, das Herz eine halbe Stunde länger garen.
3. Lunge und Herz in kaltem Wasser abschrecken. Dann mit einem Teller und einem schweren Gegenstand pressen.
4. Den Sud durch ein feines Sieb passieren und 10 Minuten lang einkochen.
5. Für die Sauce Zwiebel, Essiggurkerln und Kapern fein hacken. In einem Topf Öl mit Mehl braun anrösten, die gehackten Zutaten kurz mitbraten und mit 750 ml vom Sud aufgießen. Die Sauce 30 Minuten bei kleiner Hitze einkochen.
6. Lunge und Herz in feine Streifen schneiden und mit allen Zutaten außer dem Gulaschsaft in die Sauce geben. Das Beuschel noch 20 Minuten lang auf dem Herd ziehen lassen, aber nicht mehr kochen.
7. Das Beuschel mit etwas Gulaschsaft beträufelt anrichten und mit Semmelknödeln servieren.

**SERVUS-TIPP:**
*Das Beuschel, das zum Großteil aus der **Kalbslunge** besteht, ist fest in der ländlichen Küche verankert. Für die **herrschaftlichen Tafeln** in der Großstadt war es lange Zeit zu minder. Erst als es im 19. Jahrhundert mit **Obers oder Gulaschsaft verfeinert** wurde, schmeckte es nunmehr als Salonbeuschel auch der besseren Gesellschaft.*

# Purbacher Bohnenstrudel

Sie stehen in Österreich ganz oben auf den Speisezetteln.
Der Mittelpunkt der heimischen Strudelküche liegt aber im Osten.

**ZUTATEN FÜR 4 PERSONEN**
*Zeitaufwand: 30 Minuten*

**1 gezogener Strudelteig**
**2 klein geschnittene Zwiebeln**
**8 klein geschnittene Semmeln**
**Salz**
**Pfeffer**
**Majoran**
**1 kg gekochte weiße Bohnen**
**Öl zum Herausbacken**

**ZUBEREITUNG**

1. In einer Pfanne Zwiebeln in etwas Öl anrösten. Semmelwürfel zugeben und kurz mitrösten. Kräftig mit Salz, Pfeffer und Majoran würzen. Vom Herd nehmen und mit den gekochten Bohnen vermischen.
2. Strudelteig auflegen, die Masse darauf verteilen und den Strudel einrollen.
3. In ca. 8 cm lange Stücke teilen und die Ränder fest andrücken. In einer Pfanne reichlich Öl erhitzen, die kleinen Bohnenstrudel darin herausbacken.

**SERVUS-TIPP:**
*Dieses Rezept ist so etwas wie die Basis aller Bohnenstrudel, es existieren zahlreiche **lokale Varianten**. Und es gibt auch einen **süßen Bohnenstrudel**. Dafür macht man eine Fülle aus 500 g gekochten, zerhackten Bohnen, 1/4 l Sauerrahm, je 100 g Bröseln und Butter, 500 g Strudeläpfel, 500 g Zucker und 1 TL Zimt.*

# Suure Bohna mit unzuckertem Schmarra

Spitzöla sagt man rund um Lustenau zu den grünen Stangenbohnen.
In der bäuerlichen Küche werden sie eingebrannt und mit etwas Essig zubereitet.

**ZUTATEN FÜR 4 PERSONEN**
*Zeitaufwand: 1 Stunde*

**600 g Stangenbohnen**
**Salz**
**Thymian nach Geschmack**
**60 g Speck**
**1 klein geschnittene Zwiebel**
**2 EL Essig**
**Butter für die Einbrenn**
**ca. 40 g Mehl**
**etwas Suppe**
**1 Lorbeerblatt**

*Für den Schmarra:*
**4 Eier**
**120 g Mehl**
**¼ l Milch**
**etwas Butter**

**ZUBEREITUNG**

1. Die Stangenbohnen in Stücke schneiden und in Salzwasser mit Thymian bissfest kochen. Die Bohnen abseihen und mit kaltem Wasser abschrecken.
2. Speck kleinwürfelig schneiden und mit der klein geschnittenen Zwiebel glasig rösten. Eine mit Essig gesäuerte, nicht zu dunkle Einbrenn aus Butter, Mehl und Wasser zugeben. Stangenbohnen untermischen, mit Wasser oder Suppe aufgießen (das Wasser kann je nach Geschmack auch mit Essig gesäuert werden). Mit Salz, Thymian und Lorbeerblatt würzen und verkochen.
3. Für den Schmarra die Eier trennen, Dotter mit Mehl und Milch glatt rühren. Eiklar mit Salz zu festem Schnee schlagen und luftig unter die Dottermasse heben.
4. In einer feuerfesten Pfanne etwas Butter zerlassen, die Masse einfüllen und 2 Minuten leicht anbraten. Die Pfanne in den Ofen schieben und unter starker Oberhitze fertig backen. Den Schmarra mit zwei Gabeln zerreißen und mit den Suura Bohnen servieren.

**SERVUS-TIPP:**
*Zuweilen werden die Spitzöla im Ländle auch Spiggöle genannt, was sich vermutlich vom italienischen „spicchio" für Hülse oder Schote ableitet. In der Suppe, mit der die grünen Stangenbohnen aufgegossen werden, wird zumeist ein Stückle mitgekocht – so sagt man zum geräucherten Schweinefleisch entweder vom Hals oder von der Rippe.*

# Gefüllter Kürbis

Rund um Allerheiligen schmückt so manch geschnitzter Plutzer den Gartenzaun.
Einen Hokkaido aus der Steiermark sollte man lieber füllen und genießen.

**ZUTATEN FÜR 4 PERSONEN**
*Zeitaufwand: 1½ Stunden*

- 150 g geschälte Zwiebeln
- 1 geschälte Knoblauchzehe
- 80 g dünne Räucherspeckscheiben
- 2 EL Sonnenblumenöl
- 400 g gemischtes Faschiertes
- 2 TL Tomatenmark
- 1 TL edelsüßes Paprikapulver
- ½ TL zerstoßene Fenchelsamen
- 750 ml Gemüsesuppe
- Salz
- Pfeffer
- 30 g Mandelsplitter
- 1 EL gehackte Petersilie und Schnittlauch
- 2 kleine Kürbisse (Hokkaido) à ca. 800 g

**ZUBEREITUNG**

1. Zwiebeln, Knoblauch und Speck fein hacken und in Öl anschwitzen. Faschiertes zugeben und kräftig anbraten. Tomatenmark, Paprikapulver und Fenchel kurz mitrösten, mit 500 ml Suppe aufgießen. Das Faschierte 30 Minuten einkochen. Dann kräftig würzen, mit Mandelsplittern und Kräutern vermischen.
2. Backrohr auf 160 °C Umluft vorheizen.
3. Von den Kürbissen je einen Deckel abschneiden, Kerne und Kerngehäuse mit einem Löffel entfernen. Das Faschierte einfüllen, den Deckel aufsetzen und mit Küchengarn festbinden.
4. Die Kürbisse in eine Auflaufform setzen, mit der restlichen Suppe angießen und im Backrohr etwa 50 bis 60 Minuten garen.
5. Das Küchengarn entfernen und die Kürbisse halbieren.

**SERVUS-TIPP:**
*Zum Füllen eignen sich auch der **Patisson** (Sorte Sunburst oder Custard White), der **Cucurbita Pepo** (Sorte Mandarin) oder der **Butternuss** (Sorte Butterboy). Den beliebten **Moschuskürbis** (Sorte Langer von Neapel) nimmt man am besten für **Suppen und Pürees**.*

# Kärntner Kasnudeln

A Dirndl, dås nit krendln kån, kriegt kan Månn – so ernst nimmt man es in Kärnten mit der dortigen Nationalspeise. Oder zumindest fast.

**ZUTATEN FÜR 24 KASNUDELN**
*Zeitaufwand: 1 Stunde*

*Für die Fülle:*
**500 g mehlige Erdäpfel**
**500 g magerer Topfen**
**1 Zwiebel**
**2 Knoblauchzehen**
**Öl zum Anrösten**
**2 EL fein gehackte braune Minze**
**Salz**
**Pfeffer**

*Für den Teig:*
**ca. 500 g glattes Mehl**
**1 TL Salz**
**3 EL Öl**
**1 Ei**
**8 EL lauwarmes Wasser**
**125 g zerlassene Butter**
**Kräuter nach Saison**

**ZUBEREITUNG**

1. Für die Fülle Erdäpfel kochen, schälen und durch ein Sieb pressen. Mit dem Topfen in eine große Schüssel geben.
2. Zwiebel und Knoblauch fein schneiden, goldgelb rösten und zur Kartoffelmasse geben. Salz, Pfeffer und Minze zugeben und gut durchkneten. Dann eigroße Knödel daraus formen.
3. Für den Teig pro Fülleknödel 1 EL Mehl in eine Schüssel geben. Salz, Öl, Ei und lauwarmes Wasser einmischen. Mit den Händen durcharbeiten, bis der Teig geschmeidig ist.
4. Eine dickere Rolle daraus formen und in so viele Scheiben schneiden, wie Fülleknödel vorhanden sind. Teigscheiben mehrmals zusammenfalten und einzeln durchkneten. Dann in 2 mm dicke, handtellergroße Flecken auswalken.
5. Je einen Fülleknödel in die Mitte legen und den Teig darüber zusammenfalten. Die Ränder vorsichtig andrücken und krendeln, das bedeutet: Der Rand wird mit dem Daumen noch einmal rundherum fingerbreit umgelegt und angedrückt.
6. Salzwasser aufkochen, die Kasnudeln ca. 8 Minuten ziehen lassen, bis sie oben schwimmen. Mit zerlassener Kräuterbutter beträufeln.

**SERVUS-TIPP:**
*Topfen, Minze und krendeln – das sind die drei wichtigsten Zutaten für Kasnudeln. Anders als der Name vermuten lässt, werden sie nämlich mit Topfen gefüllt. Auch wenn mancherorts Kerbel eingemischt wird – das **Original** schmeckt nach **Minze**.
Und zum Krendeln muss man die zusammengeklappte Nudel in einer Hand flach halten. Dann mit dem Daumen und Zeigefinger der anderen Hand durch **Zusammendrücken und Falten** nach und nach verschließen. Diese Methode gilt als eine der **dichtesten Verschlüsse der Kochgeschichte**.*

# Wachteln mit Morcheln

Das zarte Fleisch des Geflügels ist eine Delikatesse, vor allem in Kombination mit Morcheln. Man kann dafür aber auch Trompeten- oder Steinpilze nehmen.

**ZUTATEN FÜR 4 PERSONEN**
*Zeitaufwand: 1½ Stunden*

*Für die Sauce:*
**15 g getrocknete Morcheln**
**125 ml Wasser**
**je 30 g Karotten und Gelbe Rüben**
**2 Schalotten**
**1 EL Butter**
**125 ml Welschriesling**
**200 ml Hühnersuppe**
**150 ml Obers**
**2 TL gehackte Petersilie und Melisse**

**8 küchenfertige Wachteln**
**1 kleiner Bund Petersilie und Melisse**
**Salz**
**Pfeffer**
**50 g Butter**
**1 Schuss Welschriesling**

**ZUBEREITUNG**

1. Für die Sauce die getrockneten Morcheln 30 Minuten in Wasser einweichen. Dann gründlich abspülen, um Sandreste zu entfernen. Ein Sieb mit Küchenpapier auslegen, das Morchelwasser durchseihen und auffangen.
2. Karotten und Rüben schälen und klein würfeln. Schalotten schälen und fein hacken. In einem Topf Butter erhitzen und Schalotten anschwitzen. Mit Wein und 100 ml Morchelwasser ablöschen. Etwas reduzieren, dann Suppe und Obers zugießen. Morcheln und Gemüse zugeben und alles zu einer cremigen Sauce einkochen.
3. Backrohr auf 200 °C Umluft vorheizen.
4. Wachteln mit Kräutern füllen, salzen und pfeffern. Die Schenkel mit Garn zusammenbinden, die Wachteln auf ein Backblech setzen, mit Butter einstreichen und 25 Minuten lang braten. Kurz vor Ende der Bratzeit Welschriesling zugießen.
5. Wachteln herausnehmen, den Bratensaft mit der Morchelsauce vermischen und diese mit Petersilie und Melisse verfeinern. Wachteln mit der Sauce anrichten, mit Reis servieren.

**SERVUS-TIPP:**
*Den Ägyptern war die Wachtel heilig, ein Wachtelküken kam sogar in den Hieroglyphen vor. Bei uns gibt es den 18 Zentimeter **kleinen Vogel** erst seit dem vorigen Jahrhundert. Da die Vögel nur etwa 150 Gramm auf die Waage bringen, sollte man bei Hauptgerichten immer **zwei Wachteln pro Person** rechnen.*

# Rebhuhn auf Orangen und Petersilsauce

Echte Feinschmecker, schrieb einst der Gastrosoph Brillat-Savarin, erkennen, auf welchem Bein das Rebhuhn geschlafen hat. Nun ja, wir beißen lieber rein.

**ZUTATEN FÜR 4 PERSONEN**

*Zeitaufwand: 1½ Stunden*

*Für die Petersilsauce:*
**2 Schalotten**
**1 kleiner Bund Petersilie**
**20 g Butter**
**125 ml fruchtiger Weißwein**
**200 ml Geflügelfond**
**150 ml Obers**

**4 küchenfertige Rebhühner**
**Salz, Pfeffer**
**2 Rosmarinzweige**
**2 EL Olivenöl**
**30 g weiche Butter**
**4 Orangen**
**1 Knoblauchzehe**
**1 EL Butter**

**ZUBEREITUNG**

1. Für die Petersilsauce Schalotten fein hacken und von der Petersilie die Blätter abzupfen. Die Stängel grob hacken.
2. Schalotten und Petersilstängel in Butter glasig anschwitzen und mit Wein ablöschen. Geflügelfond und Obers zugießen, 15 Minuten leise köcheln lassen. Anschließend durch ein feines Sieb in einen anderen Topf abseihen.
3. Die Rebhühner längs halbieren, waschen und trocken tupfen. Mit Salz und Pfeffer würzen. Mit Rosmarin in einer großen Pfanne in Olivenöl mit Butter 10 Minuten nicht zu heiß braten. Aus der Pfanne heben und warm stellen.
4. Orangen schälen und in dünne Scheiben schneiden. Knoblauchzehe pressen und mit den Orangen im Bratensatz kurz anschmoren.
5. Die Petersilsauce erneut aufkochen, Petersilblätter einrühren. Mit einem Stabmixer fein pürieren und abschmecken.
6. Die Rebhühner auf den geschmorten Orangenscheiben anrichten und mit Petersilsauce umgießen. Dazu passt cremige Polenta.

**SERVUS-TIPP:**
*Am besten nimmt man nur **junge Rebhühner**, die man beim Einkauf recht leicht an ihrem **zarten, dunkelroten Fleisch** erkennen kann. Da sie eher klein sind, mit maximal 450 Gramm Gewicht, brät man sie im Ganzen. So bleibt der **kräftige Geschmack** erhalten.*

# Fasanenbrust mit Speck und Kohl umwickelt

Für den Dichter Voltaire war er „eine Speise für Götter". Landauf, landab ist der Fasan jedenfalls das beliebteste Wildgeflügel.

**ZUTATEN FÜR 4 PERSONEN**
*Zeitaufwand: 1 Stunde*

**4 Fasanenbrüste mit Flügerlknochen**
**Pfeffer**
**je 1 kleiner Bund Petersilie und Thymian**
**150 g sehr dünn geschnittener Bauchspeck**
**4 große Wirsingkohlblätter**
**20 g Butter**

*Für die Sauce:*
**400 ml Geflügelfond**
**2 angedrückte Wacholderbeeren**
**1 TL Tomatenmark**
**1 Tropfen Trüffelöl**

*Für das Püree:*
**800 g mehlige Erdäpfel**
**125 ml heiße Milch**
**100 g Sauerrahm**
**30 g Butter**
**Salz**
**Muskatnuss**

**Preiselbeeren und Kräuter zum Garnieren**

**ZUBEREITUNG**

1. Fasanenbrüste pfeffern und mit Kräuterzweigen belegen. Zuerst mit Speckscheiben, dann mit Kohlblättern umwickeln und mit Küchengarn festbinden.
2. Backrohr auf 200 °C Umluft vorheizen.
3. Die Fasanenbrüste in einer ofenfesten Pfanne von allen Seiten in Butter scharf anbraten. Ins Backrohr schieben und 20 Minuten braten.
4. Für die Sauce in einem Topf Geflügelfond mit Wacholder und Tomatenmark auf die Hälfte reduzieren und mit einem Tröpfchen Trüffelöl würzen.
5. Für das Püree Erdäpfel schälen, weich kochen und durch eine Erdäpfelpresse drücken. Mit heißer Milch, Sauerrahm und Butter glatt rühren, mit Salz und Muskatnuss abschmecken.
6. Die Fasanenbrüste vom Küchengarn befreien. Mit Püree, Sauce und Preiselbeeren anrichten und mit Kräutern garnieren.

**SERVUS-TIPP:**
*Der Fasan hat ein mageres, empfindliches Brustfleisch, das man zum Braten immer mit Speck abdecken sollte, damit es **nicht** trocken wird.*

# GEFÜLLTE GANS AUF ALTWIENER ART

Bis zu Beginn des vorigen Jahrhunderts blieb der Gänsebraten den
Adelshäusern vorbehalten. Dort füllte man ihn mit Semmeln und rieb ihn mit Beifuß ein.

**ZUTATEN FÜR 8 PERSONEN**
*Zeitaufwand: 3½ Stunden*

10 Maroni
4 altbackene Semmeln
2 Schalotten
2 EL Butter
1 EL gehackte Petersilie und Minze
250 ml Milch
3 Eier
Salz, Pfeffer
1 küchenfertige Gans (ca. 3 kg)
2 EL getrockneter Beifuß
250 ml Weißwein
250 ml Hühnersuppe
4 Äpfel zum Mitbraten

**ZUBEREITUNG**

1. Backrohr auf 220 °C Umluft vorheizen.
2. Die Maroni kreuzweise einschneiden und im Ofen auf einem Blech weich rösten.
3. Semmeln in 3 cm große Stücke schneiden. Schalotten hacken und in Butter anschwitzen. Semmelstücke mit Schalottenbutter, Kräutern, Milch und Eiern vermischen, salzen und pfeffern. Maroni schälen, in 1 cm große Stücke schneiden und unter die Masse heben.
4. Fett aus dem Bauch der Gans entfernen und für Schmalz verwenden. Die Gans innen und außen salzen und pfeffern. Außen mit Beifuß einreiben. Mit Semmelmasse füllen und die Bauchhöhle zunähen. Auf ein tiefes Blech setzen, Weißwein angießen und in den Ofen schieben.
5. Nach 10 Minuten Temperatur auf 160 °C reduzieren und die Gans unter regelmäßigem Übergießen 2 Stunden braten.
6. Temperatur auf 180 °C erhöhen, Hühnersuppe zugießen. Die Äpfel zugeben und weitere 30 Minuten braten. Nicht mehr übergießen, damit sie knusprig wird. Die Gans ist fertig, wenn beim Einstechen in den Keulenansatz nur klarer Saft austritt.
7. Die Gans tranchieren, Semmelfülle in Scheiben schneiden. Dazu passt frisches Rotkraut mit Gänseschmalz zubereitet.

# Gebackenes Kalbsbries

Ein ganz besonderer Leckerbissen, der auch als Kalbsmilch,
Midder oder Schwefer bekannt ist.

**ZUTATEN FÜR 4 PERSONEN**
*Zeitaufwand: 1½ Stunden*

**400 g Kalbsbries**
**Salz, Pfeffer**
**50 g glattes Mehl**
**1 großes Ei**
**50 g feine Semmelbrösel**
**Butterschmalz zum Braten**

*Für das Apfel-Kohl-Gemüse:*
**500 g Wirsingkohl**
**1 kleine rote Zwiebel**
**2 Äpfel**
**1 EL Butter**
**1 Schuss Apfelsaft**
**125 ml Hühnersuppe**
**150 ml Obers**
**Muskatnuss**
**1 Spritzer Apfelessig**

**ZUBEREITUNG**

1. Kalbsbries 1 Stunde in kaltem Wasser wässern, dabei das Wasser immer wieder austauschen. Das Bries kurz in kochendes Wasser tauchen, von Sehnen und Häutchen befreien und trocken tupfen.
2. Für das Gemüse aus den Kohlblättern den Strunk herausschneiden, die Blätter waschen, in Streifen schneiden. Zwiebel schälen und in feine Streifen schneiden. Äpfel ebenfalls schälen und würfeln.
3. In einer Pfanne Butter aufschäumen, Kohl und Zwiebel darin anschwitzen. Mit Apfelsaft ablöschen und Apfelwürfel zugeben. Hühnersuppe und Obers zugießen, das Gemüse und den Apfel bei kleiner Hitze weich garen.
4. Das Kalbsbries in walnussgroße Stücke schneiden, mit Salz und Pfeffer leicht würzen. In Mehl, Ei und Semmelbröseln panieren.
5. In einer Pfanne 2 Finger hoch Butterschmalz erhitzen und die Kalbsbriesstücke darin knusprig goldbraun backen. Herausnehmen und auf Küchenpapier abtropfen lassen.
6. Das Apfel-Kohl-Gemüse mit Salz, Pfeffer, Muskatnuss und Essig abschmecken. Auf Teller verteilen und mit den Kalbsbriesstücken belegen.

**SERVUS-TIPP:**
*Die **Brustdrüse** des Kalbes muss vor der weiteren Verarbeitung immer kurz **pochiert** werden, damit man sie von Sehnen, Strängen und Häutchen befreien kann.*

# GESCHMORTE KALBSBACKERL

Ein Gericht, das nach den Schlachttagen zum Alltag gehörte.
Heute sind die Backerl eine Rarität, die man beim Fleischer vorbestellen muss.

**ZUTATEN FÜR 4 PERSONEN**
*Zeitaufwand: 1½ Stunden*

*Für die Kalbsbackerl:*
**80 g Karotten**
**1 Zwiebel**
**½ Lauchstange**
**8 Kalbsbackerl**
**Salz**
**Pfeffer**
**2 EL Öl**
**1 TL edelsüßes Paprikapulver**
**500 ml trockener Weißwein**
**2 angedrückte Knoblauchzehen**
**1 Lorbeerblatt**
**12 Schalotten**
**20 g Butter**
**1 TL brauner Zucker**
**1 Rosmarinzweig**

*Für den Paradeisreis:*
**200 g Langkornreis**
**400 g Wasser**
**100 ml passierte Paradeiser**
**1 TL Paradeisermark**
**1 EL Olivenöl**

**ZUBEREITUNG**

1. Karotten und Zwiebel schälen, mit dem Lauch würfeln.
2. Kalbsbackerl salzen und pfeffern. In einem schweren Topf Öl erhitzen, die Backerl darin von allen Seiten scharf anbraten. Herausnehmen und beiseitestellen.
3. Im Bratensatz das Gemüse mit Paprikapulver kurz anrösten. 250 ml Wein und 250 ml Wasser zugießen. Knoblauch, Lorbeerblatt und Kalbsbackerl zugeben, leicht salzen und pfeffern. Zudecken und bei kleiner Hitze 1 Stunde schmoren.
4. Schalotten schälen. Butter aufschäumen, die Schalotten darin mit Zucker langsam hellbraun schmoren. Den restlichen Wein zugießen und Rosmarinzweig einlegen. Langsam einkochen, bis die Schalotten weich sind, dann salzen.
5. Reis mit 1 Prise Salz in Wasser dünsten.
6. Passierte Paradeiser, Paradeisermark und Olivenöl 2 Minuten kochen. Mit Reis vermischen, 10 Minuten ziehen lassen.
7. Kalbsbackerl aus dem Topf nehmen und warm stellen. Die Sauce passieren, auf die Hälfte einkochen, abschmecken. Die Backerl anrichten und mit Sauce übergießen, mit Schalotten und Paradeisreis servieren.

# Bruckfleisch

Für die Wiener war das einst ein klassisches Gabelfrühstück, also eine späte Vormittagsjause. Der Aufwand lohnt sich heute nur für eine Hauptspeise.

**ZUTATEN FÜR 4 PERSONEN**
*Zeitaufwand: 2 Stunden*

½ kg Bruckfleisch vom Rind
4 EL Schweineschmalz
2 Zwiebeln
3 Knoblauchzehen
2 Karotten
Grünzeug (Petersilwurzel, Sellerie)
1 TL Thymian
1 TL Majoran
1 Lorbeerblatt
7 Pfefferkörner
1 Prise Zucker
200 ml Rotwein
400 ml Rindsuppe
2 EL Mehl, etwas Essig und Rotwein
(oder Rinderblut)
Salz
gehacktes Liebstöckel

**ZUBEREITUNG**

1. Bruckfleisch in mundgerechte Stücke schneiden, Bries, Milz und Leber beiseitestellen. Gemüse putzen und fein hacken oder raspeln.
2. Das Gemüse in heißem Schmalz anbraten und durchrösten. Dann Stichfleisch, Kronfleisch, Herz und Liachtln zugeben und anbraten. Mit Thymian, Majoran und zerbrochenem Lorbeerblatt würzen. Zucker, Rotwein und Suppe einmischen.
3. Etwa 60 Minuten köcheln lassen. Dann Leber, Bries und Milz zugeben, weitere 40 Minuten sanft köcheln lassen (bei Bedarf etwas Flüssigkeit nachgießen).
4. Den Topf vom Herd ziehen. Mehl mit wenig Rotwein (oder Blut) und Essig abrühren, in die Suppe gießen und mit einem Schneebesen vorsichtig unterrühren. Einmal aufwallen lassen, dann 7 Minuten bei ganz kleiner Hitze ziehen lassen. Mit Salz abschmecken, anrichten und mit Liebstöckel bestreuen. Als Beilage passen Semmelknödel.

**SERVUS-TIPP:**
*Der Name leitet sich von der **Schlachtbruck'n** ab, da in den Städten früher die Schlachthäuser bei fließenden Gewässern gebaut wurden, um die Reste zu entsorgen. In alten Kochbüchern ist auch zu lesen, dass Bruckfleisch nur jemand zubereiten sollte, der in der Nähe von Schlachthäusern lebt. Streng genommen sollten die Teile noch lebendwarm verarbeitet werden. Zum Bruckfleisch gehören **Innereien** wie Leber, Milz, Bries und Herz, das **Stichfleisch** vom Hals, das **Kronfleisch** (Zwerchfell) von der Brust und die **Liachtln**, also Schlagader und Herzkranzgefäße. Klassisch wurde es mit Ochsenblut und etwas Essig gebunden.*

# HERZHAFTER FLEISCHSTRUDEL

Auf dem Land nimmt man ihn gerne als deftige Suppeneinlage.
Mit grünem Salat ist er aber auch eine sättigende Hauptspeise.

**ZUTATEN FÜR 4 PERSONEN**
*Zeitaufwand: 50 Minuten*

120 g rote Zwiebeln
100 g grüner Lauch
60 g Karotten
1 Knoblauchzehe
100 g fein gehackter Räucherspeck
1 EL Maiskeimöl
500 g Rindsfaschiertes
1 fein gehackte Essiggurke
1 TL edelsüßes Paprikapulver
½ TL scharfes Paprikapulver
1 Prise gemahlener Kümmel
2 EL Semmelbrösel
1 großes Ei
1 EL gehackte Petersilie und Liebstöckel
Salz
Pfeffer
300 g Blätterteig
Öl für das Blech
1 Eidotter, mit Wasser verdünnt,
zum Bestreichen

**ZUBEREITUNG**

1. Zwiebeln, Lauch, Karotten und Knoblauch schälen und fein würfeln. Speck langsam in Öl anschwitzen, Gemüse zugeben und kurz anrösten. Mit dem Faschierten und den restlichen Zutaten verkneten. Mit Salz und Pfeffer abschmecken.
2. Backrohr auf 200 °C Ober- und Unterhitze vorheizen.
3. Blätterteig zu einem Rechteck von 20 x 30 cm schneiden. Die Fleischmasse gleichmäßig auf dem vorderen Drittel des Teiges verteilen und so einrollen, dass sich die Schnittstelle auf der Unterseite des Strudels befindet.
4. Ein Backblech mit Öl ausstreichen und der Fleischstrudel vorsichtig daraufsetzen. In die Mitte des Strudels ein kleines Loch schneiden, damit der Dampf entweichen kann, und nach Belieben mit Teigresten verzieren. Den Strudel mit Eidotter bepinseln und im Backrohr auf der mittleren Schiene 30 Minuten backen.

# Altwiener Blunzengröstl mit Äpfeln

Für diesen Klassiker der österreichischen Küche verwendet man einen echten Wiener den saftigen und süßsäuerlichen Rodauner Goldapfel.

## ZUTATEN FÜR 4 PERSONEN
*Zeitaufwand: 30 Minuten*

**500 g speckige Erdäpfel**
**300 g Äpfel (z. B. Rodauner Goldapfel)**
**Saft von 1 Zitrone**
**2 Zwiebeln**
**2 Knoblauchzehen**
**500 g Blutwurst (von fester Konsistenz)**
**2 EL Rapsöl**
**2 EL Butter**
**2 TL getrockneter Majoran**
**Salz**
**Pfeffer**
**gehackte Petersilie zum Bestreuen**

## ZUBEREITUNG

1. Erdäpfel kochen, schälen und in Scheiben schneiden. Äpfel waschen und vom Kerngehäuse befreien. In schmale Spalten schneiden und mit Zitronensaft marinieren. Zwiebeln und Knoblauch schälen. Zwiebeln in Ringe und Knoblauch in feine Scheibchen schneiden. Blutwurst enthäuten und in fingerdicke Scheiben schneiden.
2. Rapsöl in einer großen beschichteten Pfanne erhitzen, Blunzenscheiben darin beidseitig kräftig anbraten. Aus der Pfanne heben und beiseitestellen.
3. Im Bratensatz 1 EL Butter erhitzen. Äpfel darin scharf anbraten und zur Blunze geben. Dann Erdäpfel, Zwiebeln und Knoblauch mit der restlichen Butter in der Pfanne goldbraun braten. Blutwurst, Äpfel und Majoran einmischen und etwa 2 Minuten lang kräftig weiterrösten. Mit Salz und Pfeffer abschmecken. Das Gröstl anrichten und mit Petersilie bestreuen.

**SERVUS-TIPP:**
*Der große rote Rodauner Goldapfel entstand in der Hauptstadt 1927 aus einer Kreuzung zwischen dem **Bismarckapfel** und dem **Schönen von Boskoop**. Er gilt zwar als köstliche Rarität, ist aber im **Wald- und Mostviertel** noch stark verbreitet. Als Beilage zum Gröstl passt ein einfacher **Blattsalat** oder ein **Krautsalat mit Kümmel**.*

# Lungauer Lammrücken mit Haferkruste

In Salzburg nimmt man dafür das Tauernlamm. Aufgewachsen auf Almen und Bergbauernhöfen, hat es ein besonders würziges Fleisch.

**ZUTATEN FÜR 4 PERSONEN**
*Zeitaufwand: 1 Stunde*

700 g Lammrücken mit Knochen
Salz
Pfeffer
2 EL Olivenöl
100 g Hafermark
2 große Eier
etwas Thymian und Petersilie, gehackt
80 g grobblättrige Haferflocken
1 EL Butter
300 ml Lammfond

*Für das Gemüse:*
200 g junge Karotten
250 g gelbe und grüne Fisolen
1 EL Butter
1 EL gehacktes Bohnenkraut
je 1 Prise Zucker und Salz

**ZUBEREITUNG**

1. Lammrücken leicht salzen und pfeffern und in 1 EL Olivenöl von allen Seiten kurz scharf anbraten.
2. Backrohr auf 200 °C Umluft vorheizen.
3. Hafermark mit Ei und Kräutern glatt rühren, salzen und pfeffern. Den Lammrücken mit dieser Paste dick bestreichen und in Haferflocken wälzen.
4. Restliches Olivenöl und Butter in einer ofenfesten Pfanne erhitzen und das Fleisch einlegen. Im Backrohr 20 bis 25 Minuten lang braten und dabei öfters mit dem eigenen Saft übergießen.
5. Herausnehmen, zudecken und 3 Minuten rasten lassen. Den Bratensatz mit Lammfond ablöschen und auf die Hälfte einreduzieren.
6. Karotten schälen (oder abreiben) und in Salzwasser knackig kochen. Fisolen in einem anderen Topf ebenfalls bissfest kochen und beide Gemüse in Eiswasser abschrecken. Zuletzt mit Bohnenkraut, Zucker und Salz kurz kräftig in Butter anrösten.
7. Lammrücken in Koteletts schneiden, mit Gemüse anrichten und mit Bratensauce übergießen.

**SERVUS-TIPP:**
*Hafer war bis in die 1930er-Jahre in **Gebirgslagen** eine bedeutende Feldfrucht. Er lag hinter Weizen und Mais an dritter Stelle. Heute hat **das hochwertige Getreide** mit seinen Kohlehydraten und seinem Reichtum an Ballaststoffen nur mehr eine untergeordnete Bedeutung. Als feine Kruste ist er für **alle Arten von Fleisch** geeignet.*

# Geschmorter Gamsbraten

Besonders in den Alpenregionen wird das dunkle, aromatische Fleisch der Gams sehr geschätzt.

## ZUTATEN FÜR 4 PERSONEN
*Zeitaufwand: 1 Stunde 40 Minuten*

- 1 kg ausgelöster Gamsschlögel
- ½ TL Koriandersamen
- 3 Pimentkörner
- 8 Wacholderbeeren
- 10 bunte Pfefferkörner
- Salz
- 150 g Wurzelgemüse (Karotten, Sellerie, Petersilienwurzel, Lauch)
- 120 g Zwiebeln
- 2 EL Sonnenblumenöl
- 250 ml Zweigelt
- 500 ml Wasser
- 1 Lorbeerblatt
- 1 Zweig Rosmarin
- 1 EL Preiselbeermarmelade
- Maizena zum Binden der Sauce
- Pfeffer
- Preiselbeer- und Heidelbeermarmelade für die Garnitur

## ZUBEREITUNG

1. Den Gamsbraten mit Küchengarn sorgfältig binden. Koriandersamen, Pimentkörner, Wacholderbeeren und Pfefferkörner in einer Pfanne trocken anrösten. Dann mit einem Mörser zerreiben oder mit einem Fleischklopfer zerstoßen. Den Gamsbraten mit dieser Gewürzmischung und mit Salz einreiben.
2. Backrohr auf 200 °C Umluft vorheizen.
3. Wurzelgemüse und Zwiebeln schälen, in grobe Würfel schneiden.
4. In einem Schmortopf Sonnenblumenöl erhitzen, Gamsfleisch darin rundherum scharf anbraten. Gemüse zugeben, im Backrohr 10 Minuten lang braten. Mit Rotwein ablöschen und Wasser zugießen. Lorbeerblatt und Rosmarinzweig einlegen, Preiselbeermarmelade einrühren. Zudecken, Temperatur auf 170 °C senken und 1 Stunde lang schmoren lassen.
5. Den Gamsbraten aus der Sauce heben, in Folie einwickeln und im Ofen warm stellen. Die Sauce durch ein feines Sieb passieren und etwas einreduzieren. Mit Maizena leicht binden, mit Salz und Pfeffer abschmecken.
6. Den Braten in Scheiben schneiden, mit Sauce übergießen und mit Preiselbeer- sowie Heidelbeermarmelade garnieren. Mit Serviettenknödeln servieren.

**SERVUS-TIPP:**
*Zum Braten nimmt man **einjährige Tiere**, ältere können etwas streng und zäh schmecken. Gut geeignet sind die **Keulen**, die man wegen ihrer Größe allerdings in Teilstücke zerlegen muss. Für dieses Rezept wird der **Schlögel** genommen.*

# Montafoner Hirschragout

In Vorarlberg darf bei festlichen Tafeln ein Ragout vom Hirschen nicht fehlen – traditionell mit Schupfnudeln als Beilage.

**ZUTATEN FÜR 4 PERSONEN**
*Zeitaufwand: 1½ Stunden*
*plus 1 Nacht zum Marinieren*

**1 kg Hirschschlögel (ausgelöst, von Fett und Sehnen befreit)**
**150 g Wurzelgemüse (Karotten, Sellerie, Petersilienwurzel)**
**150 g rote Zwiebeln**
**5 g getrocknete Steinpilze**
**8 angedrückte Wacholderbeeren**
**4 Pimentkörner**
**2 Gewürznelken**
**1 kleines Stück Zimtstange**
**15 Pfefferkörner**
**1 l Rotwein**
**1 EL Rapsöl**
**1 EL Butter**
**1 EL Tomatenmark**
**1 Schuss Portwein**
**Maizena zum Binden der Sauce**
**4 EL Sauerrahm**
**Hagebutten- oder Preiselbeermarmelade**
**Salz**
**Pfeffer**

**ZUBEREITUNG**

1. Hirschfleisch in 4 cm große Würfel schneiden. Wurzelgemüse und Zwiebeln schälen und in grobe Würfel schneiden. Fleisch mit Gemüse, Steinpilzen sowie Gewürzen in eine Schüssel geben und mit Rotwein bedecken. Mit Folie abdecken und über Nacht marinieren lassen.
2. Hirschfleisch aus der Marinade nehmen und von den Gewürzen befreien. Auflegen, mit Salz und Pfeffer würzen. In einem Topf Öl mit Butter erhitzen, Fleisch darin scharf anbraten. Tomatenmark einrühren und kurz mitrösten. Mit Portwein ablöschen, mit Marinade übergießen und 1 Stunde köcheln lassen.
3. Hirschfleisch aus der Sauce nehmen und beiseitestellen. Die Sauce durch ein feines Sieb passieren und in einem Topf nochmals erhitzen. Mit Maizena leicht binden und abschmecken. Hirschfleisch wieder in die Sauce geben und weitere 30 Minuten bei kleiner Hitze kochen.
4. Hirschragout anrichten, mit Sauerrahm und Marmelade garnieren.

**SERVUS-TIPP:**
*Hirschfleisch hat eine **zarte Struktur** und gleichzeitig einen **kernigen Biss**. Seine edlen Teile wie **Rücken, Filets und Keulen** eignen sich zum Braten und Schmoren.*

# Fedlkoch mit Hagebutten-Marmelade

Eine steirische Süßspeise, die auf den Almen des Hochschwab und der Hohen Veitsch von den Sennerinnen für die Holterbuam, also die Hirten, zubereitet wurde.

## ZUTATEN FÜR 4 PERSONEN
*Zeitaufwand: 20 Minuten ohne Kühlzeit*

**1 Ei**
**70 g Mehl**
**1 EL Weizengrieß**
**250 ml Schlagobers**
**2 Gewürznelken**
**1 Prise Salz**
**50 g Rosinen, in 3 EL Rum eingeweicht**
**Zucker und Zimt zum Bestreuen**
**1 Glas Hagebuttenmarmelade**
**Milch zum Erwärmen**

## ZUBEREITUNG

1. Das Ei in einen Teller schlagen, mit Mehl und Grieß zu einem Klumpen vermischen.
2. Schlagobers mit Gewürznelken und Salz aufkochen. Den Mehlklumpen zugeben und so lange unter ständigem Rühren kochen, bis ein zäher, fast trockener Teig entsteht.
3. Den Teig etwas abkühlen lassen und daraus mittelgroße Knödel formen. In den Kühlschrank stellen und mehrere Stunden fest werden lassen.
4. Die Knödel grob reiben und mit Rum-Rosinen, Zimt und Zucker bestreuen. Mit etwas Milch aufwärmen und die Hagebuttenmarmelade extra dazu servieren.

**SERVUS-TIPP:**
*Die Speise, die man auch als **Rahmkoch** kennt, wurde oft schon eine Woche vorher zubereitet und dann nur mehr mit frischer Milch aufgewärmt.*

# Schmalznudeln mit Preiselbeeren

Vor dem Almabtrieb gibt es auf den Hütten rund um Wildschönau in Tirol den köstlichen Brauch des „Schmalznudeln-Bachen".

**ZUTATEN FÜR CA. 20 STÜCK**
*Zeitaufwand: 45 Minuten*

**1 kg Mehl**
**1 Pkg. Germ (oder 2 Pkg. Trockengerm)**
**etwas Salz**
**einige Anissamen**
**2 Eidotter**
**½ l lauwarme Milch verdünnt mit ⅛ l Wasser**

**Fett zum Backen**
**Preiselbeermarmelade**

**ZUBEREITUNG**

1. Alle Zutaten für den Teig gut mischen und mit einem Kochlöffel abschlagen. Es soll ein weicher Germteig entstehen. Den Teig etwa 30 Minuten gehen lassen.
2. Mit einem Löffel weckerlgroße Stücke vom Teig abstechen und mit einem Tuch bedeckt kurz rasten lassen. Dann mit der Hand etwas auseinanderziehen und zu Schmalznudeln formen.
3. Im heißen Fett herausbacken und die Vertiefung in der Mitte mit Preiselbeermarmelade füllen.

**SERVUS-TIPP:**
*Die traditionellen **Bauernkrapfen** werden immer in großen Mengen hergestellt. Speziell in der Wildschönau kennt man auch die **deftige Variante**, bei der die Preiselbeermarmelade weggelassen und **Rübenkraut** aus den regionalen **Krautingerrüben** dazu serviert wird.*

# Mohnnudeln aus Häferlsterz

Alles in einem Häferl, so die einfache Zubereitungsart aus dem Waldviertel, ist fast in Vergessenheit geraten.

**ZUTATEN FÜR 4 PERSONEN**
*Zeitaufwand: 40 Minuten*

**500 g mehlige Erdäpfel**
**Salz**
**500 ml Wasser**
**400 g griffiges Mehl**
**200 g geriebener Mohn**
**100 g Butter**

**Zum Bestreuen:**
**80 g Staubzucker vermischt mit**
**1 Packerl Vanillezucker**

**ZUBEREITUNG**

1. Erdäpfel schälen, vierteln, in gesalzenem Wasser 10 Minuten kochen. Am besten in einem großen Häferl, in dem später auch gestampft werden kann.
2. Das Mehl auf die Erdäpfel leeren – nicht umrühren! Mit einem Kochlöffelstiel 5 Löcher in die Mehloberfläche stechen und nochmals 10 Minuten leicht kochen lassen. Das Wasser soll fast ganz verkocht sein.
3. Die Masse mit einem Kartoffelstampfer zerkleinern. Auf ein Brett geben, zu einem Teig kneten und fingerdicke Nudeln formen (ca. 4 cm lang).
4. Butter zergehen lassen, Mohn und Nudeln darin schwenken. Anrichten und mit der Zuckermischung bestreuen.

**SERVUS-TIPP:**
*Die Besonderheit bei diesem Rezept ist, dass das **Mehl gleich zu den Erdäpfeln** ins Kochwasser gegeben wird. Die Kunst dabei ist, gerade einmal so viel Wasser zu verwenden, dass es **am Ende der Garzeit** fast verkocht ist.*
*Wichtig: Nach dem Formen der Nudeln werden diese nicht mehr gekocht!*
*Sie werden nur mehr in Butter und Mohn geschwenkt.*
*Dazu passen **Apfelkompott, Apfelmus** oder **Vanillesauce**.*

# Pinzgauer Apfelmuas

Das Salzburger Muas ist ein festerer Schmarren
und nicht zu verwechseln mit dem Tiroler Muas, das ein Brei ist.

**ZUTATEN FÜR 4 PORTIONEN**
*Zeitaufwand: 30 Minuten*

400 g Mehl
1 Prise Salz
⅜ l Milch
200 g Butter (oder 100 g Butter und
100 g Schweineschmalz)
3 saure Äpfel
Zucker zum Bestreuen

**ZUBEREITUNG**

1. Das Mehl mit Salz vermischen. Die Milch aufkochen das Mehl zugeben und das Ganze „abbrennen". Dabei nur leicht durchrühren, sodass ein trockener, krümeliger Teig entsteht. Er darf keinesfalls glatt wie ein Nockerlteig werden.
2. Die Äpfel schälen, in Scheiben schneiden und untermischen.
3. In einer Pfanne Butter (oder Butter mit Schweineschmalz gemischt) erhitzen und den Teig zugeben. Mit einem Pfannenwender umschaufeln und zugedeckt bei kleiner Hitze so lange dünsten, bis die Äpfel weich sind. Vor dem Anrichten kräftig zuckern.

**SERVUS-TIPP:**
*Wenn man die Äpfel durch Weintrauben ersetzt, hat man auf gut Salzburgerisch ein **Weinbeerlmuas**. Nimmt man Preiselbeeren, ist es ein **Granggenmiasl**.*

# POLENTA-APFELKUCHEN

Vor allem im Süden Österreichs ist Maisgrieß in der ländlichen Küche
gang und gäbe – auch für Süßes und gebacken.

**ZUTATEN FÜR EINEN KUCHEN**
*Zeitaufwand: 1 Stunde*

**500 ml Milch**
**1 Vanilleschote**
**1 Prise Salz**
**je 1 Prise Zimt und Nelkenpulver**
**120 g Maisgrieß**
**Butter für die Form**
**3 Eidotter**
**80 g Feinkristallzucker**
**abgeriebene Schale von ½ Bio-Zitrone**
**3 Eiklar**
**50 g geriebene geschälte Mandeln**
**4 Äpfel**
**1 EL Butter**

**ZUBEREITUNG**

1. Milch mit halbierter Vanilleschote, Salz, Zimt und Nelkenpulver aufkochen. Unter ständigem Rühren Maisgrieß einrieseln lassen und 10 Minuten kochen. Vom Herd nehmen und abkühlen lassen.
2. Eine runde Tortenform von ca. 22 bis 24 cm Durchmesser mit Butter ausstreichen.
3. Eidotter mit der Hälfte des Zuckers und der Zitronenschale schaumig rühren. Dann locker unter den Polentabrei heben.
4. Eiklar mit dem restlichen Zucker zu einem steifen Schnee schlagen. Mit den Mandeln luftig unter die Polentamasse heben.
5. Das Backrohr auf 175 °C Ober-/Unterhitze vorheizen.
6. Äpfel schälen, entkernen und dünn hobeln. Ein Drittel der Polentamasse in die Form streichen und mit der Hälfte der Äpfel belegen. Diesen Vorgang wiederholen und die Äpfel mit der restlichen Masse bedecken. Mit Butterflocken belegen und im Rohr etwa 45 Minuten goldbraun backen.

**SERVUS-TIPP:**
*Beim Kochen von Maisgrieß entsteht am Topfboden und -rand eine **Kruste**, die **Prinze**. Diese wurde einst abgeschabt und am nächsten Morgen **in Milch getunkt** und zum Frühstück gegessen. Das schmeckt auch heute noch sehr gut.*

# WALDVIERTLER APFEL-MOHN-KUCHEN

Für Mohn und Äpfel gibt es in Niederösterreich viele köstliche Rezepte.
Bei diesem Kuchen passt der saftig-süße Topaz-Apfel am besten.

**ZUTATEN FÜR 1 KUCHEN**

*Zeitaufwand: 1 Stunde*

80 g zimmerwarme Butter

100 g Feinkristallzucker

abgeriebene Schale von ½ Bio-Orange

1 Prise Salz

3 Eidotter

100 g gemahlener Mohn

40 g glattes Mehl

1 kg Äpfel

3 Eiklar

Butter für die Form

2 EL flüssige Butter zum Bestreichen

2 TL Kristallzucker zum Bestreuen

Schlagobers für die Garnitur

**ZUBEREITUNG**

1. Butter mit der Hälfte des Zuckers mit einem Handmixer schaumig rühren. Orangenschale und Salz einmischen, dann nach und nach Eidotter unterrühren.
2. Mohn mit Mehl vermischen.
3. Äpfel schälen und vierteln. Die Apfelstücke mit einem Messer mehrmals der Länge nach einschneiden.
4. Backrohr auf 180 °C Ober-/Unterhitze vorheizen.
5. Eiklar mit dem restlichen Zucker zu einem festen Schnee schlagen. Abwechselnd mit dem Mohn-Mehl-Gemisch unter die Eidottermasse heben.
6. Eine Springform mit einem Durchmesser von ca. 28 cm mit Butter ausstreichen. Die Mohnmasse einfüllen und glatt streichen. Die Äpfel mit der eingeschnittenen Seite nach oben darauf verteilen und mit flüssiger Butter bestreichen. Mit Zucker bestreuen und im Backrohr 40 Minuten lang backen.
7. Herausnehmen, abkühlen lassen und mit Schlagobers servieren.

# Klassischer Apfelstrudel

Es war im Jahr 1827, als er von Anna Dorn erstmals im „Großen Wiener Kochbuch" erwähnt wurde. Dann trat er den Siegeszug um die Welt an.

## ZUTATEN FÜR 6 PERSONEN
*Zeitaufwand: 50 Minuten plus 1 Stunde zum Teigrasten*

**Für den Strudelteig:**
**140 g Mehl**
**2 EL Öl**
**50 g lauwarmes Wasser**
**½ Ei**
**1 Prise Salz**
**Öl zum Einpinseln**

*Für die Fülle:*
**1 kg Äpfel**
**1 EL Zitronensaft**
**1 EL Rum**
**20 g Butter**
**100 g Semmelbrösel**
**60 g Kristallzucker**
**1 TL Vanillezucker**
**½ TL Zimt**

**1 TL Mehl zum Bestäuben**
**2 EL flüssige Butter**
**Butter fürs Blech**
**1 EL Staubzucker zum Bestreuen**

## ZUBEREITUNG

1. Für den Strudelteig alle Zutaten zu einem weichen, geschmeidigen Teig verkneten. Eine Kugel formen und mit etwas Öl einpinseln. In Klarsichtfolie wickeln und 1 Stunde rasten lassen.
2. Für die Fülle Äpfel schälen, vierteln und entkernen. Blättrig schneiden, mit Zitronensaft und Rum marinieren. In einer Pfanne Butter aufschäumen, Brösel darin goldbraun anrösten. Mit Äpfeln, Zucker, Vanillezucker und Zimt vermischen.
3. Backrohr auf 200 °C Ober-/Unterhitze vorheizen.
4. Strudelteig 5 mm dick ausrollen. Ein Geschirrtuch über eine Arbeitsfläche breiten, mit etwas Mehl bestäuben und den Teig darüber möglichst dünn ausziehen. Mit 1 EL flüssiger Butter bestreichen und die Fülle auf dem vorderen Viertel verteilen. Die dicken Teigränder abschneiden, einrollen und die Enden nach unten falten. Auf ein befettetes Backblech legen und mit der restlichen flüssigen Butter bepinseln.
5. Im Backrohr auf der mittleren Schiene etwa 30 Minuten backen. Herausnehmen, mit Staubzucker bestreuen und mit Schlagobers servieren.

**SERVUS-TIPP:**
*Gute Apfelsorten für den Strudel sind Boskop, Cox Orange, Elstar, Manschansker und alle Renette-Arten, weil sie **säuerlich** und **aromatisch** sind. Ein **Strudler** – so sagt man zu allen geeigneten Äpfeln – sollte **groß** sein, damit er leichter zu schälen ist, und er darf **nicht überreif** sein.*

# STRUDELTEIG

Den besten Strudelteig macht eine verliebte Köchin, sagt ein Sprichwort.
Weil sie den Teig so dünn auszieht, dass sie die Liebesbriefe darunter lesen kann.

**ZUTATEN FÜR 1 STRUDELTEIG**
*Zeitaufwand: 20 Minuten plus*
*1 Stunde zum Rasten*

**140 g Mehl**
**2 EL Öl**
**50 g lauwarmes Wasser**
**½ Ei**
**1 Prise Salz**
**Öl zum Bepinseln**

**ZUBEREITUNG**

1. Das Mehl auf die Arbeitsfläche häufen und in der Mitte eine Grube machen. Die restlichen Zutaten bei Zimmertemperatur hineingeben und vermischen.
2. Den Teig so lange kneten und schlagen, bis er glatt und geschmeidig ist. Eine Kugel daraus formen, mit etwas Öl bepinseln. In eine Klarsichtfolie wickeln und bei Zimmertemperatur etwa 1 Stunde rasten lassen.
3. Auf einer bemehlten Arbeitsfläche messerrückendick ausrollen.
4. **& 5.** Ein Tuch mit Mehl bestäuben, den Teig auflegen und vorsichtig in eine rechteckige Form ziehen. Dabei greift man mit dem bemehlten Handrücken unter den Teig und zieht von der Mitte weg nach außen, bis der Teig hauchdünn ist und über die Tischkante hängt. Sollte er zu stark reißen, den Teig wieder zusammenschlagen, kneten und noch einmal kurz rasten lassen.
6. Die Fülle auf dem vorderen Drittel auftragen.
7. Mithilfe des Tuches den Strudel von der Fülle weg einrollen. Dabei das Tuch anheben und schrittweise wegziehen. Die beiden Enden links und rechts nach unten einschlagen, damit die Fülle nicht herausfällt.
8. Ein Blech mit Backpapier auslegen oder mit Öl befetten und den Strudel vorsichtig daraufsetzen. Mit flüssiger Butter oben bepinseln – und ab damit ins Backrohr.

Richtwert für Backtemperatur und Dauer: bei 200 °C etwa 30 Minuten.

# Steirisches Türkentommerl

Ein Klassiker der steirischen Bauernküche, den man in der Oststeiermark Nigl und in der westlichen Backerl nennt.

## ZUTATEN FÜR 4 PERSONEN
*Zeitaufwand: 45 Minuten*

**40 g Butter**
**120 g Maisgrieß**
**60 g Zucker**
**1 TL Vanillezucker**
**abgeriebene Schale von 1 Bio-Zitrone**
**1 Msp. Zimt**
**250 ml Milch**
**3 Eier**
**250 g eingelegte Zwetschken und Birnen**
**Staubzucker zum Bestreuen**

## ZUBEREITUNG

1. Backrohr auf 180 °C Ober-/Unterhitze vorheizen. Butter in eine rechteckige Auflaufform geben und in das Backrohr stellen.
2. Maisgrieß, Zucker, Vanillezucker, Zitronenschale, Zimt, Milch und Eier miteinander verrühren.
3. Diesen Grießbrei in die heiße Form gießen und im Ofen 10 Minuten lang backen.
4. Das eingelegte Obst in Spalten schneiden und darüber verteilen. Mit etwas Kompottsaft beträufeln und im Ofen weitere 20 Minuten lang backen.
5. Das Türkentommerl noch warm in Stücke schneiden und mit Staubzucker bestreuen.

**SERVUS-TIPP:**
*Anstatt der eingelegten Früchte war es durchaus üblich, auch **gedörrtes Obst** zu nehmen. Und anstelle der tierischen Fette nahm man in der **Fastenzeit** Kernöl zum Backen.*

# Polsterzipfel

Eines der ältesten Rezepte für die urösterreichischen Zipfel findet sich im steirischen Kochbuch der Anna Plochl, die damit Erzherzog Johann beglückte.

**ZUTATEN FÜR CA. 20 BIS 30 STÜCK**
*Zeitaufwand: 30 Minuten plus 1 Stunde zum Teigrasten*

**500 g Mehl**
**5 Eidotter**
**⅜ l Sauerrahm**
**⅛ l trockener Weißwein**
**1 Prise Salz**
**Schmalz zum Herausbacken**
**Ribiselmarmelade für die Füllung**

**ZUBEREITUNG**

1. Mehl, Eidotter, Sauerrahm, Weißwein mit etwas Salz zu einem nicht zu festen Teig verkneten und 1 Stunde rasten lassen.
2. Den Teig ausrollen und Rhomben ausschneiden bzw. -radeln. In die Mitte der Rhomben mit einem Kaffeelöffel Marmelade platzieren und die Teigstücke darüber zu Dreiecken zusammenschlagen.
3. In einer Pfanne reichlich Schmalz erhitzen, die Polsterzipfel darin goldgelb herausbacken.
4. Herausheben, auf Küchenpapier abtropfen lassen und zum Schluss mit Staubzucker bestreuen.

**SERVUS-TIPP:**
*Im **Wiener Raum** werden die Polsterzipfel klassisch aus **Topfenteig** gemacht. Dafür nimmt man jeweils die gleiche Menge (z. B. 250 Gramm) Topfen, Butter und Mehl, eventuell noch 1 Eidotter und etwas Salz.
Gefüllt wird aber immer mit **Ribiselmarmelade**, die man in Teilen Österreichs auch als **Rote-Johannisbeer-Marmelade** kennt.*

# Topfengolatschen

Ursprünglich waren sie rund und aus Germteig. Quadratisch, aus Blätterteig und mit Topfen gefüllt wurden sie zum Wiener Kaffeehaus-Klassiker.

## ZUTATEN FÜR 8 STÜCK
*Zeitaufwand: 45 Minuten*

250 g Magertopfen
1 EL Vanillepuddingpulver
1 Msp. abgeriebene Zitronenschale
1 TL Vanillezucker
40 g Butter
70 g Staubzucker
1 Eidotter
50 g Rosinen, in Rum eingeweicht
2 Pkg. Blätterteig (ca. 600 g)

*Zum Bestreichen:*
1 verquirltes Eiklar
1 Eidotter, mit 2 EL Milch verrührt

## ZUBEREITUNG

1. Topfen mit Vanillepuddingpulver, Zitronenschale, Vanillezucker, Butter, Staubzucker und Eidotter glatt rühren. Zum Schluss die Rosinen einmischen. Das Backrohr auf 220 °C Ober-/Unterhitze vorheizen.
2. Den aufgetauten Blätterteig flach auflegen und in 18 x 18 cm große Quadrate schneiden.
3. Auf jedes Teigquadrat in die Mitte mit einem Esslöffel ein Häufchen Topfenmasse setzen.
4. Eine Ecke des Teigs über die Füllung klappen und die Spitze mit Eiklar bestreichen.
5. Die gegenüberliegende Spitze in die Mitte klappen und auf die eingestrichene Teigspitze drücken. Die restlichen beiden Teigspitzen in die Mitte klappen und sorgfältig mit Eiklar zusammenkleben. Die Golatschen im Kühlschrank 15 Minuten rasten lassen, damit das Eiklar trocknen kann.
6. Die Topfengolatschen nicht zu eng auf ein mit Backpapier belegtes Backblech setzen und mit Dottermilch bepinseln. Im Ofen ca. 15 Minuten knusprig braun backen.

  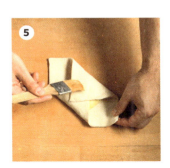 

# GRIESSFLAMMERI MIT QUITTENKOMPOTT

Die kalte Süßspeise sieht dem Pudding zwar ähnlich,
wird aber nicht mit Eidotter, sondern mit Gelatine gebunden.

**ZUTATEN FÜR 4 PERSONEN**

*Zeitaufwand: 1 Stunde*

¼ l Milch
½ Vanilleschote
abgeriebene Schale von ½ Bio-Orange
60 g Zucker
1 Msp. Salz
40 g Hartweizengrieß
2 Blätter Gelatine
¼ l Obers

*Für das Kompott:*
600 g Quitten
1 TL Stärkemehl
¼ l Apfelsaft
¼ l trockener Weißwein
100 g Zucker
2 Nelken
1 Stück Zimtrinde
Saft und abgeriebene Schale von 1 Bio-Zitrone
4 EL Preiselbeerkompott

**ZUBEREITUNG**

1. In einem Topf Milch mit aufgeschlitzter Vanilleschote, Orangenschale, Zucker und Salz aufkochen. Durch ein feines Sieb passieren, in den Topf zurückgießen und aufkochen. Den Grieß unter ständigem Rühren einrieseln lassen und bei schwacher Hitze weiterkochen, bis die Masse leicht andickt.

2. Vom Herd nehmen und die eingeweichte, ausgedrückte Gelatine darin auflösen. Auf Eiswasser nicht ganz kalt rühren. Das Obers steif schlagen und unterheben.

3. Die Grießmasse in Förmchen (etwa 120 ml Inhalt) oder Schalen füllen und im Kühlschrank fest werden lassen.

4. Für das Kompott den Flaum von den Quitten abreiben. Die Quitten schälen, das Kerngehäuse herausschneiden und das Fruchtfleisch grob würfeln.

5. Die Stärke mit etwas Apfelsaft anrühren. In einem Topf mit Wein, dem restlichen Apfelsaft, Zucker, Gewürzen, Zitronensaft und -schale aufkochen. Die Quittenwürfel zugeben und bei schwacher Hitze etwa 12 bis 15 Minuten leicht köcheln lassen. Die Quittenwürfel sollen weich sein, allerdings noch ihre Form behalten.

6. Den Grießflammeri mit dem Kompott auf Tellern oder in Schalen anrichten und mit je einem Esslöffel Preiselbeerkompott garnieren.

**SERVUS-TIPP:**
*Anstatt mit Orangenschale kann man die Grießmasse mit* **Zitronenschale** *aromatisieren. Ebenfalls beliebt: den Flammeri mit* **Haselnusskrokant** *oder* **Mandelstiften** *bestreuen.*

# Hirsebrei mit Birnen und Nüssen

Bis zur Einführung der Erdäpfel im 17. Jahrhundert ernährte man sich auf dem Land hauptsächlich von Hirse – auch im Mühlviertel, wo dieses Gericht seinen Ursprung hat.

**ZUTATEN FÜR 4 PERSONEN**
*Zeitaufwand: 45 Minuten ohne Erkalten*

150 g Naturhirse
800 ml Milch
1 kleine Zimtstange
1 Gewürznelke
1 Msp. abgeriebene Bio-Zitronenschale
3 EL Honig
1 Prise Salz
2 EL gehackte geröstete Haselnüsse

*Für die Birnen:*
3 reife Birnen
Saft von 1 Zitrone
2 EL Zucker
1 Prise Vanillezucker

**ZUBEREITUNG**

1. Hirse in einem feinen Sieb mit Wasser abspülen. Milch mit Zimtstange und Gewürznelke 5 Minuten köcheln lassen. Gewürze entfernen, Zitronenschale, Hirse, Honig und Salz einrühren. 40 Minuten mit kleiner Hitze zu einem weichen Brei verkochen.
2. Die Birnen schälen und vierteln. Vom Kerngehäuse befreien und in Spalten schneiden. Zitronensaft mit Zucker und Vanillezucker erhitzen, die Birnenspalten zugeben und 5 Minuten schmoren.
3. Den Hirsebrei kalt oder warm mit den Birnen anrichten und mit Nüssen bestreuen.

**SERVUS-TIPP:**
*Haberbirn nannte man im Unteren Mühlviertel eine alte Birnensorte, die rund um die Haferernte reif wurde. Zum rohen Genuss, für Kompott und zum Einkochen eignen sich unter anderem die Sorten Gute Graue, Gute Luise, Gräfin von Paris, Pastorenbirne und Williams Christ.*

# WINTER

Festlich, bodenständig, himmlisch süß:
Rezepte, die unser Herz erwärmen.

# Rote-Rüben-Suppe mit frittiertem Zeller

Eine Suppe, die Leib und Seele wärmt. Den Vorzug der Roten Rüben beschrieb bereits im alten Rom Apicius in seinen Kochbüchern.

**ZUTATEN FÜR 4 PERSONEN**
*Zeitaufwand: 1 Stunde 45 Minuten*

- 250 g Rote Rüben
- 1 EL Kümmel
- 80 g rote Zwiebeln
- 1 EL Butter
- 1 Schuss Weißwein
- 800 ml Gemüsebrühe
- 1 Prise gemahlener Kümmel
- Salz
- Pfeffer
- 200 g geschälte Zellerknolle
- Öl zum Frittieren
- 1 Msp. abgeriebene Zitronenschale
- 125 ml Obers
- Selleriegrün zum Garnieren

**ZUBEREITUNG**

1. Die Roten Rüben in Wasser mit Kümmel weich kochen. Das dauert je nach Größe 1 bis 1½ Stunden. Anschließend unter fließendem Wasser schälen und in 2 cm große Würfel schneiden.
2. Zwiebeln fein hacken und in Butter langsam goldbraun anschwitzen. Mit Wein ablöschen, mit Suppe aufgießen und 5 Minuten einkochen.
3. Rote-Rüben-Würfel zugeben, kurz aufkochen und mit einem Stabmixer fein pürieren. Die Suppe mit Kümmel, Salz und Pfeffer abschmecken.
4. Die Zellerknolle in 3 bis 4 cm lange Streifen schneiden und in heißem Fett knusprig frittieren. In einer Schüssel mit Zitronenschale und etwas Salz durchmischen.
5. Das Obers cremig schlagen und luftig unter die heiße Suppe rühren. Mit Selleriestreifen und Selleriegrün bestreut servieren.

**SERVUS-TIPP:**
*Wem das Kochen und anschließende Schälen der Rüben eine **zu große Panscherei** ist, der kann folgende Methode probieren: Die Rüben waschen und **einzeln** mit grobem Salz, Petersilienstängel, Pfeffer und Kümmel **in Alufolie wickeln**. Dann **im Backrohr** bei 140 °C ca. 2 Stunden lang garen. Dadurch **ziehen die Gewürze in die Rübe ein** und man braucht sich praktischerweise nicht um sie zu kümmern. Dann schälen und weiterverarbeiten.*

# Rindsuppe mit Kaiserschöberln

Man nehme ein feines Stück Rindfleisch, schrieb Anna Dorn 1827 in ihrem Wiener Kochbuch, denn eine Brühe von Schöpsen kommt in anständigen Haushalten nicht auf den Tisch.

## ZUTATEN FÜR 4 PERSONEN
*Zeitaufwand: 3 Stunden*

**1 kg Rindsknochen**
**½ kg mageres Meisel**
**1 große Zwiebel**
**60 g Karotten**
**50 g Petersilwurzel**
**80 g Lauch**
**4 Champignons**
**2 Paradeiser**
**10 Pfefferkörner**
**3 Wacholderbeeren**
**3 Pimentkörner**
**1 großes Lorbeerblatt**
**Salz**

*Für die Kaiserschöberl:*
**4 Eidotter**
**50 g zimmerwarme Butter**
**3 EL Obers**
**Muskatnuss**
**4 Eiklar**
**50 g Mehl**

**2 EL Schnittlauch für die Garnitur**

## ZUBEREITUNG

1. In einem großen Topf Wasser aufkochen, die Knochen darin 2 Minuten blanchieren und mit kaltem Wasser abwaschen. Die Knochen und das Fleisch mit 3 Liter kaltem Wasser bedecken und langsam erhitzen. Dabei den Schaum abschöpfen und die Suppe 1½ Stunden schwach kochen lassen.

2. Zwiebel mit der Schale halbieren und die Schnittfläche in einer Pfanne ohne Fett anrösten. Das restliche Gemüse in grobe Stücke schneiden, mit den Gewürzen und der Zwiebel in die Suppe geben. Die Suppe eine weitere Stunde köcheln lassen.

3. Backrohr auf 180 °C Ober-/Unterhitze vorheizen.

4. Für die Schöberl Eidotter und Butter schaumig rühren. Nach und nach Obers unterschlagen, mit Salz und Muskatnuss würzen. Eiklar zu Schnee schlagen und mit Mehl luftig unter die Masse heben. Den Schöberlteig 1 cm hoch in eine mit Backpapier ausgelegte Auflaufform streichen und 15 Minuten goldbraun backen. Auf ein Brett stürzen, Backpapier abziehen und in Rauten schneiden.

5. Die Suppe durch ein feuchtes Küchentuch abseihen, nochmals erhitzen und mit Salz abschmecken. Mit den Kaiserschöberln in Suppentellern anrichten und mit Schnittlauch bestreuen.

**SERVUS-TIPP:**
*„Zeit haben und warten können", schrieb die Autorin Anna Dorn auch noch als wesentliche Voraussetzung für eine ordentliche Rindsuppe. Klassische Einlagen waren damals in den adeligen Häusern Leberknödel, Frittaten und Grießnockerl. Und natürlich das Schöberl, das mit seinen wertvollen Zutaten wie Butter, Eier, Milch und Obers zum feinen Kaiserschöberl erhoben wurde.*

# Steirische Brotsuppe

Bis zum letzten Restl wurde früher alles verwertet. Auch altes Brot, das man zwar nicht mehr beißen konnte, das aber aus einer dünnen Suppe eine richtige Mahlzeit machte.

**ZUTATEN FÜR 4 PERSONEN**
*Zeitaufwand: 40 Minuten*

**3 Handvoll altbackenes Roggenbrot, in Würfel geschnitten**
**40 g Butter**
**150 g Zwiebeln**
**1 Karotte**
**1 Knoblauchzehe**
**1 Schuss Bier**
**1½ l Rindsuppe**
**je ½ TL Fenchelkörner und Kümmel**
**1 TL getrockneter Liebstöckel**
**2 EL gehackte Minze**
**Salz**
**Pfeffer**

**ZUBEREITUNG**

1. Roggenbrot in Würfel schneiden.
2. In einer Pfanne 20 g Butter aufschäumen, die Brotwürfel darin anrösten und beiseitestellen.
3. Zwiebeln schälen und in Ringe schneiden. Karotte schälen und in Scheiben schneiden. Knoblauch fein hacken.
4. In einem Topf die restliche Butter erhitzen, Zwiebeln, Karotte und Knoblauch darin hellbraun anrösten und mit Bier ablöschen. Suppe zugießen, mit Fenchelkörnern, Kümmel, Liebstöckel, Salz und Pfeffer würzen. Etwa 15 Minuten kochen, dann die Brotwürfel in die Suppe geben. In Teller verteilen und mit viel Minze bestreuen.

**SERVUS-TIPP:**
*Brotsuppen wurden im gesamten Alpenraum ähnlich zubereitet. **Eckart Witzigmann**, Jahrhundertkoch und gebürtiger **Bad Gasteiner**, verfeinert das Essen seiner Kindheit noch mit etwas **Hühnerleber**.*

# Puchberger Bratwurstsuppn

Ein Rezept aus dem niederösterreichischen Schneebergland,
wo man aus einer „Gsöchtn" zu Weihnachten traditionell eine Suppe macht.

**ZUTATEN FÜR 4 PERSONEN**
*Zeitaufwand: 30 Minuten*

4 Paar geselchte Bratwürstel
1 l Wasser
1 EL getrockneter Majoran
schwarzer Pfeffer
4 Knoblauchzehen
ev. ½ Suppenwürfel
1 Becher Sauerrahm (250 g)
2 EL Mehl
3 mittelgroße speckige Erdäpfel
(gekocht, geschält und in nicht zu kleine
Würfel geschnitten)
Salz

**ZUBEREITUNG**

1. Die geselchten Bratwürstel ins Wasser legen, Wasser aufwallen lassen und Würstel leicht anstechen. Etwa 15 Minuten kochen lassen, dann die Würstel herausnehmen und beiseitestellen.
2. Das Würstelwasser mit Majoran und Pfeffer würzen. Knoblauchzehen durch die Presse in die Suppe drücken, eventuell einen halben Suppenwürfel zugeben. Sauerrahm mit Mehl versprudeln und in die Suppe einrühren. Alles kurz aufkochen.
3. Die Würstel aufschneiden und zusammen mit den Erdäpfelwürfel in die Suppe geben und mit Salz abschmecken.

**SERVUS-TIPP:**
*Noch besser wird die Suppe mit einem Stückerl **Gselchtem** oder **Bauchfleisch**. Ab 300 Gramm Gewicht verlängert sich die Kochzeit um 30 Minuten. Das Fleisch wird dann aufgeschnitten und als Einlage serviert. Dazu gibt es **Schwarzbrotschnittln** – keine richtigen Schnitten, sondern grobe Stücke, die direkt vom Laib runtergeschnitten werden – entweder **extra** dazu oder **eingebröckelt**.*

# Rettich mit Graukäse

Der Schwarze Winterrettich ist voller Vitamine, lässt sich gut lagern und passt ausgezeichnet zum würzig-säuerlichen Tiroler Graukas.

**ZUTATEN FÜR 4 PERSONEN**
*Zeitaufwand: 15 Minuten*

400 g Tiroler Graukäse
1 Schwarzer Rettich (ca. 300 g)
200 g kleine, bunte Gartenparadeiser
4 EL fruchtiger Apfelessig
6 EL kalt gepresstes Sonnenblumenöl
1 Msp. Kümmel
Salz
Pfeffer
2 Scheiben Bauernbrot
1 EL Butter

**ZUBEREITUNG**

1. Graukäse in dünne Scheiben schneiden und auf Tellern anrichten.
2. Rettich schälen und in hauchdünne Scheiben hobeln.
3. Paradeiser waschen, in Spalten schneiden und zusammen mit dem Rettich über den Graukäse verteilen.
4. Apfelessig mit Öl, Kümmel, Salz und Pfeffer verrühren, Rettich und Käse damit beträufeln.
5. Brotscheiben in kleine Würfel schneiden, in Butter knusprig braten und über das Gericht streuen.

**SERVUS-TIPP:**
Wer selbst Rettich **anbauen** möchte, kann ihn von Juni bis August direkt im Freiland aussäen – allerdings mit einem Abstand von mindestens 20 Zentimetern, damit die Knollen genügend Platz haben. **Geerntet** wird von September bis November, leichter Frost schadet nicht. **In mit Sand gefüllten Kisten** lässt sich der Rettich kühl und frostfrei bis zu sechs **Monate** lagern. Seinen typischen scharfen Geschmack verursachen die **Senföle** Raphanol, Glucoraphin und Senfölglykosid. Diese wirken schleimlösend und **antibiotisch**, deshalb ist der Saft des Schwarzen Rettichs ein probates **Hausmittel** gegen Erkältungen und Husten.

# Pinzgauer Kaspressknödel

„Zu Wasser und zu Lande" – also ein Knödel in der Suppe und einer mit Salat – wird dieses Gericht traditionell serviert.

## ZUTATEN FÜR 4 PERSONEN
*Zeitaufwand: 50 Minuten*

**400 g mehlige Erdäpfel**
**100 g Knödelbrot**
**125 ml Milch**
**300 g Pinzgauer Bierkäse**
**2 Jungzwiebeln**
**2 Eier**
**30 g Erdäpfelstärkemehl**
**Salz**
**Pfeffer**
**Muskatnuss**
**5 EL Brösel**
**4 EL Butterschmalz**

## ZUBEREITUNG

1. Erdäpfel schälen und in Salzwasser weich kochen. Dann abseihen und ausdampfen lassen. Knödelbrot in einer Schüssel mit Milch übergießen und einweichen lassen. Käse in kleine Würfel schneiden und Jungzwiebeln fein hacken.
2. Die Erdäpfel mit einer Kartoffelpresse auf eine Arbeitsfläche drücken. Mit Knödelbrot, Eiern, Stärkemehl, Salz, Pfeffer und Muskatnuss vermischen. Zum Schluss Käsewürfel und Jungzwiebeln zugeben und mit der Masse verkneten. Aus dem Teig 8 Laibchen formen.
3. Die Kaspressknödel mit Bröseln bestreuen und in Butterschmalz beidseitig langsam knusprig braten. Die Knödel in der Suppe oder/und mit grünem Salat servieren.

**SERVUS-TIPP:**
*Kaspressknödel kennt man im ganzen Alpenraum in regionalen Varianten. In Tirol werden sie mit Berg- oder Graukäse zubereitet, in Vorarlberg mit Sura Kees, dem Montafoner Sauerkäse.*

# Brezeln

Echte Könner haben zum Schlingen eines Brezels eine spezielle Wurftechnik.
Wir empfehlen die gemütliche Legemethode.

## ZUTATEN FÜR CA. 20 STÜCK

*Zeitaufwand: 1 Stunde plus
1 Stunde zum Teigrasten*

300 ml kaltes Wasser
25 g Germ
1 TL Salz
500 g Mehl
1 Eidotter, mit 2 EL Wasser verrührt

## ZUBEREITUNG

1. Wasser, Germ und Salz verrühren. Mehl zugeben und zu einem glatten Teig verkneten. Den Teig in eine Schüssel geben, mit einem feuchten Tuch bedecken und an einem warmen Ort 40 Minuten lang gehen lassen. Den Teig nochmals durchkneten, wieder bedecken und weitere 20 Minuten lang gehen lassen.
2. Den Teig kneten, in Stücke teilen und daraus 1 cm dünne und ca. 30 cm lange Rollen formen, die sich an den Enden stark verdünnen.
3. Die Teigstränge zu einem breiten Hufeisen biegen, die Enden zeigen zum Körper.
4. & 5. Mit den Fingern die Teigenden hochheben und einmal in sich drehen.
6. Die Teigenden über den Knoten nach hinten klappen und etwas auseinanderziehen, danach auf den dickeren Teil des Teiges drücken.
7. Das Backrohr auf 200° C Ober-/Unterhitze vorheizen. Die Brezeln auf ein mit Backpapier belegtes Blech setzen und mit verdünntem Eidotter bestreichen. Etwa 25 bis 30 Minuten lang backen. Herausnehmen, abkühlen und auf Holzstangen trocknen lassen.

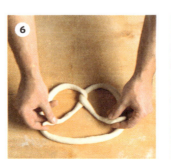

# BREZELKNÖDEL MIT SPECKTRAUBEN

Es geht nichts über frische Brezeln. Und alle, die übrig bleiben,
werden am besten zu Knödeln verarbeitet.

**ZUTATEN FÜR 4 PERSONEN**

*Zeitaufwand: 1 Stunde*

*Für die Specktrauben:*

**600 g blaue Weintrauben**

**150 g geräucherter durchwachsener Speck**

**1 Prise Zucker**

**250 ml Hühnersuppe**

**1 Spritzer Rotweinessig**

**2 Zweige Rosmarin**

**Pfeffer**

*Für die Knödel:*

**60 g Zwiebeln**

**1 EL Butter**

**250 g altbackene Laugenbrezeln**

**200 ml Milch**

**2 große Eier**

**1 EL gehackte Petersilie**

**1 EL Mehl**

**Salz**

**Muskatnuss**

**50 g gehackte Walnüsse**

**ZUBEREITUNG**

1. Die Trauben waschen, halbieren und entkernen. Den Speck in feine Streifen schneiden.

2. In einer Pfanne Speck anschwitzen und die Trauben mit 1 Prise Zucker zugeben. Kurz anschmoren und Hühnersuppe zugießen. Mit Essig ablöschen, Rosmarinzweige einlegen und pfeffern. 10 Minuten bei kleiner Hitze köcheln.

3. In der Zwischenzeit für die Knödel Zwiebeln schälen, fein hacken und in Butter hell anschwitzen.

4. Brezeln in kleine Würfel schneiden und mit Milch übergießen. Die Eier verquirlen, mit Zwiebeln und Petersilie unter die Brezelwürfel mischen. Zum Schluss Mehl einrühren, mit Salz und Muskatnuss würzen.

5. Aus der Masse 8 bis 12 Knödel formen und in Salzwasser 12 Minuten unter dem Siedepunkt ziehen lassen.

6. Die Specktrauben anrichten, Knödel daraufsetzen und mit Walnüssen bestreuen.

# ERDÄPFEL-TASCHERL

Ihr Ursprung ist eigentlich Südtirol. Mit Käse gefüllte Erdäpfelteigtaschen sind aber auch diesseits der Grenze in der ländlichen Küche weit verbreitet.

**ZUTATEN FÜR 4 PERSONEN**

*Zeitaufwand: 1 Stunde*

500 g mehlige Erdäpfel
Salz
150 g Mehl
30 g Erdäpfelstärkemehl
2 Eier
30 g Parmesan
Pfeffer
150 g würziger Almkäse
40 g Butter
1 fein gehackte Zwiebel
1 gehackte Knoblauchzehe
100 g Mascarpone
1 versprudeltes Eiklar

*Für die Garnitur:*

100 g zerlassene Butter
4 EL geriebener Parmesan
4 EL gehackte Walnüsse
4 EL Kresse

**ZUBEREITUNG**

1. Erdäpfel schälen und in Salzwasser weich kochen. Etwas ausdampfen lassen, dann durch die Kartoffelpresse drücken. Mit Mehl, zwei Dritteln der Erdäpfelstärke, Eiern und Parmesan verrühren, salzen und pfeffern. Rasch zu einem glatten Teig verkneten.

2. Den Teig auf einer mit der restlichen Stärke bestreuten Fläche 5 mm dick ausrollen und Kreise mit ca. 9 cm Durchmesser ausstechen.

3. Almkäse in kleine Würfel schneiden. In einem Topf Butter aufschäumen, Zwiebel und Knoblauch darin bei mittlerer Hitze anschwitzen und abkühlen lassen. Almkäse und Mascarpone zugeben, mit Salz und Pfeffer würzen.

4. 1 TL Fülle jeweils auf die obere Hälfte der Teigkreise setzen und die Teigränder mit Eiklar bepinseln. Die Teigkreise zusammenklappen und die Ränder fest andrücken.

5. In einem großen Topf Salzwasser aufkochen, die Teigtaschen darin so lange köcheln lassen, bis sie an der Oberfläche schwimmen. Noch 2 Minuten ziehen lassen, dann herausheben.

6. Teigtaschen auf Tellern anrichten. Mit zerlassener Butter beträufeln, mit Parmesan, Walnüssen und Kresse bestreuen.

# Bohnenlaberl mit Kürbiskernen

Sie waren am Land lange das wichtigste Grundnahrungsmittel und wurden sogar als Mehlersatz verwendet. In der Steiermark hat man die Bohnen gerne mit Kürbiskernen kombiniert.

## ZUTATEN FÜR 4 PERSONEN

*Zeitaufwand: 1½ Stunden plus 1 Nacht zum Einweichen*

**400 g Wachtelbohnen**
**250 g mehlige Erdäpfel**
**100 g Zwiebeln**
**2 Knoblauchzehen**
**1 EL Butter**
**1 EL Kürbiskernöl**
**3 EL Brösel**
**1 Ei**
**1 EL gehackte Petersilie**
**Salz**
**Pfeffer**
**Brösel zum Bestreuen**
**Rapsöl und Butter zum Braten**

## ZUBEREITUNG

1. Wachtelbohnen über Nacht in lauwarmem Wasser einweichen. Am nächsten Tag in Salzwasser weich kochen und kalt abschrecken.
2. Erdäpfel schälen, in Salzwasser weich kochen, abseihen und ausdampfen lassen.
3. Zwiebeln und Knoblauch fein hacken und in Butter langsam hellbraun anschwitzen.
4. Bohnen mit Kernöl verrühren und mit dem Mixer grob pürieren. Erdäpfel durch eine Presse drücken, mit Bohnenpüree, Zwiebeln, Knoblauch, Bröseln, Ei, Petersilie, Salz und Pfeffer vermischen.
5. Aus der Bohnenmasse flache Laberl formen und mit Bröseln bestreuen.
6. Bohnenlaberl in Öl und Butter beidseitig knusprig braten. Herausnehmen und auf Küchenpapier abtropfen lassen.

**SERVUS-TIPP:**
*Bohnen müssen vor dem Kochen **immer** eingeweicht werden. Am besten über Nacht in **lauwarmem Wasser** im Verhältnis 1:3. Weit verbreitet sind die **Saubohnen**, die sich gut in **Eintöpfen** machen. Dafür und für **Pürees** eignet sich auch die rot-braun-beige gesprenkelte **Wachtelbohne**. Zu den Bohnenlaberln passt ein Paradeiser- oder Blattsalat mit Kernöl.*

# WILDPASTETE

Bevor sich der Adel in immer luxuriösere Varianten verstieg, war die Pastete
eine beliebte Restlverwertung. Hier ein Rezept aus dem 16. Jahrhundert.

**ZUTATEN FÜR 1 FORM
MIT 25 CM DURCHMESSER**
*Zeitaufwand: 3 Stunden*

*Für den Teig:*
**25 g Schweineschmalz**
**2–3 EL Wasser**
**250 g Mehl**
**2 Eier**
**1 Prise Salz**
**Öl für die Form**
**1 Eidotter zum Bepinseln**

*Für die Fülle:*
**250 g Hirschfleisch**
**100 g durchwachsener Speck**
**250 g Rindsfaschiertes**
**Majoran, Thymian, Rosmarin**
**1 Stück geriebener Ingwer (4 cm)**
**gemahlene Wacholderbeeren**
**schwarzer Pfeffer**
**1 Zitrone**
**¼ l Wildfond oder Rindsuppe**

**ZUBEREITUNG**

1. Für den Teig Schmalz mit Wasser erhitzen und etwas abkühlen
   lassen. Mehl in eine Schüssel geben und in die Mitte eine Vertiefung
   hineindrücken. Eier, Salz und die abgekühlte Wasser-Schmalz-
   Mischung zugeben und zu einem festen Teig verkneten. Dann
   mindestens 1 Stunde im Kühlschrank rasten lassen.
   In der Zwischenzeit das Wildfleisch in kochendem Wasser überbrühen.
   Dann abwaschen, abtrocknen und klein schneiden. Speck kleinwürfelig schneiden, mit Faschiertem und Wildfleisch vermischen. Kräftig
   mit Majoran, Thymian, Rosmarin, geriebenem Ingwer, gemahlenen
   Wacholderbeeren, schwarzem Pfeffer und Salz abschmecken. Zitrone
   schälen, sodass auch die weiße Haut entfernt wird, filetieren und
   Kerne entfernen. In feine Stücke schneiden und unter das Fleisch
   mischen. Backofen auf 200 °C vorheizen.

2. Den Teig dünn ausrollen. Eine Springform (ca. 25 cm Durchmesser)
   mit Öl befetten und mit dem Teig auslegen. Dabei einen Teil des
   Teiges für den Deckel beiseitelegen. Den Teigboden mit der Fleisch-
   mischung belegen und mit Suppe begießen.

3. Springform mit dem restlichen Teig bedecken, die Ränder befeuchten
   und fest andrücken bzw. miteinander verkleben. Falls Teigreste übrig
   bleiben, Blätter daraus formen und auf den Deckel kleben.

4. In den Teigdeckel zwei kleine Löcher schneiden. Sie dienen dazu,
   dass der Dampf aus der Pastete während des Backens entweichen
   kann, ohne dass der Teig zerreißt. Den Deckel dann mit Eidotter
   bepinseln.

5. Um sicherzugehen, dass sich die Löcher während des Backens nicht
   verschließen, kann man sie mit Röhrchen aus Stanniol stabilisieren.
   Im Backrohr ca. 30 Minuten lang goldbraun backen. Entweder gleich
   oder später kalt servieren.

# Saure Leber mit Erdäpfelpüree

In Tirol verstand man es schon immer, die Kalbsleber delikat zuzubereiten.
Mit Essig, Zitronenschale und Rotwein zum Beispiel.

## ZUTATEN FÜR 4 PERSONEN
*Zeitaufwand: 1 Stunde*

**120 g Zwiebeln**
**2 EL Butter**
**2 TL Tomatenmark**
**4 EL Apfelessig**
**125 ml Rotwein**
**500 ml klare Hühnersuppe**
**1 Lorbeerblatt**
**1 Stück Zitronenschale**
**1 kleine gepresste Knoblauchzehe**
**Maisstärke zum Binden**
**Salz**
**Pfeffer**
**Zucker**
**1 TL getrockneter Majoran**
**700 g Kalbsleber**
**2 EL Butter**
**frischer Majoran für die Garnitur**

*Für das Püree:*
**800 g mehlige Erdäpfel**
**Kümmel**
**200 ml heiße Milch**
**60 g Butter**
**Muskatnuss**

## ZUBEREITUNG

1. Zwiebeln schälen, in Streifen schneiden und in Butter langsam hellbraun anschwitzen. Tomatenmark zugeben und kurz mitschwitzen. Mit Essig und Rotwein ablöschen und etwas einreduzieren.
2. Hühnersuppe zugießen, Lorbeerblatt, Zitronenschale und Knoblauch zugeben und bei kleiner Hitze 10 Minuten kochen.
3. Lorbeerblatt und Zitronenschale entfernen. Maisstärke mit kaltem Wasser anrühren und die Sauce damit binden. Mit Salz, Zucker, Pfeffer und Majoran abschmecken.
4. Die Leber waschen und mit Küchenpapier trocken tupfen. Quer zunächst in dünne Scheiben und diese dann in 5 mm dicke Streifen schneiden. In einer schweren Pfanne portionsweise 1 Minute in Butter anbraten und sofort in die Sauce geben. Diese darf nicht mehr kochen.
5. In der Zwischenzeit für das Püree Erdäpfel in Kümmelwasser weich kochen. Noch heiß schälen und sofort in eine Schüssel pressen. Mit Milch und Butter glatt rühren, mit Salz und Muskatnuss abschmecken.
6. Saure Leber mit Püree anrichten und mit Majoran bestreuen.

**SERVUS-TIPP:**
*Die Sauce darf **nicht mehr kochen**, wenn man die kurz gebratene Leber einlegt, da diese sonst zäh wird.*

# Liesertaler Hackelruabn-Fleisch

Wadlruabn nennen die Kärntner die Weißen Rüben,
die im Herbst als Nachfrucht angebaut und nach der Ernte eingelegt werden.

**ZUTATEN FÜR 4 PERSONEN**
*Zeitaufwand: 1 Stunde 15 Minuten*

**400 g Schweinsschnitzel**
**60 g geräucherter Speck**
**30 g Butter**
**2 fein gehackte Knoblauchzehen**
**125 ml Weißwein**
**½ TL Kümmel**
**600 g saure Rüben**
**Salz, Pfeffer**

**ZUBEREITUNG**

1. Schweinsschnitzel in 2 cm breite Streifen schneiden und den Speck klein würfeln.
2. Butter in einem Schmortopf erhitzen, Fleisch und Speck darin scharf anbraten. Knoblauch zugeben, kurz mitschwitzen, dann mit Weißwein ablöschen. Kümmel und saure Rüben zugeben, zudecken und bei kleiner Hitze etwa 1 Stunde schmoren lassen.
3. Das fertige Hackelruabn-Fleisch mit Salz und Pfeffer würzen. Mit Kärntnerbrot und Glundner Kas servieren.

**SERVUS-TIPP:**
*Zum Einlegen werden die Rüben gewaschen und **samt der Schale** zerkleinert. Dann mit Kümmel, aber **ohne Salz** in ein Steingut-, Holz- oder Glasgefäß schichten. Mit so viel **Wasser bedecken**, dass es etwa 5 cm über die Rüben reicht. Mit einem Leintuch bedecken, ein Brett darüberlegen und dieses mit einem Stein beschweren. **Eine Woche** bei Zimmertemperatur **säuern** lassen.
Die Hacklruabn kann man auch ohne Fleisch nur mit **Erdäpfeln** zubereiten.*

# Einbrennte Erdäpfel

Der Klassiker der österreichischen Alltagsküche machte einst ganze Großfamilien satt.
Das ideale Rezept dafür gibt's nicht, nur reichlich Variationen.

**ZUTATEN FÜR 4 PERSONEN**
*Zeitaufwand: 30 Minuten*

**600 g Erdäpfel**
**1 Zwiebel**
**3 EL Fett**
**Kümmel**
**Salz**
**etwas Rindsuppe**
**1 zerbrochenes Lorbeerblatt**
**1 EL Mehl**
**1 Spritzer Essig**
**¼ l Sauerrahm**
**Schnittlauch zum Garnieren**

**ZUBEREITUNG**

1. Erdäpfel schälen und dünnblättrig schneiden.
2. Zwiebel schälen, fein schneiden und in 2 EL Fett gelb anschwitzen. Erdäpfel zugeben und mit Kümmel würzen. Vermischen und mit nicht zu viel Rindsuppe aufgießen. Das Lorbeerblatt einlegen und salzen. Zudecken und die Erdäpfel halbweich kochen.
3. Inzwischen aus 1 EL Fett mit Mehl eine Einbrenn zubereiten und mit etwas Kochsud aufgießen. Zu den Erdäpfeln geben, glatt rühren und mit Essig säuern. Langsam kochen, bis die Erdäpfel weich sind. Das Lorbeerblatt entfernen, mit Sauerrahm abschmecken und mit Schnittlauch garnieren.

**SERVUS-TIPP:**
*Es ist noch gar nicht so lange her, dass die* **Einbrennten Hund***,
wie sie auch genannt werden, eine Hauptrolle in den heimischen
Küchen spielten.* **Bis in die 1960er-Jahre** *gab es sie auch
in jedem ordentlichen Wirtshaus.
In* **Ostösterreich** *war auch folgende Version recht verbreitet:
Die Erdäpfel werden blättrig geschnitten und in einem Sud aus Wasser oder
Rindsuppe, einer Prise Zucker, Kümmel, Salz und einem Lorbeerblatt
zugestellt. Sind sie fast weich gekocht, gibt man sie* **mit dem Sud** *zur
gleichzeitig hergestellten* **Einbrenn.** *Zum Schluss kommen noch*
**Essiggurkerl** *und ein Schuss Essig dazu.*

# WALSER KÄÄSKNÖPFLE

Im Kleinwalsertal wird für die dort typischen Kasnocken Räßkäse
mit Bergkäse gemischt. Je älter der Bergkäse ist, umso würziger werden die Knöpfle.

## ZUTATEN FÜR 4 PERSONEN
*Zeitaufwand: 1 Stunde*

**300 g Mehl**
**3 Eier**
**⅛ l Wasser**
**1 Prise Salz**
**50 g geriebener Räßkäse**
**100 g geriebener Walser Bergkäse**
**4 Zwiebeln**
**150 g Butter**
**Schnittlauch zum Bestreuen**

## ZUBEREITUNG

1. Aus Mehl, Eiern, Wasser und Salz einen zähflüssigen Teig anrühren. Beiseitestellen und 30 Minuten rasten lassen. Räßkäse mit Bergkäse vermischen.
2. In einem bis zum Rand gefüllten Topf Salzwasser aufkochen. Einen Teil des Teiges durch ein Knöpflesieb hineinstreichen. Einmal aufkochen, mit einem Schaumlöffel die Knöpfle herausheben. In eine vorgewärmte Schüssel geben und mit etwas Käsemischung bestreuen.
3. Den nächsten Teil des Teiges zu Knöpfle kochen, in die Schüssel schichten und wieder mit Käse bestreuen. So lange wiederholen, bis Teig und Käse aufgebraucht sind.
4. Die so angerichteten Kääsknöpfle kurz ins vorgewärmte Backrohr stellen, damit der Käse zerfließen kann.
5. In der Zwischenzeit Zwiebeln schälen, fein schneiden und in Butter bräunen.
6. Die Kääsknöpfle aus dem Rohr nehmen und mit den Zwiebeln samt Butter abschmalzen.

WINTER **HAUPTSPEISEN**

# Spinat-Auflauf mit Erdäpfeln

Spinat ist einer der wenigen Vitamin-Lieferanten, die es im Winter frisch gibt. Auch wenn das mit dem Eisengehalt ein Märchen war, gesund ist er trotzdem.

**ZUTATEN FÜR 4 PERSONEN**
*Zeitaufwand: 80 Minuten*

**500 g Spinatblätter**
**3 Jungzwiebeln**
**1 Knoblauchzehe**
**3 EL Olivenöl**
**250 g Sauerrahm**
**2 Eier**
**Salz**
**Pfeffer**
**Muskatnuss**
**600 g gekochte speckige Erdäpfel**
**150 g geriebener Weinkäse**
**Butter für die Form**

**ZUBEREITUNG**

1. Die dicken Stiele von den Spinatblättern entfernen. Die Blätter in reichlich kaltem Wasser so lange waschen, bis sie vollständig von Sand befreit sind. In einem großen Topf Wasser aufkochen und die Spinatblätter zugeben. Zusammenfallen lassen, abseihen und sofort eiskalt abschrecken. Leicht ausdrücken und grob hacken.
2. Jungzwiebeln und Knoblauch fein hacken und in Olivenöl glasig anschwitzen. Spinat zugeben und kurz durchschwenken.
3. Sauerrahm mit den Eiern verrühren, mit Salz, Pfeffer und Muskatnuss würzen. Dann mit dem Spinat vermischen.
4. Erdäpfel schälen und in ca. 4 mm dicke Scheiben schneiden.
5. Eine Auflaufform mit Butter ausstreichen und das Backrohr auf 200 °C Ober-/Unterhitze vorheizen.
6. Die Erdäpfelscheiben abwechselnd mit Käse und der Spinatmasse in die Form schichten. Mit Spinatmasse abschließen und mit Käse bestreuen. Im Backrohr ca. 40 Minuten backen.

**SERVUS-TIPP:**

*Rund um den Eisengehalt in Spinat ranken sich viele **Legenden**. Weit verbreitet ist jene, dass es sich um einen **Tippfehler** gehandelt haben soll. **Auch falsch**. 1890 hat der Schweizer Physiologe **Gustav von Bunge** den Eisengehalt **richtig** berechnet, allerdings für getrockneten **Spinat**. Da frischer Spinat aber zu 90 Prozent aus Wasser besteht, enthalten 100 Gramm davon „nur" 3,5 Milligramm und nicht 35.*
*Im **Spätherbst** unter einer gläsernen Abdeckung angesetzt und jede Woche nachgesät, kann man **nach 50 Tagen** laufend frischen Spinat ernten. Aber immer vor der Blüte, sonst wird er bitter.*
*Frische Blätter maximal nach **2 Tagen** im Kühlschrank verarbeiten. Zum Einfrieren muss man den Spinat vorher blanchieren.*

# Scharfer Bohnen-Eintopf

Bei einem zünftigen Hüttenzauber ist ein würziger Eintopf genau das Richtige.
Im Salzburgerischen wird er gerne mit Hirschwürsteln gemacht.

## ZUTATEN FÜR 4 PERSONEN
*Zeitaufwand: 1 Stunde*

**250 g kleine weiße Bohnen aus der Dose**
**250 g Käferbohnen aus der Dose**
**400 g luftgetrocknete, weiche Hirschwürstel**
**2 große Zwiebeln**
**3 Knoblauchzehen**
**200 g geschälte Erdäpfel**
**3 EL Schmalz**
**2 TL edelsüßes Paprikapulver**
**1 TL Zucker**
**125 ml Rotwein**
**500 ml klare Suppe**
**1 TL getrockneter Rosmarin**
**500 g geschälte Paradeiser aus der Dose**
**8 milde eingelegte Pfefferoni**
**4 scharfe eingelegte Pfefferoni**
**Salz**
**Pfeffer**
**Tabasco**

## ZUBEREITUNG

1. Die Bohnen in ein Sieb schütten, abbrausen und abtropfen lassen.
2. Hirschwürstel in 1 cm dicke Scheiben schneiden. Zwiebeln schälen und in dünne Streifen schneiden. Knoblauch hacken und Erdäpfel in ca. 3 cm große Stücke schneiden.
3. In einer schweren Pfanne Öl oder Schmalz erhitzen, Zwiebeln darin anrösten. Hirschwürstel, Knoblauch und Erdäpfel zugeben und kurz mitbraten. Paprika und Zucker einrühren, mit Rotwein ablöschen. Suppe zugießen, Rosmarin einrühren und 20 Minuten kochen lassen.
4. Paradeiser mit Saft einmischen und weitere 10 Minuten kochen lassen. Dann Bohnen und Pfefferoni untermischen, 5 Minuten kochen und kräftig abschmecken. Den Bohneneintopf heiß servieren und dazu rustikales Brot reichen.

**SERVUS-TIPP:**
*Die Hirschwürste können durch andere* **luftgetrocknete,** *aber eher weiche Würste ersetzt werden. Und in anderen Jahreszeiten nimmt man* **frische Bohnen und Paradeiser.**

# WALDVIERTLER GRAMMELKNÖDEL

Im benachbarten Oberösterreich hüllt man die Grammeln in einen ganz dünnen Nudelteig. Im nördlichen Niederösterreich ist es natürlich ein Erdäpfelteig.

**ZUTATEN FÜR 4 PERSONEN**

*Zeitaufwand: 1 Stunde*

*Für den Teig:*

**750 g mehlige Erdäpfel**
**Salz**
**40 g zerlassene Butter**
**150 g griffiges Mehl**
**80 g Grieß**
**4 Eidotter**
**Muskatnuss**
**gebräunte Butter**
**gehackte Petersilie zum Bestreuen**

*Für die Fülle:*

**200 g Grammeln**
**1 gepresste Knoblauchzehe**
**1 Prise Paprikapulver**
**1 EL gehackte krause Petersilie**
**Pfeffer**

**ZUBEREITUNG**

1. Erdäpfel schälen und in leicht gesalzenem Wasser weich kochen. Dann abseihen und ausdampfen lassen.
2. Erdäpfel durch eine Kartoffelpresse drücken, mit Butter, Mehl, Grieß, Eidotter, Salz und Muskatnuss zu einem glatten Teig verarbeiten.
3. Für die Fülle die Grammeln nicht zu fein hacken. Mit den restlichen Zutaten vermischen und mit Salz abschmecken.
4. In einem großen Topf reichlich Salzwasser zum Kochen bringen.
5. Erdäpfelteig in 8 Stücke teilen und mit den Händen flach drücken. Die Grammeln jeweils in der Mitte platzieren, mit Teig umschließen und zu runden Knödeln formen.
6. Die Knödel ca. 15 Minuten lang unter dem Siedepunkt ziehen lassen. Herausheben und noch heiß anrichten. Mit gebräunter Butter beträufeln und mit Petersilie bestreuen.

*WINTER* **HAUPTSPEISEN**

**SERVUS-TIPP:**
*Ebenfalls beliebt war ein Teig **aus rohen und gekochten Erdäpfeln** im Verhältnis 2:1, der nur mit Mehl gefestigt wurde. Diese Knödel hat man in der **süßen Version** mit Mohn gefüllt. Der geriebene Mohn wird in wenig Butter leicht angeröstet, mit heißer Milch und etwas Zucker aufgekocht. Die gefüllten Knödel in Salzwasser kochen und in brauner Butter abschmalzen. Die **Mohnknödel** waren eine begehrte **Wegzehrung** bei den Kindern auf ihrem **Schulweg**.*

# Tiroler Riederle

Klingt nach Klassiker? Soll es bitte werden, denn hier hat unser Koch Alexander Rieder sein kulinarisches Erbe aus den Tiroler Bergen gekonnt in ein Rezept verwandelt.

**ZUTATEN FÜR 4 PERSONEN**
*Zeitaufwand: 40 Minuten*

- 600 g speckige Erdäpfel
- 200 g Topfen
- 250 g Graukäse
- Salz, Pfeffer
- 1 Handvoll Salbeiblätter
- 2 Äpfel
- 200 g sehr dünne Scheiben Räucherspeck
- 2 EL Butter

**ZUBEREITUNG**

1. Erdäpfel in der Schale weich kochen, abseihen und ausdämpfen lassen.
2. Topfen mit Graukäse grob zerdrücken, mit Salz und Pfeffer abschmecken. Die Äpfel in Spalten schneiden.
3. Erdäpfel so einschneiden, dass ein tiefer Spalt entsteht. Die Graukäsemasse in den Spalt füllen, je eine Apfelspalte hineinstecken und ein Salbeiblatt auf die Fülle legen. Die Erdäpfel mit Speck umwickeln und mit Zahnstochern fixieren.
4. Erdäpfel in Butter knusprig braten. Die ausgelaufene und gebratene Käsemasse vom Pfannenboden lösen und mitservieren (sie schmeckt herrlich!).

**SERVUS-TIPP:**
*Das Riederle schmeckt genauso gut, wenn man die Salbeiblätter durch **Minze oder Petersilie** ersetzt. Auf den Bauernhöfen in **Nord- und Osttirol** wird der Graukäse seit dem Mittelalter hergestellt. Den **Sauermilchkäse** kann man noch **saurer** mit Zwiebeln in Essig und Öl als **Jause** servieren.*

# PINZGAUER BLADLN

Das einfache Holzfälleressen wird entweder aus Mehl oder Erdäpfeln zubereitet,
auf jeden Fall aber in Schmalz herausgebacken.

**ZUTATEN FÜR 4 PERSONEN**
*Zeitaufwand: 45 Minuten plus*
*Erdäpfelkochen am Vortag*

**½ kg Erdäpfel**
**Salz**
**120 g Mehl**
**1 EL zerlassene Butter oder Öl**
**Butterschmalz zum Backen**

**ZUBEREITUNG**

1. Erdäpfel am Vortag kochen.
2. Vor der Zubereitung Erdäpfel schälen, fein reiben und salzen. Mit Mehl und Butter vermischen und rasch zu einem Teig kneten.
3. Aus dem Teig eine Rolle formen und fingerdicke Stücke abschneiden. Diese jeweils zu einer dünnen Scheibe auswalken. Die Scheiben halbieren und in jede Hälfte mit dem Messer einen kleinen Schnitt machen.
4. In einer Pfanne reichlich Öl erhitzen, die Bladln darin schwimmend knusprig herausbacken. Herausheben und auf Küchenpapier abtropfen lassen.
5. Bladln übereinander in eine Schüssel legen und zudecken, damit sie weich werden.
6. Traditionellerweise werden die Bladln mit gedünstetem Sauerkraut, oft aber auch mit Rettichsalat serviert.

# PINZGAUER NIDEI

Im Volksmund nennt man sie auch „Bauchzwickerl", weil sie so gut
schmecken, dass man nicht mit dem Essen aufhören kann.

**ZUTATEN FÜR 4 PERSONEN**
*Zeitaufwand: 50 Minuten*

*Für das Sauerkraut:*
**150 g Zwiebeln**
**50 g Butter**
**700 g Sauerkraut**
**125 ml Weißwein**
**500 ml Gemüsesuppe**
**2 Lorbeerblätter**
**10 Pfefferkörner**
**5 Wacholderbeeren**
**Salz**
**Pfeffer**

*Für die Nidei:*
**500 g Erdäpfel**
**(am Vortag in der Schale gekocht)**
**Muskatnuss**
**120 g Mehl**
**2 Eidotter**
**40 g Butter**

**ZUBEREITUNG**

1. Für das Kraut Zwiebeln in Streifen schneiden. In einem Topf Butter aufschäumen, Zwiebeln darin langsam goldbraun anrösten. Sauerkraut einmischen, mit Wein ablöschen und mit Suppe aufgießen. Die Gewürze zugeben, salzen und pfeffern. Das Kraut 30 Minuten lang dünsten.

2. In der Zwischenzeit Kartoffeln schälen und fein reiben. Mit Salz, Muskatnuss und Mehl locker vermischen. Eidotter einrühren und schnell zu einem weichen Teig verkneten. (Dauert das zu lange, wird der Teig durch die Kartoffelstärke klebrig.)

3. Aus dem Teig daumendicke Rollen formen und davon ca. 2 cm breite Stücke – die Nidei – abstechen. In heißer Butter rundum kräftig anbraten.

4. Die Nidei heiß mit dem Sauerkraut servieren.

**SERVUS-TIPP:**
*Die typisch Pinzgauer Küche ist deftig mit vielen **fleischlosen** Gerichten. An ganz besonderen **Festtagen** hat man zu den Nidei ein Stückchen **Kümmel-** oder **Schweinsbraten** serviert.*

# KARAMELLISIERTES KRAUTFLEISCH

Das vitaminreiche Sauerkraut wurde früher im Winter als Suppe gegessen.
In Ostösterreich machte man es mit Schweinefleisch zur Hauptspeise.

**ZUTATEN FÜR 4 PERSONEN**
*Zeitaufwand: 2 Stunden*

**1 kg ausgelöste Schweinsschulter**
**250 g Zwiebeln**
**4 EL Sonnenblumenöl**
**3 EL edelsüßes Paprikapulver**
**1 TL gemahlener Kümmel**
**125 ml Weißwein**
**500 ml Gemüsesuppe**
**2 EL Tomatenmark**
**400 g Sauerkraut**
**Salz**
**Pfeffer**
**50 g Zucker**

**ZUBEREITUNG**

1. Fleisch von Sehnen und Haut befreien, in ca. 5 cm große Stücke schneiden. Zwiebeln schälen, halbieren und in Streifen schneiden.
2. Zwiebeln in Öl kräftig anschwitzen, Fleisch zugeben und 2 bis 3 Minuten anbraten. Paprikapulver und Kümmel kurz mitrösten und mit Weißwein ablöschen. Gemüsesuppe zugießen, den Deckel aufsetzen und das Schweinefleisch 1 Stunde bei kleiner Hitze schmoren.
3. Das gekochte Fleisch mit einem Siebschöpfer aus der Sauce heben. Tomatenmark in die Sauce rühren, mit Salz und Pfeffer kräftig würzen. Sauerkraut einmischen und zugedeckt 15 Minuten schmoren lassen.
4. In einer großen Pfanne Zucker leicht karamellisieren. Schweinefleisch zugeben und kurz durchschwenken. Anschließend unter das Sauerkraut mischen und 20 Minuten schmoren.
5. Das Krautfleisch mit gekochten Erdäpfeln und Sauerrahm servieren.

**SERVUS-TIPP:**
*100 Gramm Sauerkraut enthalten* **20 Milligramm Vitamin C**, *dazu kommen noch Vitamin A, B1 und B2, Niacin, wichtige Mineralstoffe und Ballaststoffe. In Ostösterreich, wo man in* **alter Tradition** *auch den Salat ein wenig zuckert, weil der Essig einst so sauer war, karamellisiert man auch das Sauerkraut. Das kann, aber* **muss nicht sein.**

# Waldviertler Mohnkarpfen

In Niederösterreich gibt es westlich vom Manhartsberg fast so viele Mohnfelder wie Karpfenteiche. Auch geschmacklich sind Fisch und Mohn eine gute Kombination.

## ZUTATEN FÜR 4 PERSONEN
*Zeitaufwand: 30 Minuten*

**4 geschröpfte Karpfenfilets (auf der Hautseite schachbrettartig eingeschnitten)**
**Saft von 1 Zitrone**
**Salz**
**Pfeffer**
**2 Handvoll Mehl**
**2 Eier**
**2 Handvoll Semmelbrösel**
**3 EL Mohn für die Panier**
**Butterschmalz zum Herausbacken**

## ZUBEREITUNG

1. Die Karpfenstücke mit Zitronensaft beträufeln und kurz ziehen lassen. Dann mit Salz und Pfeffer würzen.
2. In Mehl und versprudelten Eiern wenden. Die Brösel mit Mohn versieben und die Filets darin fertig panieren.
3. Sofort in heißem Butterschmalz langsam herausbacken. Auf Küchenpapier abtropfen lassen und mit Erdäpfelsalat servieren.

**SERVUS-TIPP:**
*Die Karpfenfilets auf der **Hautseite** etwas länger backen, damit durch die Hitze die vielen kleinen **Gräten** schmelzen.*
*Beim **Herausbacken** die Pfanne immer wieder **leicht schwenken**.*
*So wirft die Panier schöne Wellen, weil dabei das Ei **souffliert**.*
*Das gilt übrigens auch für das **Wiener Schnitzel**.*

# Huhn in Rotwein mit Eiergersteln

Eiergersteln – auch Eiergraupen oder Tarhonya genannt – sind als Beilage zu Fleischspeisen mit Saucen in der burgenländischen Küche fest verankert.

**ZUTATEN FÜR 4 PERSONEN**
*Zeitaufwand: 1½ Stunden*

1 Landhendl (ca. 1,5 kg)
70 g Räucherspeck
150 g Zwiebeln
2 Knoblauchzehen
100 g Karotten
100 g Lauch
1 EL Butter
2 EL Tomatenmark
1 l Rotwein
2 Lorbeerblätter
je 2 Zweige Petersilie, Liebstöckel und Rosmarin
150 g Champignons
Salz
Pfeffer

*Für die Eiergersteln (Tarhonya):*
500 g Mehl
4 Eier
3 EL Wasser
1 EL Butter

**ZUBEREITUNG**

1. Das Hendl waschen, trocken tupfen und in 8 Stücke teilen.
2. Räucherspeck und Zwiebeln in Streifen schneiden, Knoblauch fein hacken. Karotten und Lauch in Scheiben schneiden.
3. Das Backrohr auf 180 °C Umluft vorheizen.
4. In einem Schmortopf Speck, Zwiebeln und Knoblauch in Butter goldbraun anschwitzen. Das restliche Gemüse mit Tomatenmark kurz mitrösten und Rotwein zugießen. Die Hendlstücke mit Lorbeerblättern und Kräutern einlegen. Zugedeckt im Ofen etwa 45 Minuten schmoren.
5. In der Zwischenzeit für die Eiergersteln Mehl, Eier und Wasser zu einem sehr festen Teig verkneten. Den Teig mit einer Gemüsereibe auf Backpapier bröseln und kurz trocknen lassen.
6. Die Hendlstücke aus der Sauce heben, enthäuten und beiseitestellen. Die Sauce durch ein Sieb in einen Topf passieren. Die geputzten Champignons zugeben und 10 Minuten köcheln. Die Rotweinsauce abschmecken und leicht binden. Die Hendlstücke einlegen und in der Sauce warm halten.
7. Die Eiergersteln in Salzwasser einmal aufkochen, abseihen und in Butter schwenken.

**SERVUS-TIPP:**
*Tarhonya brachten einst **ungarische Hirten und Feldarbeiter** ins Burgenland als Wegzehrung mit. Sie waren sofort beliebt, da man sie so gut auf Vorrat herstellen konnte. Die geriebenen Teiggersteln wurden in der Sonne, später im Backrohr **getrocknet** und in **dünnen Leinensäckchen in der Speis aufgehängt**. Sie wurden und werden noch heute entweder wie Reis **gedünstet** oder in Wasser gekocht und **abgeschmalzt**.*

# WILDENTE MIT DÖRROBST UND SEMMELKREN-AUFLAUF

„Pimpaleng" nennt man die Wildenten in Oberösterreich,
wo man sie gerne mit getrockneten Früchten füllt.

**ZUTATEN FÜR 4 PERSONEN**

*Zeitaufwand: 80 Minuten*

**2 küchenfertige Wildenten à ca. 800 g**
**(oder 1 Ente mit 1,2 kg)**
**Salz**
**Pfeffer**
**3 Rosmarinzweige**
**300 g Dörrobst**
**(Marillen, Zwetschken, Äpfel,**
**Beeren, Kirschen)**
**250 ml Gewürztraminer**
**200 ml Hühnersuppe**
**je 1 Prise Zimt und Nelkenpulver**
**Maizena zum Binden der Sauce**
**1 EL gehobelte geröstete Mandeln**

*Für den Semmelkren-Auflauf:*
**Butter für die Formen**
**100 g Zwiebeln**
**60 g Butter**
**250 g altbackene Semmeln**
**200 ml heiße Milch**
**3 verquirlte Eier**
**1 EL gehackte Petersilie**
**1 EL fein geriebener Kren**

**ZUBEREITUNG**

1. Das Backrohr auf 170 °C Umluft vorheizen.
2. Die Enten mit Salz und Pfeffer innen und außen einreiben und mit 2 Zweigen Rosmarin füllen. Mit der Brustseite nach unten auf einen Gitterrost legen und mit einer Auffangform für das Fett in den Ofen schieben. Zunächst 20 Minuten braten, dann auf dem Gitter wenden und nochmals 20 Minuten braten. Die Temperatur auf 220 °C erhöhen und weitere 10 Minuten knusprig braun braten (eine größere Ente je 30 Minuten auf dem Gitter braten).
3. Für den Auflauf 4 kleine Souffléformen mit Butter ausstreichen. Die Zwiebeln schälen, fein schneiden und in Butter hellbraun anschwitzen. Die Semmeln in 2 cm große Würfel schneiden und in einer Schüssel mit Zwiebelbutter, Milch, verquirlten Eiern, Petersilie und Kren locker vermengen und 10 Minuten stehen lassen. In die Auflaufformen füllen und 15 Minuten vor Ende der Bratzeit zur Ente auf das Gitter in den Ofen stellen und backen.
4. In der Zwischenzeit Dörrobst in Wein einweichen. Dann mit Hühnersuppe, Zimt, Nelkenpulver und dem restlichen Rosmarinzweig 10 Minuten kochen. Das Dörrobst aus der Sauce heben und warm stellen. Die Sauce mit 2 EL vom Entenfett verrühren und mit Maizena leicht binden.
5. Den Semmelkren-Auflauf aus den Formen stürzen. Das Dörrobst mit Mandeln bestreut anrichten. Die Ente tranchieren und mit viel Sauce servieren.

**SERVUS-TIPP:**
*Plaßlanten sagt man übrigens im Salzkammergut und in Niederösterreich Duckanten. Anders als ihre domestizierten Verwandten haben die Wildenten eine **ausgeprägte Muskulatur**. Man muss sie **behutsam braten**, sonst werden sie zäh. Zum **Rupfen** taucht man sie kurz in heißes Wasser. Dann lassen sich die Federn mit einem **kräftigen Ruck gegen die Wuchsrichtung** leichter herausziehen.*

# GEFÜLLTE KALBSBRUST

Ein Standardgericht der österreichischen Küche,
das man früher oft mit Leber- oder gar Krebsfülle zubereitet hat.

**ZUTATEN FÜR 4-6 PERSONEN**

*Zeitaufwand: 2½ Stunden*

*Für die Fülle:*

2 altbackene Semmeln
125 ml Milch
100 g Schalotten
40 g Butter
2 Eier
1 EL gehackte Petersilie
½ TL getrocknetes Liebstöckel
Salz, Muskatnuss

1 Kalbsbrust mit Knochen, ca. 1,6 kg
2 EL Sonnenblumenöl
Pfeffer
2 Zwiebeln
4 Knoblauchzehen
80 g Karotten
60 g Petersilwurzel
2 Stangen Sellerie
1 TL Paprikapulver
125 ml Weißwein
400 ml Kalbsfond

*Für die Karotten:*

400 g Karotten
30 g Butter
1 EL Kristallzucker
Mineralwasser
1 EL gehackte Petersilie

**ZUBEREITUNG**

1. Für die Fülle die Semmeln grob würfeln und mit Milch übergießen. Schalotten fein hacken und in Butter bei kleiner Hitze hellbraun dünsten. Eingeweichte Semmeln mit Schalotten, Eiern und Kräutern vermischen, mit Salz und Muskatnuss abschmecken.

2. Den Backofen auf 220 °C Umluft vorheizen und einen Bräter hineinstellen.

3. In die Kalbsbrust eine tiefe Tasche schneiden (oder vom Fleischhauer schneiden lassen). Die Semmelmasse locker in die Fleischtasche einfüllen und mit Küchengarn zunähen.

4. Das Öl in den Bräter geben. Die Kalbsbrust mit Salz und Pfeffer einreiben, mit der Fleischseite nach unten in den Bräter legen und 20 Minuten im Rohr braten. Das Fleisch auf die Knochenseite wenden, die Temperatur auf 170 °C reduzieren und weitere 40 Minuten braten.

5. Zwiebeln, Knoblauch und Gemüse schälen, grob schneiden und mit Paprikapulver im Bräter kurz anrösten. Mit Weißwein ablöschen und Kalbsfond zugießen. Die Kalbsbrust 1 Stunde lang fertig braten und dabei öfters übergießen.

6. Inzwischen Karotten schälen und in lange Stifte schneiden. In einer Pfanne Butter und Zucker anschwitzen und mit einem Schuss Mineralwasser ablöschen. Die Karotten zugeben, leicht salzen und bissfest schmoren, dabei ständig etwas Mineralwasser zugießen. Zuletzt die Petersilie untermischen.

7. Die gefüllte Kalbsbrust aus dem Bräter nehmen und warm halten. Die Sauce durch ein feines Sieb passieren und abschmecken. Das Fleisch in Scheiben schneiden, mit der Sauce beträufeln und mit den Karotten anrichten.

**SERVUS-TIPP:**
*Die Tasche darf **nicht zu prall** gefüllt werden, da die Eier in der Fülle bei Hitze aufgehen und die Kalbsbrust sonst **platzt**.*

# REHBRATEN MIT HAGEBUTTENSAUCE

Wenn die Früchte der Wildrose leuchtend rote Farbtupfer in die
Natur zeichnen, hat auch das Wild seine Hauptsaison.

**ZUTATEN FÜR 4 PERSONEN**

*Zeitaufwand: 2 Stunden*

**500 g Hagebutten**
**40 g Zucker**
**Saft von 1 Zitrone**

*Für den Rehbraten:*
**1 kg Rehschlögel**
**5 Wacholderbeeren**
**3 Pimentkörner**
**1 TL Koriandersamen**
**Salz**
**Pfeffer**
**2 EL Öl**
**40 g Räucherspeckstreifen**
**100 g Zwiebelstreifen**
**100 g Pastinakenwürfel**
**250 ml Orangensaft**
**250 ml Wildfond**
**1 Lorbeerblatt**

**ZUBEREITUNG**

1. Hagebutten halbieren, Stiele und Kerne entfernen. In einem
   Topf 1 Liter Wasser aufkochen, Hagebutten darin etwa 1 Stunde
   weich kochen. Fein pürieren und durch ein Sieb streichen.
   Wieder auf den Herd stellen, mit Zucker und Zitronensaft zu
   Mark einkochen.
2. Backrohr auf 220 °C Umluft vorheizen.
3. Rehbraten mit Küchengarn fest zusammenbinden. Wacholderbeeren, Piment und Koriander im Mörser zerstoßen, den
   Rehbraten mit den Gewürzen sowie Salz und Pfeffer einreiben.
4. In einem flachen Topf Öl erhitzen, den Braten darin auf allen
   Seiten scharf anbraten. Herausnehmen und beiseitestellen.
5. Speck, Zwiebeln und Pastinaken im Bratensatz kräftig anschwitzen. Den Braten daraufsetzen und im Ofen 10 Minuten braten.
   Temperatur auf 160 °C reduzieren, Orangensaft und Wildfond
   zugießen. Lorbeerblatt beigeben und den Rehbraten 1 Stunde
   schmoren. Dabei öfter übergießen.
6. Den Braten in Alufolie wickeln und warm halten. Die Sauce
   durch ein feines Sieb passieren, aufkochen und um ein Drittel
   einreduzieren. 50 g Hagebuttenmark einmischen, kurz
   aufkochen und abschmecken.
7. Den Rehbraten in Scheiben schneiden, mit Hagebuttensauce
   bedecken und mit Nockerln servieren.

**SERVUS-TIPP:**
*Hagebutten sind auch als **Hetscherln**, **Hiffen** oder **Rosenäpfel** bekannt. Sie können den **ganzen Winter** über geerntet werden. Sie werden gerne zu **Mus** verarbeitet, was allerdings eine gefinkelte Angelegenheit ist, weil man **die Kerne loswerden muss**. Vor dem Einkochen ist das recht mühsam. Besser ist es, die Früchte zunächst nur vom Fruchtstiel und Kelchansatz zu befreien und **im Ganzen einzukochen**. Dann dreht man sie durch die **Flotte Lotte**, in der die Kerne als Rückstand übrig bleiben.*

# Miasl

Ein Rezept aus der Schladminger Gegend. Dort haben es einst
die Holzfäller vor der Arbeit gefrühstückt. Das hat bis Mittag gereicht.

**ZUTATEN FÜR 4 PERSONEN**
*Zeitaufwand: 1 Stunde*

**200 ml Wasser**
**Salz**
**200 g Buchweizenmehl**
**etwas Schweineschmalz und Butter**
**Heidelbeermarmelade oder Kirschenkompott**

**ZUBEREITUNG**

1. In einem Topf leicht gesalzenes Wasser aufkochen.
2. Buchweizenmehl einrühren, bis ein einigermaßen trockener Brei entstanden ist.
3. Den Brei mit der Gabel bröselig zerreißen und auskühlen lassen.
4. In einer Pfanne Schweineschmalz mit Butter erhitzen, das Miasl darin zu einem hellbraunen Schmarren rösten.
5. Das Miasl wird mit Heidelbeermarmelade oder Kirschenkompott serviert, dazu gibt es ein Glas Buttermilch.

**SERVUS-TIPP:**
*Die große Kunst bei der Zubereitung ist, das Miasl **nicht anbrennen zu lassen**. Auch wenn das Rezept ganz einfach klingt, wird davon **abgeraten, es abzuwandeln**. „Es gehört so und nicht anders", sagt Chefkoch Peter Pichler von der **Holzhacker-Hütte auf der Planai**.*

# Haadana Paundlsterz

Haaden, also Buchweizen, wurde bis Anfang des 20. Jahrhunderts sogar in Kleinsthöfen im Burgenland angebaut – und täglich gern gegessen.

**ZUTATEN FÜR 4 PERSONEN**
*Zeitaufwand: 2 Stunden*

**150 g Wachtelbohnen**
**200 g Heidenmehl (Buchweizenmehl)**
**¾ l Wasser**
**Salz**
**80 g Schmalz**

**ZUBEREITUNG**

1. Bohnen über Nacht in kaltem Wasser einweichen.
2. Bohnen abseihen und das Wasser wegschütten. Bohnen in Salzwasser weich kochen, abseihen und das Bohnenwasser aufheben.
3. Mehl in einer heißen Pfanne linden (ohne Fett unter ständigem Rühren erhitzen, dabei das Mehl nicht braun werden lassen), bis es dampft.
4. Bohnenwasser zugießen und so lange kräftig rühren, bis das Mehl die Flüssigkeit aufgenommen hat. Ins Backrohr stellen und ziehen lassen.
5. Die Bohnen einmischen. Schmalz erhitzen und mit dem Sterz vermischen.

**SERVUS-TIPP:**
*Der Sterz wird mit **Kompott** gegessen, oder man trinkt nur ein Glas **Buttermilch** dazu. Man kann ihn auch mit gerösteten **Speckwürfeln** bestreuen.*

# SCHEITERHAUFEN MIT ÄPFELN

Winterzeit ist Striezelzeit. Aber manchmal bleibt ein bissl was vom feinen Gebäck übrig. Daraus machen wir eine Süßspeise.

## ZUTATEN FÜR 4 PERSONEN
*Zeitaufwand: 1 Stunde*

8 fingerdicke altbackene Striezelscheiben
350 ml Milch
80 g Kristallzucker
1 Prise Zimt
1 Prise Nelkenpulver
3 Eier
600 g Äpfel
20 g flüssige Butter
40 g Sultaninen
30 g grob gehackte Mandeln
Staubzucker zum Bestreuen

## ZUBEREITUNG

1. Striezelscheiben im Backrohr unter dem Grill von beiden Seiten goldbraun toasten.
2. Milch mit Zucker, Aromaten und Eiern kräftig verrühren.
3. Äpfel waschen und halbieren. Vom Kerngehäuse befreien und in Spalten schneiden.
4. Das Backrohr auf 190 °C Ober-/Unterhitze vorheizen.
5. Eine Auflaufform mit flüssiger Butter bepinseln und die Striezelscheiben mit Äpfeln und Sultaninen einschichten. Mit der Milchmischung übergießen, mit Mandeln bestreuen und mit der restlichen flüssigen Butter beträufeln.
6. Den Scheiterhaufen 35 Minuten im Ofen goldbraun überbacken und vor dem Servieren mit Staubzucker bestreuen.

**SERVUS-TIPP:**
*Striezel sind in ganz Österreich als Brauchtumsgebäck verbreitet. Sie sind seit jeher ein **Geschenk der Paten** an die Taufkinder. In der **Allerseelenwoche** wurden sie an Arme und Kinder verteilt. Das basiert auf einem **uralten Kult**, bei dem das süße Gebäck für die heimkehrenden Seelen neben die Gräber gelegt wurde. Auch das **Flechten** steht in diesem Zusammenhang: Zum Zeichen der **Trauer** schnitten sich einst die **Frauen** ihre **Zöpfe** ab. Der traditionelle Striezel besteht aus **Germteig** und wird ganz einfach geflochten. Sehr schön, aber auch sehr komplex ist die alte **Wiener Sechsstrangzopf-Technik**.*

# B'SOFFENER KAPUZINER

Ein Klassiker der Mehlspeisküche, für den es natürlich mehr als ein Originalrezept gibt. Dieses ist aus Oberösterreich und schmeckt mit Most am besten.

## ZUTATEN FÜR 4 PERSONEN
*Zeitaufwand: 1 Stunde*

**5 Eier**
**150 g Feinkristallzucker**
**Salz**
**3 cl Wasser**
**1 EL Kakao**
**170 g glattes Mehl**
**60 g geriebene Nüsse**
**Butter und Mehl für die Form**

*Zum Übergießen:*
**Most (oder Wein)**
**Zimtrinde**
**abgeriebene Bio-Zitronenschalen**
**Zucker nach Geschmack**
**Schlagobers für die Garnitur**

## ZUBEREITUNG

1. Eier in Eidotter und Eiklar trennen. Eidotter mit Zucker, 1 Prise Salz und Wasser schaumig rühren, zum Schluss Kakao einmischen.
2. Eiklar zu Schnee schlagen, mit Mehl und Nüssen vorsichtig unter die Dottermasse heben.
3. Das Backrohr auf 165 °C vorheizen. Kleine Förmchen oder eine Gugelhupfform mit Butter ausstreichen und mit Mehl bestauben.
4. Die Masse in die Förmchen füllen und im Rohr ca. 35 Minuten backen. Überkühlen lassen und aus den Formen stürzen.
5. Most (oder Wein) mit Zimtrinde, Zitronenschalen und Zucker aufkochen. Entweder warm oder kalt drübergießen und mit Schlagobers garnieren.

**SERVUS-TIPP:**
*Im Burgenland nennt man die Mehlspeise B'soffene Liesl, in der Steiermark sagt man B'soffener Hansl dazu. Wesentliches Merkmal ist die Zugabe von Kakao, der dem Backwerk seine typische Farbe in Anlehnung an die braune Kapuzinerkutte gibt. Und dass es in gewürztem Wein oder Obstwein getränkt wird.*

# SCHOKOKOCH MIT SCHLAG

Bekannt wurde die Süßspeise als „Mohr im Hemd". Da sie aber zu den berühmten Wiener Kochen gehört, trägt sie den alten neuen Namen mit Stolz.

**ZUTATEN FÜR 6 PERSONEN**

*Zeitaufwand: 1 Stunde*

60 g Zartbitterschokolade
Butter und Kristallzucker für die Förmchen
3 Eier
50 g zimmerwarme Butter
1 TL Vanillezucker
½ TL abgeriebene Orangenschale
1 Prise Salz
50 g Feinkristallzucker
50 g geriebene Haselnüsse
30 g Semmelbrösel

*Für die Schokosauce:*
100 g Zartbitterschokolade
125 ml Wasser
1 TL Vanillezucker
2 EL Zucker
200 ml Milch
2 EL Butter

Schlagobers für die Garnitur

**ZUBEREITUNG**

1. Schokolade im Wasserbad lauwarm schmelzen.
2. Sechs kleine Metall- oder Puddingformen mit Butter ausstreichen und mit Kristallzucker bestreuen.
3. In einen flachen Topf mit ausreichend Platz für die Förmchen 3 Finger hoch Wasser einfüllen und auf etwa 90 °C erhitzen.
4. Die Eier in Eiklar und Eidotter trennen. Butter schaumig rühren, nach und nach Schokolade, Eidotter, Vanillezucker und Orangenschale unterrühren.
5. Eiklar mit Salz und Zucker zu Schnee schlagen. Mit Nüssen und Semmelbröseln luftig unter die Schokomasse heben.
6. Die Masse in die Förmchen füllen und ins Wasserbad stellen. Zudecken und unter dem Siedepunkt etwa 30 Minuten pochieren.
7. Für die Sauce Schokolade reiben. In einem kleinen Topf Wasser mit Vanillezucker und Zucker aufkochen. Schokolade zugeben und glatt rühren. Milch zugießen und alles 5 Minuten köcheln lassen. Vom Herd nehmen und die Butter unterschlagen.
8. Das warme Schokokoch aus den Förmchen stürzen, mit Schlagobers und Schokosauce anrichten.

**SERVUS-TIPP:**
*Die Wiener Koche werden oft aus fertigem Gebäck wie* **Semmeln, Kipferln oder Weißbrot** *zubereitet, die klein geschnitten oder zu Bröseln gerieben werden. Sie sind* **eine Art Auflauf,** *der im Rohr gebacken oder im Wasserbad gegart und warm serviert wird. Mit den Kochen aus der bäuerlichen Küche haben sie nur den Namen gemeinsam.*
*Katharina Prato nimmt für ihr Chocolate-Koch in der „Guten alten Küche"* **mit Milch befeuchtete Kipferlbrösel.**

# Walnuss-Soufflé

Nüsse sind ein wesentlicher Bestandteil der süßen Küche.
Perfekt gelungen ist das Soufflé, wenn es sich beim Backen über den Rand erhebt.

**ZUTATEN FÜR 4 PERSONEN**
*Zeitaufwand: 45 Minuten*

**120 g gemahlene Walnüsse**
**125 ml Milch**
**4 Eier**
**120 g Feinkristallzucker**
**½ TL Zimt**
**abgeriebene Schale einer ½ Bio-Orange**
**30 g Maizena**
**flüssige Butter und Zucker für die Formen**
**Staubzucker zum Bestreuen**

**ZUBEREITUNG**

1. Walnüsse in einer Pfanne ohne Fett rösten, bis sie zu duften beginnen, dann mit Milch übergießen. Die Masse in eine Schüssel umfüllen und abkühlen lassen.
2. Vier Souffléformen mit Butter bestreichen und gleichmäßig mit Zucker ausstreuen.
3. Backrohr auf 170 °C Ober-/Unterhitze vorheizen. In eine Auflaufform 3 cm hoch heißes Wasser gießen und in den Ofen stellen.
4. Eier in Dotter und Klar trennen. Eidotter mit 20 g Zucker schaumig schlagen, Zimt, Orangenschale und Maizena einrühren. Eiklar zu einem festen Schnee schlagen, dabei den restlichen Zucker langsam einrieseln lassen.
5. Walnüsse vorsichtig unter die Dottermasse mischen und den Schnee luftig unterheben. Sofort in die Souffléformen füllen und diese in die Auflaufform im Ofen stellen. Ca. 25 Minuten backen. Aus den Formen stürzen, mit Staubzucker bestreuen und rasch servieren.

**SERVUS-TIPP:**
*Soufflés gehören zu den eher schwierigen Übungen in der Küche. Zunächst muss man sich **genau an die Mengenangaben halten**. Die Grundmischung hat die **richtige Konsistenz**, wenn sie leicht vom Löffel fällt. Erst dann den Eischnee ganz fest schlagen und vorsichtig unterheben. Da Soufflés bei Zimmertemperatur innerhalb **weniger Minuten zusammenfallen**, sollten sie sofort nach dem Backen serviert werden. Zum Walnuss-Soufflé passt ein **Apfelkompott**, das man am besten anrichtet, während das Soufflé im Rohr ist.*

# Walnuss-Krokant

Selbst gemachtes Krokant duftet herrlich und ist schnell gemacht.
Und es schmeckt auch mit Haselnüssen oder Mandeln gut.

**ZUTATEN FÜR 4 PERSONEN**
*Zeitaufwand: ca. 30 Minuten*

**Öl zum Befetten des Backblechs**
**100 g Walnusskerne**
**250 g Feinkristallzucker**
**1 EL Zitronensaft**

**ZUBEREITUNG**

1. Ein Backblech und einen hölzernen Nudelwalker dünn mit Öl bepinseln. Walnusskerne in dünne Scheiben hacken.
2. 100 g Zucker mit Zitronensaft in einem schweren Topf (ca. 30 cm Durchmesser) langsam und geduldig schmelzen lassen. Dabei nicht umrühren. Wenn nötig, den Topf immer wieder vom Herd ziehen, damit das Karamell nicht zu heiß wird und verbrennt.
3. In 2 bis 3 Schüben den restlichen Zucker gleichmäßig über das Karamell streuen und immer wieder warten, bis der Zucker vollständig geschmolzen ist.
4. Walnüsse zugeben und mit einem Kochlöffel zügig vermischen. Rasch auf das Backblech gießen und sofort mit dem Nudelwalker dünn ausrollen. Beiseitestellen und vollständig erkalten lassen.
5. Das Krokant entweder mit einem großen Küchenmesser hacken oder in gröbere Stücke zerteilen, in ein Gefriersackerl füllen und mit dem Fleischklopfer zerkleinern.

**SERVUS-TIPP:**
*Der Topf kann beim Schmelzen des Zuckers sehr, sehr heiß werden. Also nur vorsichtig mit Topflappen bewaffnet berühren und unbedingt jeden Hautkontakt mit dem geschmolzenen Zucker vermeiden! Zum Umrühren nur Kochlöffel aus Holz verwenden und den Schmelzvorgang ständig beobachten.*

# Vinschgauer Schneemilch

*Eine Südtiroler Spezialität, die auch die Nord- und Osttiroler gerne mögen und die weniger nach Milch aussieht, als der Name vermuten lässt.*

**ZUTATEN FÜR 4 PERSONEN**
*Zeitaufwand: 40 Minuten plus Kühlen*

½ kg Weißbrot
etwas lauwarme Milch
1 EL Rum
1 Prise Zimt
40 g Rosinen
40 g gehackte Walnüsse
⅛ l Obers

**ZUBEREITUNG**

1. Das Weißbrot entrinden und klein schneiden. Die Milch mit Rum vermischen und das Brot darin einweichen. 30 Minuten ziehen lassen.
2. Walnüsse, Zimt und Rosinen in die Brot-Milch-Masse mischen.
3. Obers steif schlagen und vorsichtig unterheben.
4. In Gläser füllen und kalt stellen.

**SERVUS-TIPP:**
*Kinder mögen die Schneemilch ebenfalls sehr gerne. Sie schmeckt auch ohne **Rum** gut.*

# Schoko-Mandel-Strudel

Im Winter braucht auch die Seele etwas Wärme. Nichts hilft da wohl besser als Schokolade. Das wussten die Wiener Köchinnen schon immer.

**ZUTATEN FÜR 6 PERSONEN**
*Zeitaufwand: 2 Stunden*

*Für den Strudelteig:*
**120 g Mehl**
**1 EL Öl**
**30 ml lauwarmes Wasser**
**1 Eiklar**
**1 Prise Salz**
**40 g flüssige Butter zum Bestreichen**

*Für die Fülle:*
**3 Eier**
**2 TL Mandellikör**
**70 g Feinkristallzucker**
**100 g geriebene Kochschokolade**
**80 g Mandelblättchen**

**Staubzucker zum Bestreuen**
**Schlagobers für die Garnitur**

**ZUBEREITUNG**

1. Für den Strudelteig Mehl, Öl, Wasser, Eiklar und Salz vermischen und zu einem glatten Teig verkneten. Mit Öl bestreichen, in eine Schüssel legen und zugedeckt 1 Stunde rasten lassen.
2. Das Backrohr auf 200 °C Ober-/Unterhitze vorheizen.
3. Für die Fülle Eier in Eiklar und Eidotter trennen. Eidotter mit Mandellikör und der Hälfte des Zuckers schaumig schlagen. 2 EL der Creme beiseitestellen. Eiklar mit dem restlichen Zucker zu Schnee schlagen und luftig unter die Dottermasse heben.
4. Den Strudelteig über einem großen Tuch hauchdünn ausziehen und mit flüssiger Butter bestreichen. Die Masse auf einem Drittel gut verteilen, mit Schokolade und Mandelblättchen bestreuen.
5. Den Strudel mithilfe des Tuchs einrollen und auf ein gebuttertes Backblech legen. Mit der beiseitegestellten Creme bestreichen und im Ofen 25 Minuten backen.
6. Den Schokostrudel mit Staubzucker bestreuen und mit Schlagobers servieren.

**SERVUS-TIPP:**
*Katharina Prato beschreibt in ihrem Kochbuch, das **Mitte des 19. Jahrhunderts** erstmals erschien und 1926 bereits zum 74. Mal aufgelegt wurde, auch eine Fülle **ohne Mandeln**. Dafür streut sie Brösel darüber und rollt den Strudel ein. Wenn er fertig gebacken ist, wird er wie der Millirahmstrudel **mit Milch übergossen** und noch etwas **gedünstet**.*

# NUSSBEUGERL

Der Legende nach hat ein Wiener Bäcker 1683 das Beugerl erfunden. Allerdings wird bereits ein paar Jahrzehnte früher eine Urversion des Gebäcks in Krakau erwähnt.

**ZUTATEN FÜR 12–15 BEUGERL**

*Zeitaufwand: 90 Minuten*

*Für den Teig:*

**280 g Weizenmehl**

**20 g Germ**

**100 ml lauwarme Milch**

**120 g zimmerwarme Butterwürfel**

**30 g Zucker**

**2 Eidotter**

**1 Prise Salz**

*Für die Fülle:*

**250 g geriebene Haselnüsse und Mandeln**

**1 EL Brösel**

**1 TL Honig**

**120 g Feinkristallzucker**

**1 Prise Zimt**

**30 g Rosinen**

**2 cl Rum**

**⅛ l heiße Milch**

**Butter fürs Blech, 1 Eidotter und 1 EL Milch zum Bestreichen**

**ZUBEREITUNG**

1. Mehl auf ein Brett sieben und in der Mitte eine Mulde formen. Germ in die Mulde bröseln.

2. Die Milch drübergießen und mit einer Gabel zu einem dünnen Brei verrühren. Das Dampfl mit Mehl bestauben und 15 Minuten gehen lassen.

3. & 4. Das Dampfl rasch mit Butter, Zucker, Eidottern und Salz zu einem geschmeidigen Teig verkneten. Den Teig mit einem feuchten Tuch bedecken.

5. Für die Fülle Nüsse, Brösel, Honig, Zucker, Zimt, Rosinen und den Rum in einer Schüssel vermischen. Die heiße Milch drübergießen und die Masse sorgfältig vermischen.

6. Den Germteig kurz durchkneten, zu einer 3 cm dicken Rolle formen und 4 cm große Stücke abstechen. Die Teigstücke zu handtellergroßen Flecken auswalken. Auf jeden Teigflecken einen 2 cm dicken Streifen der Fülle setzen.

7. & 8. Die Teigflecken mit der Fülle einrollen und die Beugerl in der Mitte wie einen Ellbogen einknicken.

9. Ein Backblech mit Butter ausstreichen und die Beugerl daraufsetzen. Eidotter und Milch verrühren, die Beugerl mit einem Küchenpinsel bestreichen und an einem warmen Ort etwa 40 Minuten lang antrocknen lassen. Das Backrohr auf 180 °C Ober-/Unterhitze vorheizen. Die Beugerl ca. 25 bis 30 Minuten goldbraun backen.

# Kärntner Kloatzenbrot

*Es wird während der Christmette, zu Silvester und in der Dreikönigsnacht für die Saligen und Perchten unter den Herrgottswinkel gelegt.*

**ZUTATEN FÜR 1 BROT**
*Zeitaufwand: ca. 5 Stunden plus Einweichen über Nacht*

**Für die Kloatzen:**
**300 g Kloatzen (Dörrbirnen)**
**je 100 g Dörrzwetschken, Dörrmarillen, Dörrfeigen und Sultaninen**
**200 g grob gehackte Haselnüsse und Mandeln**
**50 g Honig**
**je 1 Prise gemahlener Zimt, Ingwer und Nelkenpulver**
**4 cl Birnenschnaps**

**Für den Sauerteig:**
**400 g Roggenmehl**
**100 g Weizenmehl**
**100 g Sauerteig (aus dem Reformhaus)**
**1 Pkg. Trockengerm**
**½ TL Salz**
**geschälte Mandeln zum Verzieren**

**ZUBEREITUNG**

1. Kloatzen, Dörrzwetschken, -marillen und -feigen in einem Topf mit Wasser bedecken und über Nacht einweichen lassen.
2. Eingeweichte Kloatzen 10 Minuten aufkochen, im Sieb abtropfen lassen, dabei den Saft auffangen. Die Früchte abkühlen lassen und in ca. 2 cm große Stücke schneiden. Mit Sultaninen, Nüssen, Honig, Gewürzen und Birnenschnaps vermischen.
3. Für den Teig Roggen- und Weizenmehl mit Sauerteig, Germ, Salz und ca. 300 ml Kloatzensaft zu einer geschmeidigen Konsistenz verkneten. In eine Schüssel legen, mit einem feuchten Tuch bedecken und 1½ Stunden gehen lassen.
4. Die Früchte zugeben, nochmals verkneten und noch eine 1 Stunde gehen lassen.
5. Aus dem Teig einen länglichen Brotlaib formen und auf ein mit Backpapier belegtes Blech legen. Nochmals 30 Minuten gehen lassen.
6. Backrohr auf 180 °C Ober-/Unterhitze vorheizen.
7. Kloatzenbrot mit Mandeln verzieren, mit etwas Wasser bestreichen, ca. 80 Minuten backen.

**SERVUS-TIPP:**
*Das Kloatzenbrot in einer Blechdose an einem kühlen, trockenen Ort eine Woche lang reifen lassen.*

# BURGENLÄNDISCHER HAUSVATER

Ein Brauchtumsgebäck, das es nur im Heideboden,
also östlich vom Neusiedlersee bis zur ungarischen Grenze, gibt.

**ZUTATEN FÜR 1 HAUSVATER**
*Zeitaufwand: 2 Stunden 45 Minuten*

**500 g Mehl**
**30 g Germ**
**250 ml lauwarme Milch**
**60 g Butter**
**60 g Feinkristallzucker**
**1 großes Ei**
**abgeriebene Schale von ½ Bio-Zitrone**
**1 Prise Salz**
**Rosinen zum Verzieren**
**1 Eidotter und**
**2 TL Milch zum Bestreichen**

**ZUBEREITUNG**

1. Das Mehl in eine Schüssel sieben und in die Mitte eine Mulde drücken. Germ in der Hälfte der Milch auflösen und in die Mulde gießen. Etwas Mehl zugeben und mit einer Gabel verrühren. Mit einem feuchten Tuch bedecken und das Dampfl 15 Minuten gehen lassen.

2. Butter zergehen lassen, mit den restlichen Teigzutaten und dem Dampfl vermischen. Mehrere Minuten zu einem geschmeidigen Teig verkneten. Wieder in die Schüssel geben, mit einem Tuch bedecken und an einem Ort ohne Zugluft 1 Stunde gehen lassen.

3. Teig nochmals kurz durchkneten. Aus zwei Dritteln je einen runden Kopf und einen größeren, länglichen Körper formen. Beide Teile auf einem mit Backpapier belegten Blech zusammensetzen. Aus dem Rest das Gesicht gestalten und den Körper verzieren. Rosinen als Augen und Knöpfe verwenden. Nochmals 30 Minuten gehen lassen.

4. Backrohr auf 180 °C Ober-/Unterhitze vorheizen.

5. Eidotter mit Milch verrühren und das Gebilde damit bestreichen. 35 Minuten goldbraun backen.

**SERVUS-TIPP:**
*In **Illmitz** formte man aus dem Germteig ein **Wickelkind**, in **Apetlon** einen **geflochtenen Striezel** mit Augen aus Pfefferkörnern. Am Heiligen Abend wurde nach dem Räuchern des Hofes das Gebäck **vom Bauern am Kopf angeschnitten**. Dieser Anschnitt wurde vor der Mette in den **Hausbrunnen** oder Weiher geworfen. Das sollte den **Wassermann besänftigen**, damit er im nächsten Jahr keine Todesopfer fordert.*

# OBERÖSTERREICHISCHER WEIHNACHTSSTOLLEN

Früher war er eine Fastenspeise und durfte weder mit Milch noch mit Butter zubereitet werden. Erst Ende des 15. Jahrhunderts wurde der Stollen zum süßen Genuss.

## ZUTATEN FÜR 1 STOLLEN

*Zeitaufwand: 5 Stunden plus*
*Einweichen über Nacht*

250 g Zibeben
100 g Korinthen
5 EL Rum
100 g Germ
400 ml lauwarme Milch
1 kg Mehl
2 große Eier
120 g Kristallzucker
2 TL Vanillezucker
Salz
je 50 g Zitronat und Orangeat
100 g geschälte Mandeln
je 1 Prise gemahlener Zimt, Ingwer,
Muskatnuss und Kardamom
400 g weiche Butter

*Zum Bestreichen und Bestreuen:*
80 g flüssige Butter
1 TL Vanillezucker
200 g Staubzucker

## ZUBEREITUNG

1. Zibeben und Korinthen (zwei Rosinenarten) am Vorabend in Rum einweichen.
2. Germ mit etwas lauwarmer Milch versprudeln, mit etwas Mehl zu einem Dampfl verkneten. Mit Mehl bestauben und 20 Minuten gehen lassen.
3. Dampfl mit dem restlichen Mehl, Eiern, Kristall- und Vanillezucker, etwas Salz und lauwarmer Milch zu einem nicht zu weichen Teig vermischen.
4. Zitronat und Orangeat in längliche Stifte schneiden, Mandeln fein hacken. Mit den Gewürzen unter den Teig kneten. Weiche Butter, Korinthen und Zibeben zugeben und den Teig so lange kneten, bis er Blasen wirft. In Stücke zerreißen, mit Kraft aufeinanderwerfen und wieder zusammenkneten, bis der Teig geschmeidig wird. Zudecken und 2 Stunden gehen lassen.
5. Backrohr auf 200 °C Ober-/Unterhitze vorheizen.
6. Ein Brett mit Mehl bestauben und den Teig darauf zu Stollen formen. Die Stollen von der Mitte weg nach vorne mit einem Nudelwalker austreiben. Die ausgetriebene Hälfte mit kaltem Wasser bestreichen und über die dickere Hälfte des Striezels schlagen, wodurch der Stollen eine eigentümliche Form bekommt.
7. Ein Blech mit Backpapier auslegen und mit Butter bestreichen. Den Stollen darauflegen und nochmals 30 Minuten aufgehen lassen.
8. Ca. 1 Stunde backen. Noch heiß mit Butter bestreichen. Vanille- mit Staubzucker vermischen und den warmen Stollen damit bestreuen.

**SERVUS-TIPP:**
*1427 überreichten Bäcker erstmals ein **karges Gebildebrot** aus Mehl, Germ, etwas Öl und Wasser dem Sächsischen Hof. Der faden jährlichen Gabe überdrüssig, baten 1450 die Kürfürsten beim Papst um **Lockerung der Fastenvorschriften**. Es dauerte allerdings fünf Papst-Ären und 41 Jahre, bis die ersehnte Antwort kam. Viel Butter, Zucker, Rosinen, Mandeln und kandierte Früchte zeichnen bis heute den Kuchen aus.*

# Hagebutten-Busserln

Kein Mehl, kein Fett, nur Eischnee, Zucker und Mandeln – was anderswo als Makronen firmiert, ist bei uns ein luftiger Kuss.

**ZUTATEN FÜR 3 BACKBLECHE**
*Zeitaufwand: 40 Minuten plus*
*3 Stunden zum Trocknen*

**4 Eiklar**
**400 g Staubzucker**
**Saft und abgeriebene Schale von ½ Zitrone**
**80 g Hagebuttenmus**
**400 g geschälte, geriebene Mandeln**

**ZUBEREITUNG**

1. Eiklar mit Staubzucker mit dem Handmixer oder der Küchenmaschine zu einer glatten, schaumigen Masse rühren. Ein kleines Häferl davon für den Guss zurückbehalten und mit Folie abdecken. Mit einem Schneebesen Zitronensaft und -schale, Hagebuttenmus und die geriebenen Mandeln unterrühren.
2. Drei Backbleche mit Backtrennpapier auslegen. Mit einem nassen Teelöffel von der Masse kleine Häufchen abstechen und auf die Bleche setzen. In jedes Busserl mit einem Kochlöffelstiel eine kleine Vertiefung drücken und mit dem zurückbehaltenen Guss auffüllen (mit einem Papiertrichter geht das ganz einfach). Die Busserln 2 bis 3 Stunden trocknen lassen.
3. Das Backrohr auf 160 °C vorheizen.
4. Die Busserln im Ofen auf der mittleren Schiene ca. 20 Minuten backen. Sie müssen außen resch und innen schön weich sein.

**SERVUS-TIPP:**
*Kokosbusserln werden im Prinzip genauso hergestellt. Für die Masse nimmt man ein Drittel Eiklar, ein Drittel Zucker und ein Drittel Kokosett.*

# Schneeballen

Eine traditionelle Spezialität aus der Kategorie Schmalzgebackenes.
In Oberösterreich sind sie rund, in Niederösterreich eckig.

**ZUTATEN FÜR CA. 30 STÜCK**
*Zeitaufwand: 1½ Stunden*

**200 g Mehl**
**3 Eidotter**
**1/16 l Sauerrahm**
**1 EL Rum**
**Salz**
**ca. ½ l Fett zum Herausbacken**
**Staubzucker zum Bestreuen**

**ZUBEREITUNG**

1. Mehl, Eidotter, Sauerrahm, Rum und eine Prise Salz zu einem Teig sehr fein verkneten. 30 Minuten rasten lassen.
2. Teig dünn auswalken und in zirka 12 × 8 cm große Rechtecke schneiden.
3. In die Rechtecke fingerbreite Einschnitte radeln, sodass die Ränder ganz bleiben. Einen Kochlöffelstiel so zwischen die Teigstreifen schieben, dass immer ein Streifen auf und der nächste unter dem Stiel liegt. Die Streifen vorsichtig zusammenschieben, dass sie einander gerade nicht berühren, und den ersten Streifen vorsichtig über den letzten ziehen.
4. Jetzt langsam ins siedende Fett legen. Kurz hellbraun backen, herausnehmen und den Löffelstiel herausziehen. Mit Staubzucker bestreuen.

**SERVUS-TIPP:**
*Land ob der Enns* nannte man Oberösterreich früher. Hier gab es zum Backen der Schneeballen ein eigenes Gerät. Das **Schneeballen-Eisen** bestand aus zwei vielfach gelochten **Halbkugeln**, die mithilfe von Scharnieren auseinandergeklappt und mittels eines **langen Stiels** ins heiße Fett gehalten werden konnten. Wer Glück hat, findet es noch auf Flohmärkten.

# Faschingskrapfen

1486 wird in der „Köchordnung" der Stadt Wien von „Krapffenpacherinnen" gesprochen.
Das war 200 Jahre vor Cäcilie Krapf, der man diese Erfindung gern zuschreibt.

**ZUTATEN FÜR CA. 25 KRAPFEN**
*Zeitaufwand: 2½ Stunden*

¼ l Milch
1 Würfel Germ
500 g Mehl
2 Eier
2 Eidotter
80 g Kristallzucker
60 g handwarme Butter
1 Prise Salz
¼ kg Marillenmarmelade
Staubzucker
Schmalz zum Backen

**ZUBEREITUNG**

1. 100 ml Milch leicht erwärmen. Die Germ in die lauwarme Milch einbröseln und verrühren. Mit 150 g Mehl zu einem Vorteig kneten. Mit etwas Mehl bestäuben und zugedeckt an einem warmen Platz zirka 30 Minuten ruhen lassen.
2. Eier, Eidotter und Zucker verrühren. Diese Mischung mit der restlichen Milch, dem restlichen Mehl, der weichen Butter und der Prise Salz zum Vorteig geben. Alles zu einem glatten Teig verkneten und nochmals 25 Minuten rasten lassen.
3. Aus dem Teig 20 bis 25 Kugeln formen und sanft flach drücken. Zudecken und zirka 45 Minuten rasten lassen, bis die Kugeln etwa doppelt so groß sind wie vorher.
4. Drei Finger hoch Schmalz in einer Pfanne auf zirka 170 °C erhitzen. Die Krapfen partienweise einlegen und herausbacken, bis sie auf der Unterseite goldgelb sind. Dann umdrehen und auf der Oberseite wiederholen. Mit einem Schaumlöffel herausheben und auf Küchenpapier abtropfen lassen.
5. Die Marmelade in einen Spritzsack füllen und seitlich in die Krapfen einspritzen. Zum Schluss mit Staubzucker bestreuen.

**SERVUS-TIPP:**
*Um sicherzugehen, dass das Schmalz zum Herausbacken heiß genug ist, also ca. 170 °C hat, hält man den **Stiel eines Holzkochlöffels** hinein. Wenn sich daran Blasen bilden, kann's losgehen. Wem Schmalz zu heftig ist, der kann stattdessen auch **Butterschmalz** oder **ungehärtetes Pflanzenfett** nehmen.*

# Spagatkrapfen

Auch wenn sich in steirischen Kochbüchern unzählige Rezepte dafür finden:
Die Basis für das knusprige Backwerk ist immer ein Mürbteig.

**ZUTATEN FÜR CA. 40 STÜCK**

*Zeitaufwand: 1½ Stunden plus 6 Stunden zum Teigrasten*

250 g glattes Mehl
30 g Staubzucker
2 Eidotter
etwas abgeriebene Zitronenschale
½ TL Zimt
2 EL Weißwein
125 g weiche Butter
1 Prise Salz
etwas Mehl zum Stäuben
ca. 1 kg Schmalz zum Frittieren
150 g Kristallzucker mit 1 EL Zimt vermischt, zum Wälzen

**ZUBEREITUNG**

1. Für den Teig alle Zutaten in einer Schüssel verkneten. Abdecken und mindestens 6 Stunden kühl stellen.
2. Den Teig auf einer mit Mehl bestäubten Fläche ca. 2 mm dünn ausrollen und 5 × 8 cm große Rechtecke ausradeln. Auf ein mit Mehl bestäubtes Blech legen und nochmals kurz kühl stellen.
3. Schmalz in einem Topf auf 170 °C erhitzen.
4. Ein Teigstück auf eine Spagatkrapfenzange klemmen oder auf Holzstäbe legen und mit Spagat umwickeln.
5. Etwa 3 bis 5 Minuten im heißen Schmalz herausbacken. Auf ein mit einem Tuch ausgelegtes Blech legen und den Spagat entfernen. So lange wiederholen, bis der Teig aufgebraucht ist.
6. Die Krapfen noch warm im Zucker-Zimt-Gemisch wälzen und in eine Dose schichten.

**SERVUS-TIPP:**
*Spagatkrapfen kann man nicht sofort essen. In einer Dose brauchen sie noch etwa **eine Woche**, bis sie richtig **schön mürb** sind. Es gibt **eigene Hohlformen**, mit denen die Spagatkrapfen unkompliziert gebacken werden. Wer die im Rezept beschriebene Variante mit **Holzstäben und Spagat** wählt, braucht **Geduld und Fingerfertigkeit**.*

# GEBACKENE MÄUSE

Auf gut Oberösterreichisch sagt man „bachane Mäus" dazu.
Es gibt wohl kaum eine Speise, bei der öfter „wie von der Mama" geseufzt wird.

**ZUTATEN FÜR CA. 30 STÜCK**

*Zeitaufwand: 2 Stunden*

500 g Mehl
50 g Rosinen
⅛ l Milch
50 g Zucker
2 Eidotter
80 g Butter
20 g Germ
1 EL Rum
Salz
½ kg Fett zum Herausbacken

**ZUBEREITUNG**

1. Germ in wenig lauwarme Milch einbröseln und 1 EL Zucker zugeben (Dampfl).
2. Mehl salzen und auf Zimmertemperatur erwärmen. In eine warme Schüssel geben und in die Mitte eine Grube drücken. Das Dampfl in die Grube leeren und ein bisschen einmischen. An einem warmen Ort stehen lassen, bis es etwa das doppelte Volumen erreicht hat.
3. Die restliche Milch und den restlichen Zucker mit den Eidottern versprudeln. Mit der handwarmen Butter, den Rosinen und dem Vorteig zu einem glatten Teig verkneten. Eine gute halbe Stunde rasten lassen.
4. Mit einem Esslöffel Nockerln herausstechen und im heißen Fett beidseitig jeweils ca. 2 Minuten goldgelb backen. Herausheben und auf Küchenpapier abtropfen lassen.

# SUSI-TORTE

Ein Traum aus Schokolade, der natürlich nur in Wien entstanden sein kann.
Oder doch nicht? Diese Geschichte bleibt genauso im Dunkeln wie die Namensgeberin.

## ZUTATEN FÜR 1 FORM
### (CA. 30 CM DURCHMESSER)
*Zeitaufwand: 30 Minuten plus*
*ca. 24 Stunden im Kühlschrank*

**280 g Bitterschokolade (70 % Kakaoanteil)**
**260 g zimmerwarme Butter**
**9 Eier**
**210 g Backzucker**
**1 EL Rum**
**1 Prise Salz**
**3 EL Schokosplitter zum Bestreuen**

## ZUBEREITUNG

1. Schokolade grob hacken, in eine Metallschüssel geben und diese in ein 40 °C warmes Wasserbad stellen. Die Schokolade langsam schmelzen lassen. Butter klein schneiden und in der geschmolzenen Schokolade zergehen lassen.
2. Das Backrohr auf 180 °C Ober-/Unterhitze vorheizen.
3. Eier in Eiklar und Eidotter trennen. Eidotter mit der Hälfte des Zuckers mit dem Mixer schaumig rühren. Die Schokolademasse mit dem Rum in die Dottercreme geben und vermischen.
4. Eiklar mit Salz in einer großen, fettfreien Schüssel mit dem Mixer schaumig rühren. Den restlichen Zucker unter ständigem Rühren einrieseln lassen und zu festem Schnee schlagen.
5. Eischnee mit einem Gummispatel luftig unter die Schokomasse heben. Die Hälfte davon in eine ungefettete Springform füllen und im Ofen etwa 25 Minuten backen. Herausnehmen und in der Form abkühlen lassen.
6. Die restliche Schokomasse auf den gebackenen Teig in der Springform verteilen und für 4 Stunden in den Kühlschrank stellen. Mit Schokosplittern bestreuen und weitere 20 Stunden im Kühlschrank durchkühlen lassen. Die Susitorte gekühlt servieren.

# Alle Rezepte im Überblick

## A

| | |
|---|---|
| Abtenauer Haubeikrapfen | 68 |
| Altwiener Blunzengröstl mit Äpfeln | 256 |
| Apfel-Erdäpfel-Püree, mit Seewinkler Entenleber | 228 |
| Apfel-Kren-Suppe, Salzburger | 206 |
| Apfel-Mohn-Kuchen, Waldviertler | 274 |
| Apfelmuas, Pinzgauer | 270 |
| Apfelstrudel, klassischer | 276 |
| Artischocken, eingelegte | 108 |
| Artischocken-Salat mit Eierschwammerln | 106 |

## B

| | |
|---|---|
| Bandnudeln, hausgemachte | 38 |
| Bärlauchtascherl, mit Blütensaibling | 52 |
| Beerenbrot | 180 |
| Beeren-Terrine | 186 |
| Bienenstich | 84 |
| Bladln, Pinzgauer | 330 |
| Blunzengröstl, Altwiener, mit Äpfeln | 256 |
| Blunzen-Salzstangerl | 20 |
| Blütensaibling mit Bärlauchtascherln | 52 |
| Bohna, suure (saure), mit unzuckertem Schmarra | 234 |
| Bohneneintopf, scharfer | 324 |
| Bohnenlaberl mit Kürbiskernen | 310 |
| Bohnenstrudel, Purbacher | 232 |
| Bratwurstsuppn, Puchberger | 298 |
| Brennsuppe, Tiroler | 198 |
| Brezelknödel mit Specktrauben | 306 |
| Brezeln | 304 |
| Brombeertorte | 182 |
| Brotsuppe, steirische | 296 |
| Bruckfleisch | 252 |
| B'soffener Kapuziner | 352 |
| Burgenländische Ostertorte | 78 |
| Burgenländischer Hausvater | 368 |

## D

| | |
|---|---|
| Dampfnudeln | 170 |
| Donauhuchen in der Salzkruste | 146 |
| Duftveilchen-Dressing, für Salat | 26 |

## E

| | |
|---|---|
| Ehenbichler Festtagstorte | 86 |
| Ei, gebackenes, mit Rahmgurken | 30 |
| Eier Benedikt | 32 |
| Eiergersteln, mit Huhn in Rotwein | 338 |
| Eierschwammerln, mit Artischocken-Salat | 106 |
| Eierschwammerlschmarrn | 142 |
| Einbrennte Erdäpfel | 318 |
| Eingelegte Artischocken | 108 |
| Eingemachtes Hendl mit Gartengemüse | 154 |
| Eingemachtes Kalbfleisch | 58 |
| Einkorn, Waldviertler, mit Steinpilzen | 140 |
| Entenleber, Seewinkler, mit Apfel-Erdäpfel-Püree | 228 |
| Erbsentascherl | 126 |
| Erdäpfel, einbrennte | 318 |
| Erdäpfelgulasch, Tiroler | 46 |
| Erdäpfelpüree, mit saurer Leber | 314 |
| Erdäpfelsalat mit Tafelspitz und Spargel | 24 |
| Erdäpfeltascherl | 308 |
| Erdbeer-Eislutscher | 194 |
| Erdbeermus, auf Kräutersorbet | 192 |
| Erdbeer-Roulade | 184 |

## F

| | |
|---|---|
| Fasanenbrust, mit Speck und Kohl umwickelt | 244 |
| Faschiertes, mit geschmorten Gurken | 60 |
| Faschingskrapfen | 376 |

384  REGISTER

Fedlkoch mit Hagebuttenmarmelade .......................................... 264
Festtagstorte, Ehenbichler ........................................................... 86
Fischsuppe, pannonische .............................................................. 48
Fisolen, scharfe ............................................................................ 116
Fisolenfleisch .............................................................................. 160
Fleischstrudel, herzhafter ........................................................... 254
Forelle, in Papier gegart ............................................................... 54
Frühlingssalat mit Duftveilchen-Dressing .................................... 26

## G

Gamsbraten, geschmorter .......................................................... 260
Gans, gefüllte, auf Altwiener Art ................................................ 246
Gebackene Mäuse ...................................................................... 380
Gebackene Rote Rüben mit Krensauce ........................................ 44
Gebackener Spargel mit Kräutersauce ......................................... 42
Gebackenes Ei mit Rahmgurken .................................................. 30
Gebackenes Kalbsbries ............................................................... 248
Gebratener Spargel mit Linsenvinaigrette ..................................... 40
Gefüllte Gans auf Altwiener Art .................................................. 246
Gefüllte Kalbsbrust .................................................................... 342
Gefüllte Kohlrabi mit Saibling und Dille .................................... 136
Gefüllte Pfirsiche mit Heidelbeermus .......................................... 190
Gefüllte Spitzpaprika ................................................................. 134
Gefüllte Zucchini mit Gemüse und Käse .................................... 132
Gefüllte Zwiebel, mit Erdäpfeln und Speck ............................... 130
Gefüllter Kürbis ......................................................................... 236
Gemüseblechkuchen mit Räßkäse .............................................. 128
Gemüsesuppe, steirische .............................................................. 16
Geschmorte Gurken mit Faschiertem ........................................... 60
Geschmorte Kalbsbackerl ........................................................... 250
Geschmorter Gamsbraten .......................................................... 260
Grammelknödel, Waldviertler ..................................................... 326
Gratinierte Walderdbeeren .......................................................... 178
Graukäse, mit Rettich ................................................................. 300
Grießflammeri mit Quittenkompott ............................................ 286
Gsiberger Leberkäs ..................................................................... 164
Gundelreben-Essenz mit Polentaknödeln ..................................... 98
Gurken, geschmorte, mit Faschiertem .......................................... 60
Gurkensuppe, kalte ..................................................................... 100

## H

Haadana Paundlsterz ................................................................. 348
Hackelruabn-Fleisch, Liesertaler ................................................ 316
Hagebuttenbusserln .................................................................... 372
Hagebuttensauce, mit Rehbraten ................................................ 344
Halbturner Hochzeitshuhn ........................................................... 56
Handsemmerln, selbst gemachte ................................................ 212
Haubeikrapfen, Abtenauer ............................................................ 68
Hausgemachte Bandnudeln .......................................................... 38
Hausvater, burgenländischer ...................................................... 368

Heidelbeersauce, mit Rehrücken ................................................ 166
Hendl, eingemachtes, mit Gartengemüse ................................... 154
Herzhafter Fleischstrudel ........................................................... 254
Hirschragout, Montafoner .......................................................... 262
Hirsebrei mit Birnen und Nüssen .............................................. 288
Hochzeitshuhn, Halbturner .......................................................... 56
Hochzeitstorte .............................................................................. 94
Huhn in Rotwein mit Eiergersteln .............................................. 338

## K

Kaiserschöberl, mit Rindsuppe ................................................... 294
Kalbfleisch, eingemachtes ............................................................ 58
Kalbsbackerl, geschmorte ........................................................... 250
Kalbsbries, gebackenes ............................................................... 248
Kalbsbrust, gefüllte .................................................................... 342
Kalbszungensalat, steirischer ..................................................... 216
Kalte Gurkensuppe ..................................................................... 100
Kalter Wildschweinbraten .......................................................... 120
Kaninchenkeule mit Hirtentäschel ............................................. 158
Karamellisiertes Krautfleisch ...................................................... 334
Kasnudeln, Kärntner .................................................................. 238
Kaspressknödel, Pinzgauer ......................................................... 302
Kääsknöpfle, Walser .................................................................. 320
Kärntner Kasnudeln ................................................................... 238
Kärntner Kloatzenbrot ................................................................ 366
Kärntner Reindling ...................................................................... 72
Käserahmsuppe mit Brennnesseln ............................................. 204
Kiachln, schwarze ...................................................................... 176
Kindstaufpofesen, oberösterreichische ....................................... 172
Klachelsuppe, steirische ............................................................. 200
Klassische Milzschnitten ............................................................ 210
Klassischer Apfelstrudel ............................................................. 276
Kloatzenbrot, Kärntner ............................................................... 366
Knuspriger Saibling mit Rahm-Gurken-Salat .............................. 50
Kohlrabi, gefüllte, mit Saibling und Dille .................................. 136
Kohlrabisuppe mit Saiblingsröllchen ........................................... 12
Krautfleisch, karamellisiertes ..................................................... 334
Kräutersauce, mit gebackenem Spargel ....................................... 42
Kräutersauce, mit Steckerlfisch .................................................. 150
Kräutersorbet auf Erdbeermus ................................................... 192
Kräutersuppe mit Topfennockerln ............................................... 14
Krensauce, mit gebackenen Roten Rüben ................................... 44
Krokant, Walnuss- ..................................................................... 358
Kürbis, gefüllter ........................................................................ 236

## L

Lachsforelle mit Mangold ........................................................... 152
Lammkeule in Bergkräuterheu ..................................................... 64
Lammrücken, Lungauer, mit Haferkruste .................................... 258
Leber, saure, mit Erdäpfelpüree .................................................. 314

Leberkäs, Gsiberger ............................................. 164
Liesertaler Hackelruabn-Fleisch ......................... 316
Linsenvinaigrette, mit gebratenem Spargel .......... 40
Linzer Torte ......................................................... 82
Lungauer Lammrücken, mit Haferkruste ............. 258

## M

Marillen mit Kerbelfülle ..................................... 188
Marillenknödel .................................................... 168
Marmorgugelhupf .................................................. 80
Maronisuppe mit Stangensellerie ....................... 202
Mäuse, gebackene ............................................... 380
Miasl .................................................................... 346
Milzschnitten, klassische .................................... 210
Mohnkarpfen, Waldviertler ................................ 336
Mohnkranzerl, Waldviertler ................................. 74
Mohnnudeln, aus Häferlsterz .............................. 268
Montafoner Hirschragout .................................... 262

## N

Nidei, Pinzgauer ................................................. 332
Nussbeugerl ........................................................ 364

## O

Oberösterreichische Kindstaufpofesen ............... 172
Oberösterreichischer Weihnachtsstollen ............ 370
Osterbraten, Rosentaler ........................................ 62
Osterlamm ............................................................ 76
Ostertorte, burgenländische ................................. 78

## P

Pannonische Fischsuppe ........................................ 48
Paradeiser-Fenchel-Salat, warmer, mit Blunzen-Salzstangerl ....... 20
Paradeiser-Gugelhupf mit Mandeln .................... 114
Paradeiserragout, mit Rotfedern ........................ 144
Paradeiser-Terrine mit Radieschensalat ............. 112
Paundlsterz, Haadana ......................................... 348
Petersilsauce, mit Rebhuhn auf Orangen ........... 242
Pfefferoni mit Erdäpfelfülle ............................... 124
Pfirsiche, gefüllt, mit Heidelbeermus ................ 190
Pikantes Rhabarberkompott .................................. 90
Pinzgauer Apfelmuas .......................................... 270
Pinzgauer Bladln ................................................ 330
Pinzgauer Kaspressknödel .................................. 302

Pinzgauer Nidei .................................................. 332
Polenta-Apfelkuchen .......................................... 272
Polentaknödeln, mit Gundelreben-Essenz ........... 98
Polsterzipfel ....................................................... 282
Puchberger Bratwurstsuppn ............................... 298
Punschkrapferl, Wiener ........................................ 92
Purbacher Bohnenstrudel .................................... 232

## Q

Quittenkompott, mit Grießflammeri ................... 286

## R

Radieschensalat, mit Paradeiser-Terrine ............ 112
Radieschensuppe, Tiroler ..................................... 10
Rahmgurken, mit gebackenem Ei ......................... 30
Rahm-Gurken-Salat, mit knusprigem Saibling ..... 50
Räucheraal-Apfel-Sulz ........................................ 214
Rebhuhn auf Orangen und Petersilsauce ............ 242
Rehbraten mit Hagebuttensauce ......................... 344
Rehrücken mit Heidelbeersauce ......................... 166
Reindling, Kärntner .............................................. 72
Reisfleisch .......................................................... 162
Rettich mit Graukäse .......................................... 300
Rhabarberkompott, pikantes ................................. 90
Rhabarberkuchen .................................................. 88
Riederle, Tiroler ................................................. 328
Rieslingkraut mit Trauben .................................. 224
Rindsuppe mit Kaiserschöberln .......................... 294
Roggenbrotsalat mit Pinzgauer Bierkäse ........... 218
Rohrnudeln ........................................................... 70
Rollgerstelsuppe, steirische ............................... 208
Rosengelee .......................................................... 122
Rosentaler Osterbraten ......................................... 62
Rote Rüben, gebackene, mit Krensauce ............... 44
Rote-Rüben-Suppe mit frittiertem Zeller .......... 292
Rotfedern mit Paradeiserragout ......................... 144
Rüben, saure ....................................................... 222

## S

Saibling, knuspriger, mit Rahm-Gurken-Salat ..... 50
Saiblingsröllchen in Kohlrabisuppe ..................... 12
Salat, sommerlicher, mit Pilzen und Kräuterschalotten ...... 110
Salonbeuschel, Wiener ....................................... 230
Salzburger Apfel-Kren-Suppe ............................ 206
Saure Leber mit Erdäpfelpüree .......................... 314
Saure Rüben ....................................................... 222
Scharfe Fisolen ................................................... 116

| | |
|---|---:|
| Scharfer Bohneneintopf | 324 |
| Scheiterhaufen mit Äpfeln | 350 |
| Schleie, in Veltliner gegart, mit Gemüse | 148 |
| Schmalznudeln mit Preiselbeeren | 266 |
| Schmarra, unzuckerter, mit Suure Bohna | 234 |
| Schneeballen | 374 |
| Schneemilch, Vinschgauer | 360 |
| Schnittlauch-Tascherln | 34 |
| Schokokoch mit Schlag | 354 |
| Schoko-Mandel-Strudel | 362 |
| Schöberl aus der Buckligen Welt | 220 |
| Schwammerlragout mit Serviettenknödel | 138 |
| Schwammerlsuppe, steirische, mit Pastinaken | 102 |
| Schwarzbeerboggerl | 174 |
| Schwarze Kiachln | 176 |
| Seewinkler Entenleber mit Apfel-Erdäpfel-Püree | 228 |
| Selbst gemachte Handsemmerln | 212 |
| Selchsuppe mit Graupen und Gurken | 18 |
| Semmelkren-Auflauf, mit Wildente mit Dörrobst | 340 |
| Serviettenknödel, mit Schwammerlragout | 138 |
| Smetani Struklj | 66 |
| Sommerlicher Salat mit Pilzen und Kräuterschalotten | 110 |
| Soufflé, Walnuss- | 356 |
| Spagatkrapfen | 378 |
| Spargel, gebackener, mit Kräutersauce | 42 |
| Spargel, gebratener, mit Linsenvinaigrette | 40 |
| Spargelgolatschen mit Leinsamen | 36 |
| Specktrauben, mit Brezelknödeln | 306 |
| Spinatauflauf mit Erdäpfeln | 322 |
| Spinat-Topfen-Nockerln mit Bergkräuterbutter | 226 |
| Spitzpaprika, gefüllte | 134 |
| Spitzwegerich-Gurken | 118 |
| Steckerlfisch mit Kräutersauce | 150 |
| Steinpilze, mit Waldviertler Einkorn | 140 |
| Steinpilze mit Weingartenpfirsichen | 104 |
| Steirische Brotsuppe | 296 |
| Steirische Gemüsesuppe | 16 |
| Steirische Klachelsuppe | 200 |
| Steirische Rollgerstelsuppe | 208 |
| Steirische Schwammerlsuppe mit Pastinaken | 102 |
| Steirischer Kalbszungensalat | 216 |
| Steirisches Türkentommerl | 280 |
| Sterzschnitte | 28 |
| Strudelteig | 278 |
| Stubenküken mit Beeren | 156 |
| Sulz, Räucheraal-Apfel- | 214 |
| Susitorte | 382 |
| Suure Bohna, mit unzuckertem Schmarra | 234 |

### T

| | |
|---|---:|
| Tiroler Brennsuppe | 198 |
| Tiroler Erdäpfelgulasch | 46 |
| Tiroler Radieschensuppe | 10 |

| | |
|---|---:|
| Tiroler Riederle | 328 |
| Topfengolatschen | 284 |
| Topfennockerl, als Suppeneinlage | 14 |
| Torte, Linzer | 82 |
| Türkentommerl, steirisches | 280 |

### V

| | |
|---|---:|
| Vinschgauer Schneemilch | 360 |

### W

| | |
|---|---:|
| Wachteln mit Morcheln | 240 |
| Walderdbeeren, gratinierte | 178 |
| Waldviertler Apfel-Mohn-Kuchen | 274 |
| Waldviertler Einkorn mit Steinpilzen | 140 |
| Waldviertler Grammelknödel | 326 |
| Waldviertler Mohnkarpfen | 336 |
| Waldviertler Mohnkranzerl | 74 |
| Walnusskrokant | 358 |
| Walnuss-Soufflé | 356 |
| Walser Kääsknöpfle | 320 |
| Warmer Paradeiser-Fenchel-Salat mit Blunzen-Salzstangerl | 20 |
| Weihnachtsstollen, oberösterreichischer | 370 |
| Weißwurstsalat mit Fisolen, Radieschen und Bärlauch | 22 |
| Wiener Punschkrapferl | 92 |
| Wiener Salonbeuschel | 230 |
| Wildente mit Dörrobst und Semmelkren-Auflauf | 340 |
| Wildpastete | 312 |
| Wildschweinbraten, kalter | 120 |

### Z

| | |
|---|---:|
| Zucchini, gefüllte, mit Gemüse und Käse | 132 |
| Zwiebel, gefüllte, mit Erdäpfeln und Speck | 130 |

# Alle Zutaten im Überblick

### Aal

Räucheraal-Apfel-Sulz .................................................. 214

### Alkohol

Bier, Steirische Brotsuppe ............................................ 296
Birnenschnaps, Kärntner Kloatzenbrot ........................ 366
Cognac, Schwammerlragout mit Serviettenknödel ..... 138
Gin, Kräutersorbet auf Erdbeermus ............................ 192
Huhn in Rotwein mit Eiergersteln ............................... 338
Mandellikör, Schoko-Mandel-Strudel ......................... 362
Most, B'soffener Kapuziner ......................................... 352
Most, Oberösterreichische Kindstaufpofesen ............ 172
Orangenlikör, Gratinierte Walderdbeeren .................. 178
Portwein, Montafoner Hirschragout ........................... 262
Rotwein, Bruckfleisch .................................................. 252
Rotwein, Geschmorter Gamsbraten ........................... 260
Rotwein, Montafoner Hirschragout ............................ 262
Rotwein, Saure Leber mit Erdäpfelpüree ................... 314
Rotwein, Scharfer Bohneneintopf ............................... 324
Rum, Fedlkoch mit Hagebuttenmarmelade ............... 264
Rum, Gebackene Mäuse .............................................. 380
Rum, Klassischer Apfelstrudel .................................... 276
Rum, Marmorgugelhupf ................................................ 80
Rum, Nussbeugerl ........................................................ 364
Rum, Oberösterreichischer Weihnachtsstollen ......... 370
Rum, Rohrnudeln ........................................................... 70
Rum, Schneeballen ...................................................... 374
Rum, Susitorte ............................................................. 382
Rum, Topfengolatschen ............................................... 284
Rum, Vinschgauer Schneemilch ................................. 360
Rum, Waldviertler Mohnkranzerl .................................. 74
Rum, Wiener Punschkrapferl ........................................ 92
Sekt, Eingemachtes Hendl mit Gartengemüse .......... 154
Sekt, Kräutersorbet auf Erdbeermus .......................... 192
Weißer Rum, Marillen mit Kerbelfülle ......................... 188
Weißwein, Blütensaibling mit Bärlauchtascherln ........ 52
Weißwein, Eingemachtes Kalbfleisch ........................... 58
Weißwein, Fisolenfleisch ............................................. 160
Weißwein, Gefüllte Gans auf Altwiener Art ............... 246
Weißwein, Gefüllte Kalbsbrust .................................... 342
Weißwein, Gefüllte Kohlrabi mit Saibling und Dille ... 136
Weißwein, Gefüllte Pfirsiche mit Heidelbeermus ...... 190
Weißwein, Gefüllte Spitzpaprika ................................. 134
Weißwein, Geschmorte Kalbsbackerl ........................ 250
Weißwein, Grießflammeri mit Quittenkompott .......... 286
Weißwein, Halbturner Hochzeitshuhn .......................... 56
Weißwein, Karamellisiertes Krautfleisch ................... 334
Weißwein, Käserahmsuppe mit Brennnesseln .......... 204
Weißwein, Lammkeule in Bergkräuterheu ................... 64
Weißwein, Liesertaler Hackelruabn-Fleisch .............. 316
Weißwein, Pannonische Fischsuppe ............................ 48
Weißwein, Paradeiser-Gugelhupf mit Mandeln ......... 114
Weißwein, Pinzgauer Nidei .......................................... 332
Weißwein, Polsterzipfel ............................................... 282
Weißwein, Rebhuhn auf Orangen und Petersilsauce .. 242
Weißwein, Rieslingkraut mit Trauben ......................... 224
Weißwein, Rote-Rüben-Suppe mit frittiertem Zeller .. 292
Weißwein, Salzburger Apfel-Kren-Suppe ................... 206
Weißwein, Schleie in Veltliner gegart mit Gemüse ... 148
Weißwein, Spagatkrapfen ........................................... 378
Weißwein, Steirische Rollgerstelsuppe ...................... 208
Weißwein, Steirische Schwammerlsuppe mit Pastinaken .. 102
Weißwein, Stubenküken mit Beeren ........................... 156
Weißwein, Wachteln mit Morcheln .............................. 240
Weißwein, Waldviertler Einkorn mit Steinpilzen ........ 140
Weißwein, Wildente mit Dörrobst und Semmelkren-Auflauf .. 340

### Äpfel

Altwiener Blunzengröstl mit Äpfeln ............................ 256
Gebackenes Kalbsbries ............................................... 248
Gefüllte Gans auf Altwiener Art .................................. 246
Klassischer Apfelstrudel ............................................. 276
Pikantes Rhabarberkompott ......................................... 90
Pinzgauer Apfelmuas ................................................... 270
Polenta-Apfelkuchen .................................................... 272
Räucheraal-Apfel-Sulz ................................................. 214
Rosengelee ................................................................... 122
Salzburger Apfel-Kren-Suppe ..................................... 206
Scheiterhaufen mit Äpfeln ........................................... 350
Seewinkler Entenleber mit Apfel-Erdäpfel-Püree ..... 228
Süßer Bohnenstrudel ................................................... 232
Waldviertler Apfel-Mohn-Kuchen ................................ 274

### Artischocken

Artischocken-Salat mit Eierschwammerln ................. 106
Eingelegte Artischocken ............................................. 108

### Bärlauch

| | |
|---|---|
| Blütensaibling mit Bärlauchtascherln | 52 |
| Weißwurstsalat mit Fisolen, Radieschen und Bärlauch | 22 |

### Beeren

| | |
|---|---|
| Beerenbrot | 180 |
| Beeren-Terrine | 186 |
| Brombeeren, Beeren-Terrine | 186 |
| Brombeeren, Stubenküken mit Beeren | 156 |
| Brombeertorte | 182 |
| Erdbeer-Eislutscher | 194 |
| Erdbeer-Kracherl | 194 |
| Erdbeer-Roulade | 184 |
| Erdbeeren, Beeren-Terrine | 186 |
| Gratinierte Walderdbeeren | 178 |
| Heidelbeeren, Beerenbrot | 180 |
| Heidelbeeren, Beeren-Terrine | 186 |
| Heidelbeeren, Gefüllte Pfirsiche mit Heidelbeermus | 190 |
| Heidelbeeren, Rehrücken mit Heidelbeersauce | 166 |
| Heidelbeeren, Schwarzbeer-Boggerl | 174 |
| Heidelbeeren, Schwarze Kiachln | 176 |
| Himbeeren, Beerenbrot | 180 |
| Himbeeren, Beeren-Terrine | 186 |
| Himbeeren, Marillen mit Kerbelfülle | 188 |
| Holundersirup, Beerenbrot | 180 |
| Kräutersorbet auf Erdbeermus | 192 |
| Preiselbeerkompott, Grießflammeri mit Quittenkompott | 286 |
| Ribisel, Beerenbrot | 180 |
| Stachelbeeren, Kaninchenkeule mit Hirtentäschel | 158 |
| Stachelbeeren, Stubenküken mit Beeren | 156 |

### Birnen

| | |
|---|---|
| Hirsebrei mit Birnen und Nüssen | 288 |
| Rehrücken mit Heidelbeersauce | 166 |
| Steirisches Türkentommerl | 280 |

### Blunze

| | |
|---|---|
| Warmer Paradeiser-Fenchel-Salat mit Blunzen-Salzstangerl | 20 |

### Blüten, essbare

| | |
|---|---|
| Blütensaibling mit Bärlauchtascherln | 52 |
| Burgenländische Ostertorte | 78 |
| Frühlingssalat mit Duftveilchen-Dressing | 26 |
| Rosengelee | 122 |
| Rosen-Gewürzsalz | 122 |

### Bohnen

| | |
|---|---|
| Käferbohnen, Scharfer Bohneneintopf | 324 |
| Käferbohnen, Steirische Gemüsesuppe | 16 |
| Käferbohnen, Steirischer Kalbszungensalat | 216 |
| Wachtelbohnen, Bohnenlaberl mit Kürbiskernen | 310 |
| Wachtelbohnen, Haadana Paundlsterz | 348 |
| Weiße Bohnen, Purbacher Bohnenstrudel | 232 |
| Weiße Bohnen, Scharfer Bohneneintopf | 324 |
| Weiße Bohnen, Süßer Bohnenstrudel | 232 |

### Brennnessel

| | |
|---|---|
| Käserahmsuppe mit Brennnesseln | 204 |

### Brokkoli

| | |
|---|---|
| Eingemachtes Hendl mit Gartengemüse | 154 |

### Ei

| | |
|---|---|
| Eier Benedikt | 32 |
| Gebackenes Ei mit Rahmgurken | 30 |
| Pochierte Eier | 30 |
| Waldviertler Mohnkranzerl | 74 |

### Eis

| | |
|---|---|
| Erdbeer-Eislutscher | 194 |
| Kräutersorbet auf Erdbeermus | 192 |
| Vanilleeis, Schwarze Kiachln | 176 |

### Ente

| | |
|---|---|
| Seewinkler Entenleber mit Apfel-Erdäpfel-Püree | 228 |
| Wildente mit Dörrobst und Semmelkren-Auflauf | 340 |

### Erbsen

| | |
|---|---|
| Erbsentascherl | 126 |

### Erdäpfel

| | |
|---|---|
| Altwiener Blunzengröstl mit Äpfeln | 256 |
| Bohnenlaberl mit Kürbiskernen | 310 |
| Einbrennte Erdäpfel | 318 |
| Erdäpfelpüree, Rehrücken mit Heidelbeersauce | 166 |
| Erdäpfelsalat mit Tafelspitz und Spargel | 24 |
| Erdäpfel-Tascherl | 308 |
| Fasanenbrust mit Speck und Kohl umwickelt | 244 |
| Gefüllte Zwiebel mit Erdäpfeln und Speck | 130 |
| Hausrucker Erdäpfelkas | 120 |
| Kalte Gurkensuppe | 100 |
| Kärntner Kasnudeln | 238 |
| Mohnnudeln aus Häferlsterz | 268 |
| Pfefferoni mit Erdäpfelfülle | 124 |
| Pinzgauer Bladln | 330 |

Pinzgauer Kaspressknödel ....................................302
Pinzgauer Nidei ....................................................332
Puchberger Bratwurstsuppn ................................298
Salzburger Apfel-Kren-Suppe ..............................206
Saure Leber mit Erdäpfelpüree ............................314
Scharfer Bohnen-Eintopf .....................................324
Seewinkler Entenleber mit Apfel-Erdäpfel-Püree ....228
Spinat-Auflauf mit Erdäpfeln ..............................322
Spinat-Topfen-Nockerln mit Bergkräuterbutter ....226
Steckerlfisch mit Kräutersauce ............................150
Steirische Rollgerstelsuppe ..................................208
Steirischer Kalbszungensalat ...............................216
Tiroler Erdäpfelgulasch ......................................... 46
Tiroler Riederle ....................................................328
Waldviertler Grammelknödel ...............................326

### Essig

Holunderblütenessig, Spitzwegerich-Gurken ......118
Veilchenessig, Frühlingssalat mit Duftveilchen-Dressing .............. 26

### Fasan

Fasanenbrust mit Speck und Kohl umwickelt .....244

### Fenchel

Gemüseblechkuchen mit Räßkäse .......................128
Warmer Paradeiser-Fenchel-Salat mit Blunzen-Salzstangerl .......... 20

### Fisch

Blütensaibling mit Bärlauchtascherln ................... 52
Donauhuchen in der Salzkruste ...........................146
Fischfond, Räucheraal-Apfel-Sulz .......................214
Forelle in Papier gegart ......................................... 54
Gefüllte Kohlrabi mit Saibling und Dille .............136
Knuspriger Saibling mit Rahm-Gurken-Salat ....... 50
Kohlrabisuppe mit Saiblingsröllchen ................... 12
Lachsforelle mit Mangold ....................................152
Pannonische Fischsuppe ....................................... 48
Räucheraal-Apfel-Sulz .........................................214
Rotfedern mit Paradeiserragout ..........................144
Schleie in Veltliner gegart mit Gemüse ...............148
Steckerlfisch mit Kräutersauce ............................150
Waldviertler Mohnkarpfen ..................................336

### Fisolen

Fisolenfleisch .......................................................160
Lungauer Lammrücken mit Haferkruste ..............258
Scharfe Fisolen .....................................................116

Suure Bohna (breite Fisolen) mit unzuckertem Schmarra ..............234
Weißwurstsalat mit Fisolen, Radieschen und Bärlauch .................... 22

### Forelle

Forelle in Papier gegart ......................................... 54
Lachsforelle mit Mangold ....................................152
Steckerlfisch mit Kräutersauce ............................150

### Gams

Geschmorter Gamsbraten .....................................260

### Gans

Gefüllte Gans auf Altwiener Art ..........................246

### Gebäck

Bauernbrot, Rettich mit Graukäse .......................300
Biskotten, Beeren-Terrine ....................................186
Brezelknödel mit Specktrauben ...........................306
Brezeln ..................................................................304
Burgenländischer Hausvater .................................368
Roggenbrot, Steirische Brotsuppe .......................296
Roggenbrotsalat mit Pinzgauer Bierkäse .............218
Sandwich, Eier Benedikt ...................................... 32
Selbst gemachte Handsemmerln ..........................212
Semmeln, Gefüllte Gans auf Altwiener Art ..........246
Semmeln, Gefüllte Kalbsbrust .............................342
Semmeln, Purbacher Bohnenstrudel ....................232
Spargelgolatschen mit Leinsamen ........................ 36
Striezel, Scheiterhaufen mit Äpfeln .....................350
Vinschgerl, Beerenbrot .........................................180
Warmer Paradeiser-Fenchel-Salat mit Blunzen-Salzstangerl ...........20
Weißbrot, Klassische Milzschnitten .....................210
Weißbrot, Oberösterreichische Kindstaufpofesen ....172
Weißbrot, Vinschgauer Schneemilch ...................360
Wildente mit Dörrobst und Semmelkren-Auflauf ....340

### Geflügel

Eingemachtes Hendl mit Gartengemüse ..............154
Fasanenbrust mit Speck und Kohl umwickelt .....244
Gefüllte Gans auf Altwiener Art ..........................246
Halbturner Hochzeitshuhn .................................. 56
Huhn in Rotwein mit Eiergersteln .......................338
Rebhuhn auf Orangen und Petersilsauce .............242
Seewinkler Entenleber mit Apfel-Erdäpfel-Püree ....228
Stubenküken mit Beeren .......................................156
Wachteln mit Morcheln ........................................240
Wildente mit Dörrobst und Semmelkren-Auflauf ....340

### Gelbe Rüben

Eingemachtes Hendl mit Gartengemüse ........................................... **154**
Schleie in Veltliner gegart mit Gemüse ............................................. **148**
Steirische Klachelsuppe .................................................................. **200**
Wiener Salonbeuschel ..................................................................... **230**

### Gemüse

Apfel-Kohl-Gemüse, Gebackenes Kalbsbries.................................... **248**
Eingemachtes Hendl mit Gartengemüse ........................................... **154**
Gefüllte Zucchini mit Gemüse und Käse .......................................... **132**
Gemüseblechkuchen mit Räßkäse ................................................... **128**
Klare Gemüsesuppe ........................................................................ **10**
Schleie in Veltliner gegart mit Gemüse ............................................. **148**
Steirische Gemüsesuppe ................................................................. **16**

### Getreide & Samen

Buchweizenmehl, Haadana Paundlsterz .......................................... **348**
Buchweizenmehl, Miasl ................................................................... **346**
Haferflocken, Lungauer Lammrücken mit Haferkruste ..................... **258**
Hafermark, Lungauer Lammrücken mit Haferkruste ........................ **258**
Hartweizengrieß, Grießlammeri mit Quittenkompott......................... **286**
Hirsebrei mit Birnen und Nüssen ..................................................... **288**
Mohnnudeln aus Häfersterz ............................................................. **268**
Selchsuppe mit Graupen und Gurken .............................................. **18**
Spargelgolatschen mit Leinsamen.................................................... **36**
Steirische Rollgerstelsuppe .............................................................. **208**
Waldviertler Apfel-Mohn-Kuchen .................................................... **274**
Waldviertler Einkorn mit Steinpilzen ................................................ **140**
Waldviertler Mohnkarpfen ............................................................... **336**
Waldviertler Mohnkranzerl .............................................................. **74**

### Gurken

Essiggurke, Fleischstrudel................................................................ **254**
Essiggurke, Wiener Salonbeuschel................................................... **230**
Gebackenes Ei mit Rahmgurken ...................................................... **30**
Geschmorte Gurken mit Faschiertem .............................................. **60**
Kalte Gurkensuppe.......................................................................... **100**
Kaninchenkeule mit Hirtentäschel ................................................... **158**
Knuspriger Saibling mit Rahm-Gurken-Salat ................................... **50**
Roggenbrotsalat mit Pinzgauer Bierkäse ......................................... **218**
Senfgurke, Selchsuppe mit Graupen und Gurken ............................ **18**
Spitzwegerich-Gurken ..................................................................... **118**

### Hagebutten

Hagebuttenbusserln ........................................................................ **372**
Hagebuttenmus ............................................................................... **345**
Rehbraten mit Hagebuttensauce ..................................................... **344**

### Hirsch

Hirschwürstel, Scharfer Bohneneintopf ........................................... **324**
Montafoner Hirschragout ................................................................ **262**

### Huchen

Donauhuchen in der Salzkruste ....................................................... **146**

### Huhn

Eingemachtes Hendl mit Gartengemüse ........................................... **154**
Halbturner Hochzeitshuhn ............................................................... **56**
Huhn in Rotwein mit Eiergersteln..................................................... **338**
Stubenküken mit Beeren ................................................................. **156**

### Kalb

Eingemachtes Kalbfleisch................................................................. **58**
Gebackenes Kalbsbries.................................................................... **248**
Gefüllte Kalbsbrust .......................................................................... **342**
Geschmorte Gurken mit Faschiertem .............................................. **60**
Geschmorte Kalbsbackerl ................................................................ **250**
Gsiberger Leberkäs.......................................................................... **164**
Gundelreben-Essenz mit Polentaknödeln ......................................... **98**
Kalbsherz, Wiener Salonbeuschel.................................................... **230**
Kalbslunge, Wiener Salonbeuschel .................................................. **230**
Kalbsmilz, Klassische Milzschnitten ................................................. **210**
Saure Leber mit Erdäpfelpüree ........................................................ **314**
Steirischer Kalbszungensalat ........................................................... **216**

### Kandierte Früchte

Zitronat und Orangeat, Oberösterreichischer Weihnachtsstollen... **370**

### Kaninchen

Kaninchenkeule mit Hirtentäschel ................................................... **158**

### Kapern

Wiener Salonbeuschel..................................................................... **230**

### Karfiol

Gefüllte Zucchini mit Gemüse und Käse .......................................... **132**

### Karotten

Eingemachtes Hendl mit Gartengemüse ........................................... **154**
Gefüllte Kalbsbrust .......................................................................... **342**
Gemüseblechkuchen mit Räßkäse ................................................... **128**
Geschmorte Kalbsbackerl ................................................................ **250**
Huhn in Rotwein mit Eiergersteln..................................................... **338**

REGISTER

| | |
|---|---|
| Lungauer Lammrücken mit Haferkruste | 258 |
| Schleie in Veltliner gegart mit Gemüse | 148 |
| Selchsuppe mit Graupen und Gurken | 18 |
| Steirische Brotsuppe | 296 |
| Steirische Klachelsuppe | 200 |
| Steirischer Kalbszungensalat | 216 |
| Wiener Salonbeuschel | 230 |

### Karpfen

| | |
|---|---|
| Pannonische Fischsuppe | 48 |
| Waldviertler Mohnkarpfen | 336 |

### Käse

| | |
|---|---|
| Almkäse, Erdäpfel-Tascherl | 308 |
| Bergkäse, Gefüllte Zwiebel mit Erdäpfeln und Speck | 130 |
| Gailtaler Almkäse, Käserahmsuppe mit Brennnesseln | 204 |
| Gemüseblechkuchen mit Räßkäse | 128 |
| Graukäse, Tiroler Riederle | 328 |
| Pinzgauer Bierkäse, Pinzgauer Kaspressknödel | 302 |
| Räßkäse, Walser Kääsknöpfle | 320 |
| Rettich mit Graukäse | 300 |
| Roggenbrotsalat mit Pinzgauer Bierkäse | 218 |
| Schafkäse, Gefüllte Zucchini mit Gemüse und Käse | 132 |
| Walser Bergkäse, Walser Kääsknöpfle | 320 |
| Weinkäse, Spinat-Auflauf mit Erdäpfeln | 322 |
| Ziegenfrischkäse, Beerenbrot | 180 |
| Ziegenkäse, Frühlingssalat mit Duftveilchen-Dressing | 26 |

### Knödel

| | |
|---|---|
| Brezelknödel mit Specktrauben | 306 |
| Gundelreben-Essenz mit Polentaknödeln | 98 |
| Marillenknödel | 168 |
| Pinzgauer Kaspressknödel | 302 |
| Schwammerlragout mit Serviettenknödel | 138 |
| Waldviertler Grammelknödel | 326 |

### Kohl

| | |
|---|---|
| Wirsing, Fasanenbrust mit Speck und Kohl umwickelt | 244 |
| Wirsing, Gebackenes Kalbsbries | 248 |

### Kohlrabi

| | |
|---|---|
| Gefüllte Kohlrabi mit Saibling und Dille | 136 |
| Kohlrabisuppe mit Saiblingsröllchen | 12 |
| Schleie in Veltliner gegart mit Gemüse | 148 |

### Kompott

| | |
|---|---|
| Grießflammeri mit Quittenkompott | 286 |
| Pikantes Rhabarberkompott | 90 |
| Preiselbeerkompott, Grießflammeri mit Quittenkompott | 286 |

### Kraut

| | |
|---|---|
| Rieslingkraut mit Trauben | 224 |

### Kren

| | |
|---|---|
| Gebackene Rote Rüben mit Krensauce | 44 |
| Salzburger Apfel-Kren-Suppe | 206 |
| Steirischer Kalbszungensalat | 216 |
| Wildente mit Dörrobst und Semmelkren-Auflauf | 340 |

### Kuchen & Backwaren

| | |
|---|---|
| Bienenstich | 84 |
| Brombeertorte | 182 |
| Dampfnudeln | 170 |
| Erdbeer-Roulade | 184 |
| Hagebuttenbusserln | 372 |
| Kärntner Reindling | 72 |
| Marmorgugelhupf | 80 |
| Oberösterreichischer Weihnachtsstollen | 370 |
| Osterlamm | 76 |
| Polenta-Apfelkuchen | 272 |
| Rhabarberkuchen | 88 |
| Rohrnudeln | 70 |
| Schwarzbeer-Boggerl | 174 |
| Schwarze Kiachln | 176 |
| Steirisches Türkentommerl | 280 |
| Waldviertler Apfel-Mohn-Kuchen | 274 |
| Waldviertler Mohnkranzerl | 74 |
| Wiener Punschkrapferln | 92 |

### Kürbis

| | |
|---|---|
| Gefüllter Kürbis | 236 |

### Lamm

| | |
|---|---|
| Lammkeule in Bergkräuterheu | 64 |
| Lungauer Lammrücken mit Haferkruste | 258 |

### Linsen

| | |
|---|---|
| Gebratener Spargel mit Linsenvinaigrette | 40 |

### Mangold

| | |
|---|---|
| Lachsforelle mit Mangold | 152 |

### Marille

| | |
|---|---|
| Marillenknödel | **168** |
| Marillenmarmelade, Wiener Punschkrapferln | **92** |
| Marillen mit Kerbelfülle | **188** |

### Marmelade

| | |
|---|---|
| Fedlkoch mit Hagebuttenmarmelade | **264** |
| Johannisbeermarmelade, Ehenbichler Festtagstorte | **86** |
| Kindstauf-Pofesen | **172** |
| Marillenmarmelade, Faschingskrapfen | **376** |
| Marillenmarmelade, Wiener Punschkrapferln | **92** |
| Marmelade nach Belieben, Oberösterr. Kindstaufpofesen | **172** |
| Ribiselmarmelade, Linzer Torte | **82** |
| Ribiselmarmelade, Polsterzipfel | **282** |
| Schmalznudeln mit Preiselbeeren | **266** |

### Maroni

| | |
|---|---|
| Gefüllte Gans auf Altwiener Art | **246** |
| Maronisuppe mit Stangensellerie | **202** |

### Nüsse & Kerne

| | |
|---|---|
| Bohnenlaberl mit Kürbiskernen | **310** |
| B'soffener Kapuziner | **352** |
| Haselnüsse, Gefüllte Pfirsiche mit Heidelbeermus | **190** |
| Haselnüsse, Hirsebrei mit Birnen und Nüssen | **288** |
| Haselnüsse, Kärntner Kloatzenbrot | **366** |
| Haselnüsse, Kärntner Reindling | **72** |
| Haselnüsse, Linzer Torte | **82** |
| Haselnüsse, Nussbeugerl | **364** |
| Haselnüsse, Rehrücken mit Heidelbeersauce | **166** |
| Haselnüsse, Schokokoch mit Schlag | **354** |
| Honigmandeln, Bienenstich | **84** |
| Mandeln, Ehenbichler Festtagstorte | **86** |
| Mandeln, Gefüllter Kürbisw. | **236** |
| Mandeln, Hagebuttenbusserln | **372** |
| Mandeln, Kärntner Kloatzenbrot | **366** |
| Mandeln, Marmorgugelhupf | **80** |
| Mandeln, Nussbeugerl | **364** |
| Mandeln, Oberösterreichischer Weihnachtsstollen | **370** |
| Mandeln, Polenta-Apfelkuchen | **272** |
| Mandeln, Scheiterhaufen mit Äpfeln | **350** |
| Mandeln, Spitzwegerich-Gurken | **118** |
| Mandeln, Wildente mit Dörrobst und Semmelkren-Auflauf | **340** |
| Paradeiser-Gugelhupf mit Mandeln | **114** |
| Pistaziensauce, Blütensaibling mit Bärlauchtascherln | **52** |
| Schoko-Mandel-Strudel | **362** |
| Walnüsse, Brezelknödel mit Specktrauben | **306** |
| Walnüsse, Erdäpfel-Tascherl | **308** |
| Walnüsse, Hochzeitstorte | **94** |
| Walnüsse, Vinschgauer Schneemilch | **360** |
| Walnuss-Krokant | **358** |
| Walnuss-Soufflé | **356** |

### Orangen

| | |
|---|---|
| Orangensaft, Rehbraten mit Hagebuttensauce | **344** |
| Rebhuhn auf Orangen und Petersilsauce | **242** |

### Paprika

| | |
|---|---|
| Gefüllte Spitzpaprika | **134** |
| Pannonische Fischsuppe | **48** |
| Pfefferoni, Scharfer Bohneneintopf | **324** |
| Pfefferoni mit Erdäpfelfülle | **124** |
| Reisfleisch | **162** |
| Scharfe Fisolen | **116** |

### Paradeiser

| | |
|---|---|
| Gefüllte Zucchini mit Gemüse und Käse | **132** |
| Kaninchenkeule mit Hirtentäschel | **158** |
| Paradeiser-Gugelhupf mit Mandeln | **114** |
| Paradeiser-Terrine mit Radieschensalat | **112** |
| Paradeisreis, Geschmorte Kalbsbackerl | **250** |
| Paradeissauce, Gefüllte Spitzpaprika | **134** |
| Räucheraal-Apfel-Sulz | **214** |
| Rettich mit Graukäse | **300** |
| Rindsuppe mit Kaiserschöberln | **294** |
| Rotfedern mit Paradeiserragout | **144** |
| Scharfer Bohneneintopf | **324** |
| Steinpilze mit Weingartenpfirsichen | **104** |
| Warmer Paradeiser-Fenchel-Salat mit Blunzen-Salzstangerl | **20** |

### Pastinaken

| | |
|---|---|
| Rehbraten mit Hagebuttensauce | **344** |
| Steirische Schwammerlsuppe mit Pastinaken | **102** |

### Pfirsich

| | |
|---|---|
| Gefüllte Pfirsiche mit Heidelbeermus | **190** |
| Steinpilze mit Weingartenpfirsichen | **104** |

### Polenta

| | |
|---|---|
| Gundelreben-Essenz mit Polentaknödeln | **98** |
| Polenta-Apfelkuchen | **272** |
| Steirisches Türkentommerl | **280** |
| Sterzschnitten | **28** |

### Quitten

| | |
|---|---|
| Grießflammeri mit Quittenkompott | **286** |

### Radieschen

| | |
|---|---|
| Paradeiser-Terrine mit Radieschensalat | 112 |
| Roggenbrotsalat mit Pinzgauer Bierkäse | 218 |
| Tiroler Radieschensuppe | 10 |
| Weißwurstsalat mit Fisolen, Radieschen und Bärlauch | 22 |

### Rebhuhn

| | |
|---|---|
| Rebhuhn auf Orangen und Petersilsauce | 242 |

### Reh

| | |
|---|---|
| Rehbraten mit Hagebuttensauce | 344 |
| Rehrücken mit Heidelbeersauce | 166 |

### Reis

| | |
|---|---|
| Gefüllte Spitzpaprika | 134 |
| Paradeisreis, Geschmorte Kalbsbackerl | 250 |
| Reisfleisch | 162 |

### Rhabarber

| | |
|---|---|
| Pikantes Rhabarberkompott | 90 |
| Rhabarberkuchen | 88 |

### Rind

| | |
|---|---|
| Bruckfleisch | 252 |
| Erdäpfelsalat mit Tafelspitz und Spargel | 24 |
| Faschiertes, Fleischstrudel | 254 |
| Faschiertes, Gefüllte Spitzpaprika | 134 |
| Faschiertes, Gefüllter Kürbis | 236 |
| Faschiertes, Wildpastete | 312 |
| Gekochtes Rindfleisch, Salzburger Apfel-Kren-Suppe | 206 |
| Rindsuppe mit Kaiserschöberln | 294 |
| Rindsuppe, Steirische Brotsuppe | 296 |

### Rotfeder

| | |
|---|---|
| Rotfedern mit Paradeiserragout | 144 |

### Rüben

| | |
|---|---|
| Gebackene Rote Rüben mit Krensauce | 44 |
| Rote-Rüben-Suppe mit frittiertem Zeller | 292 |
| Saure Rüben | 222, 316 |
| Saure Rüben, Liesertaler Hackelruabn-Fleisch | 316 |

### Saibling

| | |
|---|---|
| Blütensaibling mit Bärlauchtascherln | 52 |
| Gefüllte Kohlrabi mit Saibling und Dille | 136 |
| Knuspriger Saibling mit Rahm-Gurken-Salat | 50 |
| Kohlrabisuppe mit Saiblingsröllchen | 12 |

### Salat

| | |
|---|---|
| Artischocken-Salat mit Eierschwammerln | 106 |
| Blattsalat, Räucheraal-Apfel-Sulz | 214 |
| Erdäpfelsalat mit Tafelspitz und Spargel | 24 |
| Frühlingssalat mit Duftveilchen-Dressing | 26 |
| Paradeiser-Terrine mit Radieschensalat | 112 |
| Roggenbrotsalat mit Pinzgauer Bierkäse | 218 |
| Sommerlicher Salat mit Pilzen und Kräuterschalotten | 110 |
| Steirischer Kalbszungensalat | 216 |
| Warmer Paradeiser-Fenchel-Salat mit Blunzen-Salzstangerl | 20 |
| Weißwurstsalat mit Fisolen, Radieschen und Bärlauch | 22 |

### Saucen

| | |
|---|---|
| Beerensauce, Stubenküken mit Beeren | 156 |
| Gebackene Rote Rüben mit Krensauce | 44 |
| Gebackener Spargel mit Kräutersauce | 42 |
| Himbeersauce, Marillen mit Kerbelfülle | 188 |
| Kräuter-Knoblauch-Öl | 152 |
| Lammfond, Lammkeule in Bergkräuterheu | 64 |
| Paradeissauce, Gefüllte Spitzpaprika | 134 |
| Pistaziensauce, Blütensaibling mit Bärlauchtascherln | 52 |
| Rebhuhn auf Orangen und Petersilsauce | 242 |
| Rehbraten mit Hagebuttensauce | 344 |
| Rehrücken mit Heidelbeersauce | 166 |
| Sauce Hollandaise, Eier Benedikt | 32 |
| Vanillecreme, Bienenstich | 84 |
| Vanillesauce, Dampfnudeln | 170 |

### Sauerkraut

| | |
|---|---|
| Karamellisiertes Krautfleisch | 334 |
| Pinzgauer Nidei | 332 |
| Rieslingkraut mit Trauben | 224 |

### Schleie

| | |
|---|---|
| Schleie in Veltliner gegart mit Gemüse | 148 |

### Schmalzgebäck

| | |
|---|---|
| Abtenauer Haubeikrapfen | 68 |
| Faschingskrapfen | 376 |
| Gebackene Mäuse | 380 |
| Pinzgauer Bladln | 330 |
| Polsterzipfel | 282 |
| Schmalznudeln mit Preiselbeeren | 266 |
| Schneeballen | 374 |
| Schöberl aus der Buckligen Welt | 220 |
| Spagatkrapfen | 378 |

**394**

### Schmarren, Koche, Muse

| | |
|---|---|
| Fedlkoch mit Hagebuttenmarmelade | **264** |
| Miasl | **346** |
| Pinzgauer Apfelmuas | **270** |
| Schokokoch mit Schlag | **354** |
| Suure Bohna mit unzuckertem Schmarra | **234** |

### Schokolade & Kakao

| | |
|---|---|
| B'soffener Kapuziner | **352** |
| Ehenbichler Festtagstorte | **86** |
| Hochzeitstorte | **94** |
| Marmorgugelhupf | **80** |
| Schokokoch mit Schlag | **354** |
| Schoko-Mandel-Strudel | **362** |
| Susitorte | **382** |
| Weiße Kuvertüre, Marillen mit Kerbelfülle | **188** |
| Wiener Punschkrapferln | **92** |

### Schwammerl

| | |
|---|---|
| Artischocken-Salat mit Eierschwammerln | **106** |
| Birkenpilze, Schwammerlragout mit Serviettenknödel | **138** |
| Champignons, Eingemachtes Hendl mit Gartengemüse | **154** |
| Champignons, Huhn in Rotwein mit Eiergersteln | **338** |
| Champignons, Reisfleisch | **162** |
| Champignons, Rindsuppe mit Kaiserschöberln | **294** |
| Edelreizker, Schwammerlragout mit Serviettenknödel | **138** |
| Eierschwammerl, Salat mit Pilzen & Kräuterschalotten | **110** |
| Eierschwammerl, Schwammerlragout mit Serviettenknödel | **138** |
| Eierschwammerl, Steirische Schwammerlsuppe mit Pastinaken | **102** |
| Eierschwammerlschmarrn | **142** |
| Eingelegte Eierschwammerln | **143** |
| Kräutersaitlinge, Salat mit Pilzen und Kräuterschalotten | **110** |
| Morcheln, Steirische Schwammerlsuppe mit Pastinaken | **102** |
| Reizker, Steirische Schwammerlsuppe mit Pastinaken | **102** |
| Steinpilze, Montafoner Hirschragout | **262** |
| Steinpilze, Schwammerlragout mit Serviettenknödel | **138** |
| Steinpilze, Sommerlicher Salat mit Pilzen und Kräuterschalotten | **110** |
| Steinpilze, Steirische Rollgerstelsuppe | **208** |
| Steinpilze, Steirische Schwammerlsuppe mit Pastinaken | **102** |
| Steinpilze mit Weingartenpfirsichen | **104** |
| Trompetenpilze, Schwammerlragout mit Serviettenknödel | **138** |
| Wachteln mit Morcheln | **240** |
| Waldviertler Einkorn mit Steinpilzen | **140** |

### Schwarzer Rettich

| | |
|---|---|
| Rettich mit Graukäse | **300** |

### Schwein

| | |
|---|---|
| Faschiertes, Gefüllte Spitzpaprika | **134** |
| Faschiertes, Gefüllter Kürbis | **236** |
| Fisolenfleisch | **160** |

| | |
|---|---|
| Karamellisiertes Krautfleisch | **334** |
| Liesertaler Hackelruabn-Fleisch | **316** |
| Reisfleisch | **162** |
| Rosentaler Osterbraten | **62** |
| Schweinshaxen, Steirische Klachelsuppe | **200** |
| Waldviertler Grammelknödel | **326** |

### Selchfleisch

| | |
|---|---|
| Bauchspeck, Fasanenbrust mit Speck und Kohl umwickelt | **244** |
| Bauchspeck, Geschmorte Gurken mit Faschiertem | **60** |
| Frühstücksspeck, Gsiberger Leberkäs | **164** |
| Gefüllte Zwiebel mit Erdäpfeln und Speck | **130** |
| Geselchte Bratwürstel, Puchberger Bratwurstsuppn | **298** |
| Räucherspeck, Brezelknödel mit Specktrauben | **306** |
| Räucherspeck, Fleischstrudel | **254** |
| Räucherspeck, Gefüllter Kürbis | **236** |
| Räucherspeck, Huhn in Rotwein mit Eiergersteln | **338** |
| Räucherspeck, Liesertaler Hackelruabn-Fleisch | **316** |
| Räucherspeck, Rehbraten mit Hagebuttensauce | **344** |
| Räucherspeck, Schwammerlragout mit Serviettenknödel | **138** |
| Räucherspeck, Steirische Rollgerstelsuppe | **208** |
| Räucherspeck, Steirischer Kalbszungensalat | **216** |
| Räucherspeck, Tiroler Riederle | **328** |
| Selchspeck, Halbturner Hochzeitshuhn | **56** |
| Selchsuppe mit Graupen und Gurken | **18** |
| Speck, Suure Bohna mit unzuckertem Schmarra | **234** |
| Speck, Wildpastete | **312** |
| Tiroler Erdäpfelgulasch | **46** |

### Sellerieknolle

| | |
|---|---|
| Rote-Rüben-Suppe mit frittiertem Zeller | **292** |
| Wiener Salonbeuschel | **230** |

### Spargel

| | |
|---|---|
| Erdäpfelsalat mit Tafelspitz und Spargel | **24** |
| Gebackener Spargel mit Kräutersauce | **42** |
| Gebratener Spargel mit Linsenvinaigrette | **40** |
| Schleie in Veltliner gegart mit Gemüse | **148** |
| Spargelgolatschen mit Leinsamen | **36** |

### Spinat

| | |
|---|---|
| Eier Benedikt | **32** |
| Spinat-Auflauf mit Erdäpfeln | **322** |
| Spinat-Topfen-Nockerln mit Bergkräuterbutter | **226** |
| Sterzschnitten | **28** |

### Stangensellerie

| | |
|---|---|
| Gefüllte Kalbsbrust | 342 |
| Maronisuppe mit Stangensellerie | 202 |
| Räucheraal-Apfel-Sulz | 214 |
| Roggenbrotsalat mit Pinzgauer Bierkäse | 218 |
| Wiener Salonbeuschel | 230 |

### Strudel

| | |
|---|---|
| Fleischstrudel | 254 |
| Klassischer Apfelstrudel | 276 |
| Purbacher Bohnenstrudel | 232 |
| Schoko-Mandel-Strudel | 362 |
| Smetani Struklj | 66 |

### Suppen

| | |
|---|---|
| Gundelreben-Essenz mit Polentaknödeln | 98 |
| Kalte Gurkensuppe | 100 |
| Käserahmsuppe mit Brennnesseln | 204 |
| Klare Gemüsesuppe | 10 |
| Kohlrabisuppe mit Saiblingsröllchen | 12 |
| Kräutersuppe mit Topfennockerln | 14 |
| Maronisuppe mit Stangensellerie | 202 |
| Pannonische Fischsuppe | 48 |
| Puchberger Bratwurstsuppn | 298 |
| Rindsuppe mit Kaiserschöberln | 294 |
| Rote-Rüben-Suppe mit frittiertem Zeller | 292 |
| Salzburger Apfel-Kren-Suppe | 206 |
| Selchsuppe mit Graupen und Gurken | 18 |
| Steirische Brotsuppe | 296 |
| Steirische Gemüsesuppe | 16 |
| Steirische Klachelsuppe | 200 |
| Steirische Rollgerstelsuppe | 208 |
| Steirische Schwammerlsuppe mit Pastinaken | 102 |
| Tiroler Brennsuppe | 198 |
| Tiroler Radieschensuppe | 10 |

### Teige

| | |
|---|---|
| Backteig, Oberösterreichische Kindstaufpofesen | 172 |
| Bierteig, Gebackene Rote Rüben mit Krensauce | 44 |
| Biskuitteig, Burgenländische Ostertorte | 78 |
| Biskuitteig, Erdbeer-Roulade | 184 |
| Biskuitteig, Hochzeitstorte | 94 |
| Biskuitteig, Osterlamm | 76 |
| Biskuitteig, Wiener Punschkrapferln | 92 |
| Blätterteig, Erbsentascherl | 126 |
| Blätterteig, Fleischstrudel | 254 |
| Blätterteig, Spargelgolatschen mit Leinsamen | 36 |
| Blätterteig, Topfengolatschen | 284 |
| Erdäpfelteig, Erdäpfel-Tascherl | 308 |
| Erdäpfelteig, Mohnnudeln aus Häferlsterz | 268 |
| Germteig, Abtenauer Haubeikrapfen | 68 |

| | |
|---|---|
| Germteig, Bienenstich | 84 |
| Germteig, Brezeln | 304 |
| Germteig, Burgenländischer Hausvater | 368 |
| Germteig, Dampfnudeln | 170 |
| Germteig, Faschingskrapfen | 376 |
| Germteig, Gebackene Mäuse | 380 |
| Germteig, Kärntner Reindling | 72 |
| Germteig, Nussbeugerl | 364 |
| Germteig, Oberösterreichischer Weihnachtsstollen | 370 |
| Germteig, Rohrnudeln | 70 |
| Germteig, Schmalznudeln mit Preiselbeeren | 266 |
| Germteig, Selbst gemachte Handsemmerln | 212 |
| Germteig, Waldviertler Mohnkranzerl | 74 |
| Mürbteig, Brombeertorte | 182 |
| Nudelteig, Blütensaibling mit Bärlauchtascherln | 52 |
| Nudelteig, Hausgemachte Bandnudeln | 38 |
| Nudelteig, Huhn in Rotwein mit Eiergersteln | 338 |
| Nudelteig, Kärntner Kasnudeln | 238 |
| Nudelteig, Schnittlauch-Tascherln | 34 |
| Nudelteig, Smetani Struklj | 66 |
| Rührteig, Marmorgugelhupf | 80 |
| Sauerteig, Kärntner Kloatzenbrot | 366 |
| Strudelteig | 278 |
| Strudelteig, Klassischer Apfelstrudel | 276 |
| Strudelteig, Purbacher Bohnenstrudel | 232 |
| Strudelteig, Schoko-Mandel-Strudel | 362 |
| Topfenteig, Marillenknödel | 168 |

### Teigwaren

| | |
|---|---|
| Bandnudeln, Hausgemachte | 38 |
| Blütensaibling mit Bärlauchtascherln | 52 |
| Kärntner Kasnudeln | 238 |
| Schnittlauch-Tascherln | 34 |
| Smetani Struklj | 66 |

### Topfenprodukte

| | |
|---|---|
| Gefüllte Zucchini mit Gemüse und Käse | 132 |
| Gratinierte Walderdbeeren | 178 |
| Kärntner Kasnudeln | 238 |
| Kräutersuppe mit Topfennockerln | 14 |
| Marillenknödel | 168 |
| Mascarpone, Beeren-Terrine | 186 |
| Mascarpone, Erdäpfel-Tascherl | 308 |
| Tiroler Riederle | 328 |
| Topfengolatschen | 284 |
| Ziegentopfen, Spinat-Topfen-Nockerln mit Bergkräuterbutter | 226 |

### Torten

| | |
|---|---|
| Burgenländische Ostertorte | 78 |
| Ehenbichler Festtagstorte | 86 |

**396**

Hochzeitstorte ............................................. 94
Linzer Torte ................................................ 82
Susitorte ................................................... 382

### Trockenfrüchte

Dörrmarillen, Pikantes Rhabarberkompott ................... 90
Dörrzwetschken, Pikantes Rhabarberkompott ................. 90
Kärntner Kloatzenbrot .................................... 366
Rosinen, Burgenländischer Hausvater ..................... 368
Rosinen, Fedlkoch mit Hagebuttenmarmelade ............... 264
Rosinen, Gebackene Mäuse ................................ 380
Rosinen, Kärntner Reindling .............................. 72
Rosinen, Nussbeugerl .................................... 364
Rosinen, Oberösterreichischer Weihnachtsstollen ......... 370
Rosinen, Pikantes Rhabarberkompott ....................... 90
Rosinen, Topfengolatschen ............................... 284
Rosinen, Vinschgauer Schneemilch ....................... 360
Sultaninen, Scheiterhaufen mit Äpfeln .................... 350
Wildente mit Dörrobst und Semmelkren-Auflauf ............ 340

### Wachtel

Wachteln mit Morcheln ................................... 240

### Weintrauben

Brezelknödel mit Specktrauben .......................... 306
Rieslingkraut mit Trauben ............................... 224

### Weißwurst

Weißwurstsalat mit Fisolen, Radieschen und Bärlauch ...... 22

### Wels

Pannonische Fischsuppe .................................. 48

### Wild

Geschmorter Gamsbraten ................................. 260
Kalter Wildschweinbraten ............................... 120
Montafoner Hirschragout ................................ 262
Rehbraten mit Hagebuttensauce ......................... 344
Rehrücken mit Heidelbeersauce ......................... 166
Wildpastete ............................................ 312

### Wildkräuter

Gundelreben-Essenz mit Polentaknödeln ................... 98
Kaninchenkeule mit Hirtentäschel ....................... 158
Käserahmsuppe mit Brennnesseln ........................ 204
Kräutersuppe mit Topfennockerln ......................... 14

Spinat-Topfen-Nockerln mit Bergkräuterbutter ........... 226
Spitzwegerich-Gurken .................................. 118

### Wurzelgemüse

Bruckfleisch ........................................... 252
Eingemachtes Hendl mit Gartengemüse ................... 154
Eingemachtes Kalbfleisch ............................... 58
Fleischstrudel ......................................... 254
Gefüllte Kalbsbrust .................................... 342
Geschmorter Gamsbraten ................................ 260
Halbturner Hochzeitshuhn ............................... 56
Kalter Wildschweinbraten .............................. 120
Lammkeule in Bergkräuterheu ........................... 64
Montafoner Hirschragout ............................... 262
Rindsuppe mit Kaiserschöberln ......................... 294
Rosentaler Osterbraten ................................. 62
Schleie in Veltliner gegart mit Gemüse ................. 148
Steirische Gemüsesuppe ................................. 16
Steirische Klachelsuppe ............................... 200
Steirische Rollgerstelsuppe ........................... 208
Wachteln mit Morcheln ................................. 240
Wiener Salonbeuschel .................................. 230

### Würste

Altwiener Blunzengröstl mit Äpfeln .................... 256
Hirschwürstel, Scharfer Bohneneintopf ................. 324
Puchberger Bratwurstsuppn ............................. 298
Warmer Paradeiser-Fenchel-Salat mit Blunzen-Salzstangerl ... 20
Weißwurstsalat mit Fisolen, Radieschen und Bärlauch ...... 22

### Zander

Pannonische Fischsuppe .................................. 48

### Zucchini

Gefüllte Zucchini mit Gemüse und Käse .................. 132
Gemüseblechkuchen mit Räßkäse ......................... 128

### Zwetschken

Steirisches Türkentommerl ............................. 280

### Zwiebeln

Gefüllte Zwiebel mit Erdäpfeln und Speck .............. 130
Sommerlicher Salat mit Pilzen und Kräuterschalotten .... 110

# Kulinarisches Wörterbuch

Für alle Servus-Freunde jenseits der Grenzen, die mit den vielfältigen Färbungen der österreichischen Sprache nicht so vertraut sind.

**Abbröseln** *mit einer Gabel oder den Fingern grob zerreiben*
**Abseihen** *durch ein Auffangsieb gießen*

**Backerl** *Wangenfleisch*
**Beuschel** *klassisches österr. Innereienragout; in Bayern Lüngerl*
**Bries** *Kalbsmilch, Thymusdrüse des Kalbes*
**Brösel** *Krümel*
**Butter, braune** *Nussbutter*

**Dampfl** *Vorteig für einen Hefeteig*
**Dressiersack** *Spritztülle*

**Eidotter/Dotter** *Eigelb*
**Eierschwammerl** *Pfifferling, Reberl*
**Eiklar** *Eiweiß*
**Einbrenn** *Mehlschwitze*
**Erdäpfel** *Kartoffeln*
**Erdäpfel, mehlige** *weiche Kartoffeln mit sehr hohem Stärkegehalt für Stampfkartoffeln, Pürees oder Klöße*
**Erdäpfel, speckige** *festkochende Kartoffeln mit geringerem Stärkegehalt für Salate oder zum Braten*

**Faschiertes** *Hackfleisch*
**Fisolen** *grüne Bohnen*
**Fleischhauer** *Metzger*

**Gelbe Rüben** *Karotten*
**Germ** *Hefe*
**Grammeln** *Grieben*
**Gugelhupf** *Napfkuchen*

**Häuptelsalat** *Kopfsalat*
**Kaminwurzen** *geräucherte und luftgetrocknete Südtiroler Rohwurst*
**Kipferl** *Hörnchen*
**Kletzen** *gedörrte Birnen*
**Krapfen** *Berliner*
**Kren** *Meerrettich*

**Leberkäse** *Fleischkäse*

**Marille** *Aprikose*

**Obers** *Schlagsahne*
**Orangeat** *kandierte Orangenschalen*

**Paradeiser** *Tomate*
**Pfefferoni** *meist scharfe längliche Paprikasorte*
**Polenta** *Maisgrieß*
**Powidl** *Pflaumenmus*

**Räßkäse** *würzige Vorarlberger Käsesorte*
**Ribisel** *Johannisbeere*
**Rote Rüben** *Rote Bete*

**Sauerrahm** *saure Sahne*
**Schlagobers** *Schlagsahne*
**Schlögel** *Keule*
**Schopfbraten** *Nackenstück vom Schwein*
**Schöpfer** *Schöpfkelle*
**Schwammerl** *Speisepilz*
**Selchspeck** *geräucherter Speck*
**Semmel** *Brötchen*
**Semmelbrösel** *Paniermehl*

**Serviettenknödel** *Rolle aus Weißbrot und Ei, die gekocht und in Scheiben geschnitten wird*
**Solo-Spargel** *Premium-Spargel mit größerem Durchmesser*
**Spagat** *dünne Schnur*
**Staubzucker** *Puderzucker*
**Stelze** *Teil des Beins von Rind, Kalb, Schwein oder Lamm; auch Eisbein*
**Striezel** *zopfförmig geflochtenes Hefeteiggebäck*
**Suppengrün** *Würzmischung aus Wurzelgemüse und Kräutern zum Kochen einer Brühe*

**Topfen** *Quark*

**Vogerlsalat** *Feldsalat*

**Waller** *Wels*
**Weißkraut** *Weißkohl*

**Zeller** *Sellerie*
**Zitronat** *kandierte Zitronenschalen*
**Zwetschke** *Zwetschge, Pflaume*

---

### ABKÜRZUNGEN

Msp. = *Messerspitze*
KL = *Kaffeelöffel*
TL = *Teelöffel*
EL = *Esslöffel*
ml = *Milliliter*
cl = *Zentiliter (= 10 ml)*
l = *Liter*

---

398     GLOSSAR